中國近

李方晨著

三民書局印行

© 中國近代史

著　者　李方晨
發行人　劉振强
著作財產權人　三民書局股份有限公司
印刷所　三民書局股份有限公司
復興店／臺北市復興北路三八六號五樓
重慶店／臺北市重慶南路一段六十一號
郵　撥／〇〇〇九九九八－五號
初　版　中華民國五十七年七月
八　版　中華民國八十二年十一月
編　號　S 62011
基本定價　叁元柒角捌分
行政院新聞局登記證局版臺業字第〇二〇〇號
著作權執照臺內著字第二二八八號

ISBN 957-14-0667-8 (平裝)

弁言

這部近代史，從西人東漸，滿清部族勃興與明末流寇蠭起，寫到辛亥革命，中華民國之創立，歷三百餘年。

這本書把握三大重點：一爲大清帝國的政治演變，因爲政治是歷史的骨幹，政治的澄清與窳敗，決定國家的命運。二爲帝國主義侵略中國的經過，因爲一個半世紀以來，中國在帝國主義壓迫之下，幾毀滅我再生的基礎，杜絕我復興的根源，我們要切實注意帝國主義如何的侵略中國或壓迫中國。三爲近代革命的發展，因爲驅逐異族統治，反抗專制暴政，是中華民族的傳統精神，我們要認識每一個時期的抵抗能力，尤其要分析每一個救國方案成敗的關鍵所在。

我們講授近代史，有理論的與實際的兩個目的。理論的旨在闡明滿族統治中國時代，中國開始捲入世界政治舞臺，三百年來國情的演變，是需要三民主義來拯救的。國父說：「三民主義就是救國主義」，這個救國主義是不變的。但它的內容是隨着時代的演變而充實，隨着國情的需要而適應。爲明瞭時代的演變，認識國情的需要，祇有求諸歷史，因此講授近代史的理論的目的，就是尋求三民主義產生的歷史根據。

實際的目的，旨在體驗中國近代史的教訓，對我們復國建國有所貢獻。

中國人的聰明才智與世界上優秀民族比較，不在任何民族之下，中國領土物質，雖不若美俄齊備，然總在一般國家水準之上；我們如回顧漢唐二代大一統帝國的創立，自信中華民族有領導世界的政治天才。我們論國土，論物資，論人才，中國本可大有作爲，何以到了近代與西方國家接觸以後，中國就窮於應付，反而遭受層出不窮的災難呢？

此一道理極簡單，就是我們落後，人家進步。

嘉慶道光年間(一七九六—一八五〇),西方世界已有了科學基礎,用機械生財,打仗,我們的祖先還在那裏作八股,講考據,牛耕田,手織布。科學技術和手工技術的比賽,好像汽車與三輪車的比賽。

順治入關前三年,英國發生清教徒革命(一六四〇)建立議會制度。嘉慶年間,法國也發生大革命(一七八九),創造民主政治,頒布共和國憲法,並在列强爭雄的環境中,西方國家的人民,均提高愛國心,增强民族觀念而我們在同一時期,仍守着家族觀念,鄉土觀念與封建觀念。十九世紀的歐洲國家雖小而人民的團結堅如鐵石,我們的國家雖大而人民如一盤散沙。總之,十九世紀的西方世界,已具備了西方文化(民主政治,機械工業,民族主義),而東方的世界仍停滯在中世紀落後而保守的階段。大體看來,遲了三個世紀。

我們中國的根本問題,只有一個,就是能不能近代化。我們能抛棄家族觀念,裙帶關係,建設一個近代的民族國家嗎?我們能利用科學機械開辦新興事業而不從中漁利嗎?如果能俱備近代觀念,與近代作法的近代化,中華民族就有光明的前途,否則,我們這個民族就不會有前途的。因爲世界上無論那一國家,能接受近代文化,就可富强,不能就慘敗,毫無例外。

我們的鄰邦日本,一八六七年明治維新,模仿西法,二十年戰敗中國,卅年戰敗沙俄。我們的敵國俄帝,十七世紀末,還是一個貧窮荒涼落後的國家,大彼得銳意歐化吸收西方科學技術,就奠定了俄羅斯帝國的基礎。與我們同時稱爲病夫的土耳其,領土跨歐亞非三洲,土耳其人英勇善戰,因其王室驕奢淫逸,社會保守,改革因循敷衍,結果第一次世界大戰,慘遭失敗,幾遭列强分割。土耳其人受此嚴重國難的教訓,一致覺醒,重新振作,擁護民族領袖凱末爾改造土耳其,而凱氏以民族復興爲己任,遂舉兵驅逐境內意大利人與法蘭西人,組織革命政府,倡導民族團結,科學工業,改造社會,改革文字,奠定土耳其近代國家的基礎。

日本，俄國，土耳其，這三國均接受了近代文化，結果這三個國家都富強了，我們研究近代史，便要找出歷史的教訓，做我們復國建國的借鑑。

近十餘年來，曾寫兩本中國近代史，一爲八十萬言者，一爲十餘萬言者。本書資料，係擷取前兩部中國近代史之精華，及新獲史料，重新編製而成，資料雖少，而主旨尙存，全書廿萬言，適於大專學生教學之用，至於八十萬言者，允爲參考書耳。

中華民國五十二年五月廿日李方晨序於中興新村。

中國近代史新編目次

清代世系表

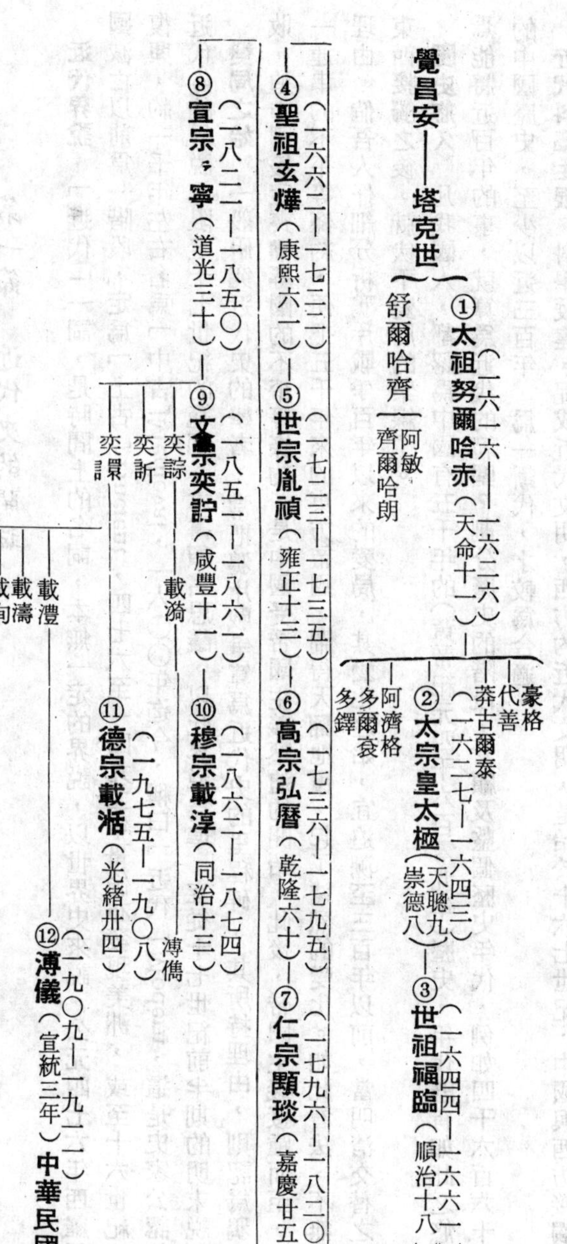

清自太祖努爾哈赤天命元年至宣統三年共十二主，計二九六年（一六一六—一九一一）

自福臨順治元年至溥儀宣統三年，共十主，計二六八年（一六四四—一九一一）

第一章 近代史的基本知識

第一節 近代史的開端

近代界說 「近代」一詞，是時間上的名詞，本無一定的界說，以世界史來說，公元四七六年西羅馬帝國滅亡以前爲一階段，定爲「上古」Ancient，四七六至一四九二年哥倫布發現美洲，或至十六世紀文藝復興，約一千年左右名爲「中古」Medieval，一六〇〇年迄今，稱曰「近代」Modern，這是史家公認的「近代」的界說，限定十七世紀的範圍；本書顧名思議，以此界說爲準，宜從十七世紀前半期的明末說起。

變局之始 一般研究近代史的學者，常把鴉片戰爭算爲近代史的里程碑。其所持理由，則認爲鴉片戰敗，迫中國簽定喪權辱國的不平等條約，是中國受帝國主義壓迫的開始。此後，帝國主義接踵而至，迫訂一連串的不平等條約，便把五千年來的東方帝國，鬧得天翻地覆，起了遽烈的變化。如此看法，不無部份理由，倘吾人仔細分析鴉片戰爭百年以來的變局，其變化之始，宜追溯至三百年以前，當明淸交替之會，東西接觸之後，就伏下變局的索線了。

國史悠久 凡我國人，都認爲中國有五千年的(黃帝紀元四千六百零九年)歷史，年代旣有如此之悠久，焉能將近百年的事，就算爲近代的範圍？劃分歷史的階段，當顧及整個歷史年代，例如四千六百六十多年的中國歷史，至少以近三百年，爲一斷代，才較爲合適。

近代科學生根 科學發達，促成近代文明，西方的近代文明，是始於十六七世紀，中國與西方接觸，科學輸入中國，也正在十七世紀的晚明時期，當時科學知識雖不普遍，科學技術未知善用，但是在中國的學術界，總算播下科學的種子了，使中國社會有了近代文明的因素。

民族革命傳統　明末流寇蠭起，滿族乘機入關，中國被異族統治，從那時起就激起民族革命的運動，由萌芽到發展，其間三百年，曾有多次放出民族革命的光輝；降至今日正遇着俄帝這樣兇殘的敵人，使現階段的民族革命，走向艱苦的途程。爲了解近三百年來民族革命的歷史傳統，也必須從滿族入主中原説起。

俄帝侵華史實　俄帝在近代的開始，一六四三年時就向中國東北邊疆侵擾，清朝以武力制止，遂用和平手段，要求通商，繼而趁火打刼，强迫簽訂不平等條約，掠奪領土。晚清以來，復向中國的東西邊疆侵略，嗾使外蒙獨立，現在又與朱毛匪幫聯合一起，正導演着空前的悲劇，陷民族危機於最險惡的境地，甚而威脅着民族的生存，吾人爲明瞭俄帝侵華的歷史發展，也必須起自清初。

根據以上六種理由，吾人撰述近代史，起於清初，終於民元，就是要敍述近三百年來中國民族生存之史的發展，即以有清一代爲核心，由舊中國説到新中國，以此爲中國近代史的界説，較合於時代的需要。

第二節　近代史的特徵

中國近代史有三個特徵，爲三百年以前的國史所無者，在此有説明的必要：

史無前例的變局　中國自有信史以來，約三千餘年，再追溯至中原文化的發祥，不過五千年左右。其間政治上的風暴不下二十餘次，但皆無傷於社會組織與經濟結構。政體方面始終行家天下之專制，思想方面，定孔子於一尊。中國未與西方接觸以前，爲東亞文化宗邦，良足自豪；明末西人東漸，或通商，或傳教屬於個人的行爲多，屬於國家的行爲少。至道咸以降，一敗於鴉片之戰，再敗於英法聯軍，三敗於中日之役。四敗於庚子之變，中國備受帝國主義的壓迫，不平等條約的束縛，外患日亟，國勢日非，於是朝野士大夫倡導經濟上的富國運動，政治上的立憲運動，以及國民革命運動，以求禦侮圖存，因此新思想，新制度，新學説，新機器紛紛流入中國。使今日中國的學術思想，政治制度，社會風氣，經濟體制，無不受西方文化的影響，一切都改變了原來的面目，且發生激烈的變化，使中國國勢凌夷，民氣消沉，國家民族危機四伏，「幾將毀滅我再生基礎，杜絕我復興的根源」。這是史無前例的變局，自明末開始，三百年來愈演愈烈，至赤焰瀰漫神州，而臻其極。

中外歷史不可分割　三百年以前東西隔絕，東方帝國守着封疆，聽其自然發展。近三百年以來，近代科學發達，一日千里，交通工具的進步，縮短了空間的距離，地球上任何一個角落，皆與整個世界，息息相關，不容孤立自存。從中國近代史方面來說，在明末就與西方的學術宗教接觸了。葡人東漸以後，通商關係頻繁，到鴉片戰爭，南京條約成立，打破中國閉關的局面，將中國自給自足的經濟，拉入世界經濟的範疇。此後中國出現於世界政治舞臺，中國成爲世界政治的一環，中國史變成世界史的一部份，研究中國近代史不能忽視近代世界史的研究，因此說，中國近代史與世界近代史是不可分割的。

內容錯綜複雜　滿族乘明末大亂，君臨中國，採高壓政策，壓迫漢族，掀起了民族革命，清朝統一中國以後，爲誇耀滿族在中國的聲威，不惜勞民傷財，征服境內邊疆民族如蒙，回，藏，苗，猺等，臣服鄰邦小國，如安南，暹羅，緬甸，不丹，廓爾喀，朝鮮，琉球等。十九世紀以後，世界上最重要的國家如英，美，法，俄，奧，意，日，比，荷，葡，西，印度等，都與中國發生通商傳教，或戰爭的關係，在近代的開始，滿清政府代表着中國，曾與三十種以上的民族接觸，這都包括於中國近代史的範圍之內，這是內容最複雜的一部斷代史。

史無前例的變局，中外歷史之不可分割與錯綜複雜的內容三端，便是中國近代史的特徵。

第三節　近代史的分期

不分什麼性質的戰爭，對社會狀態都發生改變作用。一次戰爭贏得勝利，可以使國際地位提高，可以使國內政治澄清，也可以使經濟狀況好轉，更可以使思想一新。如果戰爭失敗，也發生相當的變化，所以說，戰爭的本身有改變歷史的作用，以戰爭劃分歷史階段，是比較確當的準則，因此本書暫劃分爲四個階段：

①滿族建立政權與民族革命的發軔（一六四四—一六八三）

②大清帝國的鞏固與抗清復明的活動（一六八四—一七九五）

③滿清統治式微與內憂外患之加深（一七九六—一八九四）

④國民革命興起與專制王朝沒落（一八九五—一九一一）

第四節　近代史的旨趣

本書敍述旨在闡明三大重點，一個目標。

①滿洲部族的統治權，由建立，强大，中衰到滅亡的全部過程。

②帝國主義對中國的侵略，破壞中國領土的完整，侵犯中國主權的獨立，榨取中國經濟的利益，使中國降到次殖民地的地位，這整個的史實，都要加以扼要的敍述。

③民族革命的發展，產業革命的萌芽，有限君主的維新運動，這是三種性質不同的革命而爲國民革命的歷史背景。

民族主義　滿族入主中國，以薙髮定順逆，屠殺漢族，如揚州十日，嘉定三屠，復以懷柔政策統治漢族，防範漢族，繼以武力征服邊族，並以不同的民族政策加以統治，如此遂產生民族主義的抗清運動。

民權主義　自嬴秦氏起，實行天家下之專制，歷二千餘年，至滿清統治中國，才出現典型的絕對君主政體，而此種專制政體，弱點畢露，流弊叢生。歷史告訴我們，實行君主專制政體，實在不易出現幾個令人滿意的善良君主。自從清朝的有限君主運動失敗以後，清政府改造無望，勢必推翻滿清政府，中國無由進步。同時，當滿族統治中國時代，正是十七世紀到廿世紀期間，此一時期的西方國家，打倒暴君的革命，相繼而起。如十七世紀的英國革命，將無限君主變成有限君主與貴族議會。十八世紀的美國獨立，法國革命，推翻暴君統治，建立民主制度。英美法三國的民主政治革命，儼然成爲世界一大潮流，中國的君主專制，則爲世界潮流沖毀的對象。國父中山先生鑒於良君之不易得，世界潮流之無法遏阻，這兩點就是推翻專制建立共和之由來，前者屬於歷史的，後者則屬於時代的。

根據前面的分析，指出拯救近代中國的道路，爲反滿的民族革命，反專制的民主革命。這兩種革命思想，由國父中山先生承襲下來。在興中會時代（一八九四―一九〇四），提出的「驅逐韃虜，恢復中華，建立合衆政府」的革命主義，便是最先成熟的民族民權兩部的要義。

民生主義 一八五三年太平軍佔據江南，常勝軍以「開花大砲」參戰；湘軍將領曾國藩，李鴻章等看到洋人的槍砲厲害，遂產生以夷制夷的觀念。基此一念，曾李在太平軍瓦解後，即提倡洋務，以改革武器爲主，繼而提倡紡織，開鑛，築路，造船，興新學……於是中國產業革命萌芽了，中國的民族工業也興起了，俟中日戰後，帝國主義紛紛向中國投資，修築鐵路，開辦工廠，設立銀行……使中國經濟有傾向資本主義制度之趨勢。

在十九世紀末期，西方資本主義國家，內部的勞資糾紛，層出不窮，社會財富不均，此爲資本主義制度的流弊。國父中山先生爲避免此種流弊出現於中國，遂獨創節制資本的方法，防患於未然。

中國於嘉慶，道光年間，已有人口與土地不平均的現象，洪秀全認爲這是嚴重問題，爲號召貧苦的農民踴躍參加反清運動，遂頒佈天朝田畝制度；規定凡十六歲以上的男女，都有權力，分得土地，十五歲以下減半。中山先生認爲「洪秀全所行的經濟制度，是事實，不是言論」。（民族主義第四講），可惜洪秀全行之不久，又不澈底；但是此種理想，早爲古聖先賢所嚮往。於是 中山先生提倡平均地權的辦法，也就是要澈底解決中國土地問題，實現耕者有其田的理想。

平均地權似受天朝田畝制度的影響，節制資本則得自資本主義制度的警惕。平均地權與節制資本二者，即構成了民生主義。

國父 集民族，民權，民生三種革命思想，於一九○五年同盟會成立時，三民主義才正式揭櫫出來。民報發刊詞就是 國父初次發表三民主義的文獻，可資證明。

一個目標 本書旨在闡明滿族統治中國時代，中國開始捲入世界政治舞臺，三百年來國情的嬗變，是需要三民主義來拯救的。國父說：「三民主義就是救國主義」，這個救國主義是不變的，但她的內容是隨着時代的演變而充實，隨着國情的需要而適應，爲明瞭時代的演變，認識國情的需要，祇有求諸歷史，因此編寫近代史的目標，只有一個—這個月標，就是建立三民主義的歷史價值。

送羅子木往臺灣 張煌言

中原方逐鹿，何暇問虹梁，欲攬南溟勝，聊隨北雁翔，罽帆天外落，蝦島水中央，應笑清河客，輸君是望洋。

祁門雜詩 王闓運

群盜縱橫日，長沙子弟兵，但能通大義，不廢用書生，地盡耕耘力，人驚壁壘精，後來司馬法，應見寓農情。

第二章　近代史的序幕（天命元年—崇德八年 一六一六—一六四三）

這部近代史，從明末寫起，流寇李自成推翻大明統治，旗兵乘機入關，建立滿族政權，西方的商人，傳教士，也恰於此時，前後陸續東來與中國接觸，發生各種關係，這三件事，就是近代史的序幕。

第一節　明末流寇的猖獗

晚明政治　明神宗時，滿族勃興於東北，明廷疏於控制，進而佔據兩遼，明思宗時，流寇起事於西北，中樞剿撫失策，終至擾亂南北。神宗政府為應付外患，立「遼餉」，思宗政府為戡定內亂，立「剿餉」、「練餉」，籌餉則官吏乘機勒索，百姓挺而走險。政府雖征歛繁苛，而財政仍感困難，拖欠兵餉，士卒逃散，到處掠奪，於是無糧之民與無餉之兵，滙成巨流，蠭起為寇，嘯聚成群，勢燄猖獗，同時滿族六度入塞，威逼更甚，因此內外交困，互為因果，鑄成危局，使大明政權，搖搖欲墜。

一六二八年朱由檢嗣基大統，改元崇禎，誅魏忠賢，懲處閹黨，天下喁喁望治，然其為人剛愎多疑，不肯信任朝臣，依然重任宦官，掌東廠，立營、監軍等要職，因此正人都不能終於位，小人反而因緣為奸，覇佔中樞，蒙蔽主上，闖王李自成指責晚明的政治說：

爾明朝久席泰寧，寖弛綱紀，君非甚暗，孤立而煬蔽恆多，臣盡行私，比黨而公忠絕少，賂通官府，朝端之威福日移，利擅宗紳，閭左之脂膏殆盡，肆昊天聿，窮乎人愛，致逃民爰苦於災祲。獄囚累累，士無報禮之心，征歛重重，民有偕亡之痛。（節錄李自成登基檄文）

這是明季政治，極沈痛的一幅寫照。

流寇發難　由於中樞的腐敗，地方的糜爛，財政的困難，滿族的威逼，造成流寇發展的溫床。考其直接促成的因素有三：一爲關中饑荒，人民無以爲生；二爲拖欠軍餉，促成兵變；三爲裁撤驛卒，失業者衆。

熹宗天啓七年（一六二七）安塞賊高迎祥稱闖王，米脂賊李自成屬之，稱爲闖將，闖王闖將合而稱爲闖賊，延安賊張獻忠，則據十八塞稱八大王，其餘番號繁多，所在蠭起。或西掠秦，或東入晉，屢陷城堡，旋滅旋熾。

明室遣三邊總督楊鶴主其事，繼由洪承疇負其責，崇禎七年（一六三四）官軍將領陳奇瑜，盧景昇等圍李賊入漢中車箱峽，本可一舉殲滅，李自成詐降，反而從此坐大。

崇禎八年（一六三五）流寇高迎祥、李自成、張獻忠等大小十三首領，會於滎陽，決定運用各方賊衆，擴大刼掠地區。

迎祥、自成與獻忠共略淮南，陷鳳陽，焚皇陵時，獻忠得皇陵監小閹，善鼓吹，自成向獻忠索，不與，怒而分裂。高李二賊西向陝西，張賊東下廬州，以後賊衆分別活動。

米脂李自成 崇禎九年（一六三六）秋七月，闖王高迎祥被官軍擒於陝西盩厔，處磔死，賊衆推李自成爲闖王。其諭曰：闖王示爾以天災世亂，人心惶惶，孤欲起義興師，出民塗炭，但以錢糧不繼，安能鼓動三軍，特命爾等，各依分派，開列所在，前去同心協力，奪草截糧，務期子女金銀，歸途滿載，庶得共襄。

李自成爲爭取賊衆的信賴，提高其身價，神秘其領導地位，乃自謂「父守忠無子，禱於華山，夢神告曰：『以破君星爲若子』。已，生自成」。（明史流寇列傳李自成傳）

後來侵擾河南，有卜者獻讖曰：「十八子主神器」還製造歌謠令小兒歌之，其歌曰：「吃他娘，穿他娘，開了大門迎闖王，闖王來時不納糧，朝求升暮求合，近來貧漢難存活：早早開門拜闖王。管教大小都歡悅」。凡此種種均在鞏固其領導地位，在人民智識未開迷信甚深的時代，自然視爲一種有力的神權號召。

崇禎十三年（一六四〇）杞縣舉人李信，盧氏舉人牛金星來投，自成大悅，自成納李信牛金星建議，向黃河一帶竄擾，秦、晉、冀、豫、川東、魯西、鄂北、以及甘肅，寧夏、綏遠等地大都遭受蹂躪。

延安張獻忠　當李自成攻略黃河一帶之時，張獻忠則率衆禍亂長江南北，改武昌爲天授府，設置僞尙書，僞都督，及僞巡撫，統轄二十一州郡，開科取士，奪楚王邸財寶，賑濟饑民。

崇禎十六年（一六四三），李賊在襄陽稱大元帥時，其勢力已伸展到長江流域。張賊感受威脅而侵入贛湘及粵桂北部，當明兵攻擊之際，無力在湖廣立足，又無意進攻浙閩，遂決定入川。崇禎十七年四月，張賊在成都稱爲「大西國王」，改元曰「大順」。其政策以消極破壞爲主。詭言開科取士，乘機殺智識份子於青羊宮，活埋成都人民於中園，並遣四賊將，分屠各縣。僞官朝會畢，輒集體殺之，以生剝皮法，皮未去而先氣絕者，行刑者死，功叙則以殺人多少爲準。在川刼奪之珍貴財物，數以萬計，擲投錦江，放乎中流，使一物無存，亦不資他人利用，聲稱「勿爲後人有也」。此種毀滅行爲，殊堪可憎。順治三年獻忠棄成都，走川北，猝遇清兵於鳳凰坡，中矢墜馬，蒲伏積薪下，於是清兵擒獻忠斬之。（明史流寇列傳張獻忠傳）

闖王入京　崇禎十六年（一六四三）自成以湖北襄陽爲襄京，自稱奉天倡議大元帥，崇禎十七年正月，自成稱王於西安，建國號曰「大順」，改元「永昌」，自己改名曰「自晟」，建立政府置六部尙書，設弘文舘，文諭院等，於是揮衆東指。同年三月十九日，陷北京，思宗登煤山至壽皇亭自經，年卅五，太監王承恩與帝對縊，襟中留有遺詔，指血糢糊，約略可辨語曰：「朕凉德藐躬，上干天咎，致逆賊直逼京師，此皆諸臣誤朕，朕死無面目見祖宗於地下。自去冠冕，以髮覆面，任賊分裂朕屍，毋傷百姓一人」。思宗在位十七年，喪亂纍纍，幾無一日安枕，致外患日迫，內訌乘之，不免於亡，誤在所用非人。

第二節　滿洲部族的崛起

建州三衞　滿洲是生女眞的一支，爲中華民族中最重要份子之一。原來明初收服東北，曾就其地設置三衞：曰海西衞，在吉林的西部，遼寧的北部；曰野人衞，在吉林和黑龍江的東邊；曰建州衞，在遼寧和吉林的中間。其居民多爲女貞人。明派女貞頭目阿哈出（賜姓李名思誠，其子李顯忠其孫李瞞柱），爲建州衞指揮使。

滿洲一詞，實始於滿族入主中原以後。他們自己相傳，金朝末年，有名布庫里雍順者，以愛新覺羅爲姓，居吉林北境鄂多里城，始建國爲滿洲，是爲清人開國之始祖，實在不可靠。但是清人相傳由布庫里雍順數傳，有孟特穆者，或稱猛哥帖木兒率族衆，從依蘭移居琿春，明永樂十年，受明任爲建州左衞指揮使。旋被野人衞女眞殺死，其弟凡察携衞印，逃往野人衞，其子董山繼承建州左衞都指揮使，與凡察爭衞印，至明英宗正統七年，董山由野人衞贖回衞印，正式襲職，一衞不能有兩個頭目，明廷爲安撫凡察，增設建州右衞。

努爾哈赤稱汗　建州左衞的董山，與建州衞的李瞞柱共同劫掠撫順開原一帶，明兵捕獲董山殺死於廣寗。以其子脫羅繼職，脫羅病歿，其弟竇齊子福滿繼之，福滿有六子，其第四子名叫塲（覺昌安）住赫圖阿拉（今新賓縣）叫塲生子塔矢（塔克世），塔矢生子努爾哈赤，祖孫三人，與明將李成梁相處友善，而努爾哈赤時出入李成梁家中。

明世宗時，建州衞指揮王杲據古哷城，王杲之子阿太是覺昌安的孫女婿，時阿太劫掠瀋陽附近，李成梁派兵進剿，覺昌安與塔克世聞訊，即去古哷城告急，勸王杲阿太勿與明兵對敵，王杲父子，正在猶疑，時建州蘇克蘇滸部圖倫城主尼堪外蘭，引明兵到古哷城，叫阿太開城門，阿太居然將城門一開，明兵擁入，射死阿太，擒獲王杲。覺昌安，塔克世亦死於亂兵之中。明念覺昌安塔克世功，平王杲後，即以其子努爾哈赤爲建州左衞指揮，不久更因功升都督。努爾哈赤有野心，且念其祖父之死，與尼堪外蘭有關，復以明都督名義來號召，役屬建州衛五部族，更於明神宗萬曆十一年起兵，征海西衛，尋找尼堪外蘭報仇，時明人把尼堪外蘭執送努爾哈赤處死，並開撫順，淸河，寬甸，靉陽四關與互市，建州女貞之强自此始。努爾哈赤統一建州六部（覺羅，蘇克蘇滸，渾河，完顏，董鄂，哲陳），征服長白三部，（納殷，鴨綠江，珠舍哩）繼又滅海西四部（輝發，哈達，烏拉，葉赫），野人三部（渥集，瓦爾喀，庫爾喀），聲勢頓强。明神宗萬曆四十四年（一六一六）努爾哈赤遂叛明稱汗，國號金（史稱後金），建元天命，是爲淸太祖。

宣佈七大恨 萬曆四十六年（天命三年）四月，命皇太子皇太極監國，擇日誓師，決意伐明，宣布七大恨，告天起兵。

國主努爾哈赤僅昭告於皇天后土曰：「我之祖（叫場）父（塔克世）未曾損明邊一草寸木，明無端起衅邊陲，害我祖父恨一也。明雖起衅，我尙修好，設碑立誓，凡滿漢人等，無越疆圉，敢有越者，見即誅之，久而故縱，殃及縱者，詎明復渝誓言，躬兵越界，衛助葉赫，恨二也。明人於淸河以南，江岸以北，每歲窃踰疆埸，肆其攘奪，我遵誓行誅，明負前盟，責我擅權，拘我廣寧使臣綱古里，方吉納，脅取十人，殺之邊境，恨三也。明越境以兵助葉赫，俾我已聘之女，改適蒙古，恨四也。柴河、三岔、撫安三路，我累世界守，疆土之衆，耕田藝穀，明不容刈穫，遣兵驅逐，恨五也。邊外葉赫，獲罪於天，明乃偏信其言；特遣使臣，遺書詬詈，肆行淩侮，恨六也。昔哈達助葉赫二次來侵，我自報之，天旣授我哈達之人矣。明又黨之，脅我還其國已而哈達之人，數被葉赫侵掠，夫列國征伐也，順天心者勝而存，逆天意者敗而亡，豈能使死於兵者更生，得其人更還乎？天建大國之君，旣爲天下共主，何獨構怨於我國也？初扈倫諸國，合兵侵我，天厭扈倫啓釁，惟我是眷，今助天譴之葉赫，抗天意，倒置是非，妄有剖斷，恨七也。欺凌實甚，情所難堪，因此七大恨之故，是以征之，謹告」。

滿洲伐明之七大恨文獻，傳說不一，措詞互異，據淸史專家孟心史考證，當時無此文件。但本文獻係錄自稻葉君山之清代通史。

舉兵伐明　努爾哈赤自率旗兵兩萬，侵明邊境，陷撫順、清河，進攻葉赫，葉赫告急於明，明以楊鎬經略遼東，統兵八萬八千，分四路，與後金作戰，三路皆敗，後金攻入開原，鐵嶺。明以熊廷弼爲經略，廷弼招集流亡，分守城堡，形勢漸穩，邊疆無事年餘。熹宗立，信讒言，罷廷弼，代以袁應泰，袁不知兵，爲後金所乘，天啓元年（一六二一），先陷瀋陽，後失遼陽，遼河以東大小七十餘城都不守，至是明復起用熊廷弼，廷弼主守，先固邊防，廣寧巡撫王化貞梗其議，廷議袒化貞，戰守久不決。天啓二年，後金乘機渡遼而西，明兵大潰，遼西一帶盡失。

明熹宗天啓五年，努爾哈赤定都瀋陽，改名盛京，作積極西侵的準備。明室雖先後起用孫承宗爲經略，使袁崇煥守寧遠，修戰器，築城堡，漸收復遼西失地，努爾哈赤按兵不動，約四年。

努爾哈赤死　孫承忠不見容於魏忠賢罷去，而代以高第，第盡撤守備入關，獨袁崇煥死守寧遠不去，天啓六年，即天命十一年（一六二六）正月廿四日，努爾哈赤大舉攻明，進兵寧遠，崇煥憑城固守，以紅夷炮應戰，不出一兵，殲敵萬衆。努爾哈赤負重傷，解圍返瀋陽，此役燕京稱爲大捷，空巷相慶，是年七月努爾哈赤因傷致死，年六十八，葬福陵。

皇太極繼汗　皇八子皇太極八月嗣基，（天啓七年，一六二七）改元天聰元年，史稱清太宗。天聰元年正月，遣阿敏等伐朝鮮，入漢城，約定尊金爲兄國，不再仇金助明。五月又悉衆攻錦州及寧遠亦遭敗挫而退此爲其初次伐明，明人則稱寧遠再捷。魏忠賢，令其黨羽，劾崇煥不救錦州之罪，上表乞休，熹宗命王之臣代崇煥，俟思宗即位（一六二八）復起用崇煥，授兵部尚書，賜尚方劍，督師薊遼，即日啓行。崇煥治遼方略則以遼人守遼土，以遼土養遼人，守爲正著，戰爲奇著，和爲旁著。崇煥以皮島守將毛文龍驕蹇不用命，設計誅之。文龍部將孔有德，耿仲明，尚可喜三人，叛明降清，皇太極皆優封王爵。

計殺袁崇煥　皇太極以遼西挫於袁崇煥，攻明不利，乃改變戰略，崇禎二年（一六二九），十二月大舉入塞，從喜峯口越長城，陷遵化，逼北京，崇煥兼程入援。皇太極用范文程謀施反間計，即范文程揑造一封袁崇煥與滿清在城外談和的議和書。思宗信之，對崇煥殺皮島守將毛文龍不滿，而磔殺崇煥，以孫承宗代爲督師。皇太極除袁的目的已達，乃引兵刼掠良鄉，固安一帶，遂下令東歸。此爲二次伐明。崇禎四年（天聰五年），皇太極以明兵制勝之道，在西洋大砲，乃設計招徠明礮工，鑄紅夷砲而令降將演習之。是年秋復舉兵伐明，礮攻大淩河克之，明將祖大壽降，孫承宗已罷歸，此爲三次伐明。

崇禎五年即天聰六年，皇太極西征蒙古，林丹汗敗逃河西，餘衆皆降，此時皇太極東邊有屬國朝鮮，西邊有屬國蒙古，東西有了屏障，無後顧之憂。

皇太極稱帝　崇禎九年即天聰十年，皇太極改定國號爲清，廢汗稱帝，改天聰十年爲崇德元年（一六三六）又要求朝鮮變更兄弟名義，改爲君臣關係，朝鮮不允，皇太極二次親征，朝鮮敗降，承認清室的宗主權，與明朝斷絕藩屬關係。崇德元年七月，復大舉伐明，命英武郡王阿濟格率兵踰獨石口，入居庸，過昌平，逼燕京，兵至保定，俘人畜十八萬，出冷口東歸。是爲四次伐明。

崇禎十一年即崇德三年八月，皇太極遣多爾袞由密雲北入塞，刼掠冀、豫、魯、擄漢人六十萬，財物滿載而歸，此爲五次伐明。

崇禎十四年（崇德六年）皇太極進攻山海關，思宗命薊遼總督洪承疇率吳三桂等八總兵，統步騎十七萬守松山（錦州、城南十八里）拒抗清兵，明三桂軍敗走，清兵圍攻，苦戰逾年，城中食盡，松山失守，錦州，杏山，塔山相繼陷落，先後死者五萬八千人，承疇被擒，薙髮降清，此爲六次伐明。

此後山海關外，只賴吳三桂鎭守寧遠，拒抗清兵了。其時江淮流寇勢盛，關外抗清又失利，思宗難支撐危局，遂密敕兵部尚書陳新甲，與皇太極進行和議，不幸消息洩露，朝議不容，思宗殺新甲，和議破裂。

崇禎十六年（崇德八年）五月皇太極以頭眩目暈病歿，年五十二，葬昭陵。第九子福臨六歲繼位，明年改元順治，鄭親王齊爾哈朗，睿親王多爾袞攝政，稱攝政王。

崇禎十七年即順治元年（一六四四）三月十九日，李自成陷北京，吳三桂乞師求救，清兵乘機進關，佔據京師，定鼎中原。

第三節 兩個世界的接觸

東西接觸 中國歷史發展到近代，才與西方接觸，西方商人，傳教士，愈來愈多，接觸也就愈來愈密。這些商人與傳教士的活動，後來竟成帝國主義侵略的藉口，不但影響近代中國的發展，且將中國納之於世界政治範疇之中。中國與西方未接觸以前，兩個世界各守封疆，各隨其天然發展，接觸以後，西方勢力衝破了中國的藩籬，中國的變局，開端於此，關於西方世界的商人，傳教士，及强盜最初由海陸兩路東來的情形，似有記錄之需要。

新航路發現 歐亞陸路交通孔道，自蒙古西征而大開，因蒙元滅亡而中阻。在水路方面，自歐洲放船出地中海抵埃及，然後易船渡紅海，阿剌伯海，抵印度，復東行，過痲六甲，至安南而中國。北路自土耳其興起，佔東羅馬帝國京城君士坦丁（一四五三）掌握東部地中海海權以後，中西水路交通而遭梗阻。當時西葡兩國正經營東方商業，因感受土耳其在交通上的壓迫，並爲克服此種困難，西葡政府乃鼓勵航海，因此，才發現新航路與新大陸，恢復歐亞交通。發現新航路的功臣有二：

一四八七－八年狄亞士 Bartholomew Diaz，由里斯本抵達非洲南端的好望角 Cape of Good hope。

一四九七年葡人維斯古達加馬 Vasco da Gama 從里斯本繞道好望角，經馬達加斯加島至印度西海岸的加利庫特 Calicuta，遂發現印度洋的航路，此後葡人逐漸經營錫蘭，爪哇，蘇門答臘等東印度群島。

葡萄牙人　明武宗正德十一年（一五一六）葡人拉斐爾伯斯德羅 Afael Perestrello 乘蓬船至中國，爲近代西人至中國之始。拉氏要求通商，明朝允葡船泊於三竈島，後移電白縣。明世宗嘉靖元年（一五二二）葡船泊上川島，明兵驅逐，乃揚帆去閩浙的泉州，寧波等處。

嘉靖十四年（一五三五）廣東都指揮黃慶，納葡人賄賂請於上官，允葡船移泊澳門爲通商地，年貢兩萬金。嘉靖卅年（一五五一）葡人藉口商船遭風，水漬貨物，乞得曝曬之地，並要求築室保存，海道副使汪柏，准葡人居住澳門，後來在寧波，泉州的葡商，被當地官民驅逐，於是澳門遂爲葡人的東方的貿易港。嘉靖卅六年（一五五七）葡人於居留地設官。明廷亦未阻止，而葡人竟視澳門爲其殖民地。明神宗萬曆元年（一五七三）明廷築牆爲界，默想澳門爲葡人之自治地，此爲租界地之濫觴，葡人交納地租，此與日後英法租界不同。萬曆十一年（一五八三）地租減至每年五百兩。當時明朝雖允許葡人佔領澳門，不許入廣州，但在廣州准設牙行，代客買賣。

葡人佔澳門，自一五三五年至今，約有四百餘年，其危害中國，雖不若香港之甚，就國家獨立領土完整而言，吾人決於故國光復之後，收回澳門主權。

西班牙人　一四九二年（明孝宗弘治五年）西班牙遣哥倫布 Columlus 自八月三日起，航行大西洋七十日，到十月十二日發現新大陸。一五一九年（明武宗正德十四年）麥哲倫 Magellan 航大西洋三十三個月之久，竟於一五二一年抵非列賓的塞布 Cebu，一五六五年（嘉靖四十四年）西班牙腓力浦二世，派兵佔馬尼剌，中國的海外開拓者林鳳攻非失敗，閩官遣人抵非營救，因此得晤西班牙人，旋派使者二人來華，要求通商，中國許於廣州通商，因葡人反對，商業無大發展，西人在非慘殺華僑近四萬餘衆，自出丁稅，每丁六元。西班牙商人使用墨西哥「鷹洋」，由非輸入中國，中國與西班牙發生關係，係在非列賓，非在中國境內。明穆宗隆慶四年（一五七〇）西班牙人來廣州。明神宗萬曆三年（一五七五），八年（一五八〇），先後遣使納貢物求訂商約，均為葡人破壞而不果。

荷蘭人 荷蘭原為西班牙之屬地，荷蘭於一五六五年掀起民族革命，奮鬪八十二年，至一六四八年始贏得獨立。當時西葡兩國合併，禁止荷蘭人經商於葡京里斯本，荷蘭商人因此東來。順治十年曾派使臣果耶爾來北京。一六六一年鄭成功率兩萬餘衆由金門渡海，收復臺灣，荷人敗走，會清兵攻厦門，荷人遣船助戰；其後康熙二十二年征臺，詔荷人協助，因荷人失期，及至，臺灣已定，荷蘭既不得志於廣州，又失敗於臺灣。乃賄賂福建長官，進行走私，乾隆廿七年（一七六二）遣使攜帶貢物至北京遵朝覲之慣例，行三跪九叩之尊禮，朝旨准設商館於廣州，只許在館交易，不得於廣東海上私自買賣。此後荷人注意南洋，結果清廷定其貢期，列為藩屬。

法蘭西人 歐洲關於中國之知識，多賴法國傳教士之報告，教士富於學識，本其見聞發表文字，而使歐人稍知中國之狀況，法國在華之商業，殊不發達，其王未嘗遣使遠至北京，請求通商，順治十七年（一六六〇）始有商船來華，雍正六年（一七二八）許設商館於廣州而貿易仍無進步。一七五六—一六三年英法七年戰爭，法國失利，因此海外勢力不若英國，中法商業關係，並不密切。

英吉利人 英國商人組織東印度公司，經營東方商務，因荷人在澳門的失敗，該公司表示冷淡。一六三五年英王查理一世另組織商業團體，專營中國貿易。

一六三七年這個團體由威代爾 Weddell 上尉率領來華，六月抵澳門，澳門葡知事拒絕，並讒之於中國官吏，英商不得入澳門，乃向廣東官吏交涉，英船擅入虎門，遂遭守將擊之，英船還擊，砲臺轟陷，並毀滅一個農村，刼掠三十頭猪，許其於廣東作點買賣，但其擔保不再來華。

羅刹人 十七世紀的大變動，不在西方傳教士，商人在沿海傳教通商，而在亞洲北部更換了新主人。一五七九年（明神宗萬曆七年），羅刹人亞爾瑪克 Yermak 越烏拉山，侵入西伯利亞。

此後羅剎人勇往東進，一六三二年建雅庫次克城，一六三八年建鄂霍次克城，六十年內，亞洲北部入了俄羅斯的版圖，其面積約有四百萬方英哩，比歐俄還大一倍。一六四三年波雅可夫刼掠黑龍江畔，一六四九年哈巴羅夫建雅克薩城，一六五一年建伯力城。一六五七年（順治十四年），巴石可夫建尼布楚城，一六九七年建堪察加城，侵略東方，未嘗稍懈。然康熙帝等到康熙廿年三藩之亂平定，乃決意以武力解決羅剎問題。

科學輸入　西方宗教改革以後，舊教失勢，舊教徒組織的耶穌會遂負起東方宣教的責任，首派義大利人利馬竇到中國來，在廣東肇慶住了十幾年，學習華語，到北京覲見明神宗，進貢方物，頗受優待，撥給教堂（北平的南堂），那時信徒二百餘人，大臣如徐光啓、李之藻、楊廷筠等佩服其學，曾著萬國圖志一書，說明五大洲的位置。其他有名的傳教士，如義大利人艾儒略，熊三拔，畢方濟。西班牙人龐廸我，湯若望。比利時人南懷仁等，他們對於西方科學都有專擅，並把他們所知道的科學知識，介紹到中國來，使中國的學術界播下了科學種子。例如葡人介紹佛朗斯銃鳥槍，荷蘭人介紹紅夷炮、利馬竇、湯若望、南懷仁、龐廸我等介紹西洋曆法，法蘭西人白晉，張誠測繪各省地圖，定名皇輿全覽圖，利馬竇與徐光啓合譯歐幾里得的幾何原本，還有穆尼閣與薛風祚合著天學會通，此外，西方代數、三角、醫學，音樂、美術、水利諸學，都有傳入，其中最受明清兩代歡迎的，則爲作戰需要的新武器。

本章結語　明末流寇起於一六二八年，止於一六四六年，持續近二十年，不爲不久，流竄河北、山東、山西、陝西、河南、安徽、湖北、湖南、江西、浙江、福建、廣東、廣西、四川等十四省，不爲不廣，參加叛變的爲貧民，飢民，叛兵與失業驛卒，起事時僅有五營之衆，至崇禎四年（一六三一）有三十六營廿萬衆，崇禎八年（一六三五）滎陽大會時，與會者有十三家七十二營，約有衆四十萬。崇禎十七年（一六四四）李賊在西安開府時，步騎百萬，人數如此之多，發展如此之速，堪稱國史上的大民變。此種民變，斲喪國家元氣，至深且鉅。

由流寇騷動廿年之直接結果，是逼死明思宗，推翻大明統治，間接結果是滿族乘機入關，建立異族政權，吾人獲得的歷史教訓，即一國之內，內亂劇烈之時，易引起異族侵入，所以攘外必先安內，其道在此。大明政府既不能安內，又不能攘外，其亡是必然的。

努爾哈赤於明萬曆十一年（一五八三）起兵，統一建州、野人、海西諸部，一六一六年創後金汗國，建八旗兵制，定都瀋陽，大舉攻明，一六二六年傷亡，其子皇太極繼位，擴充漢蒙八旗兵，東征朝鮮，西服蒙古，製造武器，利用漢奸，一六三六年創立大清帝國，一意圖明，遣兵入塞，刼掠關內，一六四三年皇太極病死瀋陽，其弟多爾袞攝政，擁兵二十萬沈沈逐逐，大有覬覦中原，待機而動之勢。

歐亞交通暢行以來，葡人來的最早（一五一六），獲得澳門基地，佔據四百餘年。西班牙人因佔有菲律賓，與中國發生貿易關係，只在菲島，未在中國。荷蘭人東來遭葡人阻撓，而據臺灣，適鄭成功收復臺灣，驅逐荷蘭人，其失敗之後，遂苦心孤詣經營南洋，迄今乃擁有若干經濟勢力。法蘭西海上勢力，不如英國，故其到中國貿易比較冷淡。俄羅斯人越過烏拉山，沿着西伯利亞三大河流系統而達黑龍江流域，到處刼掠殺戮，激起清朝的武力制止。

英國人東來較遲，因其工商業發達，海軍勢力雄厚，其商人組織東印度公司，獨佔東方商業，故其要求與中國通商較其他各國均爲迫切，當時對中國之閉關主義，雖表示不滿，然而面對滿清乾隆盛世，只好小心應付，委屈求全。

滿洲崛起於東北，屢敗明兵，明廷納徐光啓建議召教士工匠於澳門，鑄造大砲。湯若望應召入京，待遇甚優。滿清入關，順治康熙二帝對於湯若望南懷仁，待之若舊，其目的在希望教士們幫助製砲，平定南明。教士們乘機得與宮廷接近，獲得在各省傳教的自由，並可深入民間，偵察情勢，作政治性的地下活動。

康熙末年，玄燁第九子胤禟，曾用天主教神父爲其出謀劃策。宗室蘇努一家人都信天主教，他們都是胤禩的黨羽，自此西方傳教士也加入了政治圈子，幫助胤禩爭奪帝位，後來雍正帝胤禎繼位，乃下令禁止天主教徒的傳教活動，若教士們不作政治活動，則可聽其安居而不加干涉，雍正帝此舉，原無錯誤，但是介紹的科學知識也同時終止，這就是影響後世科學的進步了。

上述明末流寇，滿族崛起與西人東來，這三件事相激相蕩，便揭開了中國近代史的序幕。

沅圃第四十一初度　**曾國藩**

楚尾吳頭闘戰塵，江干無土着生民，多君龕定同安部，上感二光下百神。

送唐鏡海先生

熙朝正學要匡復。衆說紛紛各啓塗。歸語江南諸父老。太子天子好眞儒。

壬戌四月沅弟克復縣巢和和州等城賦詩

半壁山前鐵鎖橫。當年諸將各聲名，即今錐鑿西梁下，益信先皇萬里明。

清史彈詞福臨順治帝

大明國至崇禎適遭末刼　李自成勢猖獗攻破燕京　吳三桂爲圓圓清廷乞助　逞私恩忘大義無父無君
清世祖年六齡初承父統　攝政王多爾袞奉命南征　一片石大鏖兵闖賊喪魄　入燕京肅軍紀鷄犬不驚
葬莊烈並皇后官民悅服　一時間令薙髮滿城風行　順治帝整鑾輿入主中夏　依漢人定限制有革有因
死闖賊斬獻忠流寇盡滅　定中原武功懋文教又興　雖然是明諸王先後建號　遇清軍猶如那風捲殘雲
天不祿攝政王帝始親政　蠲賦徭禁貢獻兼又恤刑　汰宮女淘內監減脂粉費　首崇儒親釋奠孔聖廟廷
御寶座十八年中外攝服　瑜中瑕只爲着胡俗風淫　滿洲史當大書太后下嫁　內庭中歡喜佛獻盡醜形
因反抗曾幾屠江南諸郡　逞兇殘傷人道德累聖明　名開創實守成坐享天賜　晏駕時年纔屆二十四齡

第三章 滿族入主與南明抗戰（順治元年—十八年 一六四四—一六六一）

第一節 多爾袞的政略與戰略

清兵入關 崇禎十七年三月十九日，流寇李自成進佔京師，時平西伯吳三桂守寧遠禦清，奉命入援，未至，京師已陷，遂屯兵山海關，其父吳襄在京被李自成拘捕，致書其子曰：

汝以皇恩特簡，得專閫任，非眞累戰功，歷年歲也。不過爲强敵在前，非有異恩激勸，不足誘致英士，此管子所以行素賞之計，而漢高一見韓彭，即予重任，蓋類此也。今爾徒飾軍容，遲蠕觀望，使李兵長驅直入，既無批抗擣虛之謀，復乏形格勢禁之力，事機已去，天命難回。吾君已逝，爾父須臾。嗚呼！識時務者亦可以知變計，昔徐元直棄漢歸魏，不爲不忠，子胥違楚適吳，不爲不孝，然以曩者揆之，爲子胥難，爲元直易。我爲爾計，不若反手銜璧，負鑕與棺，及今早降，不失通侯之賞，而猶全孝子之名，萬一徒持憤驕，全無節制，主客之勢既殊，衆寡之形不敵，頓甲堅城，一朝殲盡，使爾父無辜，並受戮辱，身名俱喪，臣子均失，不亦大可痛哉！語云：「知子者無若父」，吾不能爲趙奢，而爾殆有疑于括也，故爲爾計，至囑至囑（見明清軍談日文本）。三桂讀其父書畢，謂其父不能爲忠臣，三桂亦不能爲孝子，初無降意，乃修書交使者帶返，其父吳襄閱三桂書曰：

不肖男三桂，泣血百拜上，父親大人膝下：兒以父蔭，熟聞義訓，得待罪戎行，日夜厲志，冀當以酬聖眷。屬邊警方急，寧遠巨鎭爲國門戶，自邊淪陷幾盡，方力圖恢復，以爲李盜猖獗，已便當撲滅，恐往復道路，兩失事機，故爾暫羈時日，不意我國無人，望風而靡。吾父督理御營，勢非弱小，巍巍萬雉，何至一二日內便已失墮，使兒捲甲赴闕，事已後則可悲可恨。側聞聖主晏駕，臣民僇辱，不勝眦裂。猶意我父素負忠義，大勢雖去，猶當奮鎚一擊，誓不俱生，不則自頭闕下，以殉國難，使兒縞素號慟，寢戈復怨，不濟則一死繼之，豈非忠孝媲美乎？何乃隱忍偷生，訓以非義，既無孝寬禦寇之功，復愧平原罵賊之勇，夫元直荏苒，爲母罪人，王陵趙包二公並著英烈，我父嘍唶，夙將矯矯，王臣反愧巾國女子！父既不能爲忠臣，兒亦安能爲孝子乎？兒與父訣，請自今日，父不早圖，賊雖置父鼎俎之旁，以誘三桂，不顧也。（同前）吳襄閱其子書畢面露忿怨，闖王獲報，悶悶不樂，時降將唐通願當招降之任，統兵三十萬，賚銀五萬兩，東行關上，謂三桂曰：「崇禎已歿，明已無君，君不能使再生，父寧可以身死，不如歸降爲是」。三桂對曰：「既如此我爲老父故，無奈投降。請君先行回覆，我當入京來見新主」。時部將馮鵬諫阻，三桂不從，即在關上守候交卸途次灤州，旋聞愛妾陳沅（圓圓）爲闖得，「果若是吾從若耶」？冲冠一怒，奔回山海關，致書多爾袞曰：「乞王速整旅入關與三桂會兵，直抵京都，掃除虐焰，昭示大義」。多爾袞復書曰：「予聞流寇攻陷京師，明主慘亡，不勝髮指，用是率仁義之師，沉舟破釜，誓必滅賊，出民水火及遣使致書，深爲遠悅」。遂統兵前進，四月廿三日多爾袞至關下，三桂迎入，決定進擊闖王軍，及闖王軍攻山海關，即在一片石（臨榆縣北七十里），被明清聯軍擊潰，自成回京西走。清兵五月一日進據京師。

多爾袞政略　多爾袞入京，一切布置都由范文程，洪承疇酌定，使用小恩小惠，僞示和善，以收拾人心，所定政略六項：

①**禮葬懷宗**　多爾袞入京，首崇思宗帝后謚號，卜葬山陵，悉如典禮，並令官民，服喪三日。

②**表彰明臣**：明臣死難者，均予題辭，存者一仍故封，咸在朝列，並遍防山林隱逸，位以官職，詔舉隱儒。

③**推行科舉**　太宗皇太極重視儒生，舉行考試，入關後，益藉科擧，籠絡士人，箝制良才。

④**令禁圈地** 清初入關，王公大人，八旗兵卒，圈近畿民田，旋以御史傅景星奏請，下令禁止，地歸原主。

⑤**除明弊政** 福臨入關，詔廢明末苛稅，如遼餉、練餉等，並除廠衛弊政，凡大軍所至，免錢糧一半。

⑥**緩令薙髮** 清兵入關，即令漢人薙髮，以示順逆，後多爾袞又令天下臣民，照舊束髮，悉從其便。

多爾袞戰略 闖王入京之後，牛金星等率闖民首領，三次勸進，李自成於四月廿九日，在武英殿登基，忽聞清兵進逼京師，是夕焚宮殿，殺吳襄，並載輜重珍寶，西走望都，入晋退陝，仍僭帝號。

吳三桂與清兵分兩路聯合進剿：一爲英親王阿濟格與吳三桂，由大同邊外經綏德，延安，取西安；一爲豫親王多鐸與耿仲明，由河南取潼關西安。又遣豪格出師山東，順治二年（一六四五）二月自成棄長安，入襄陽、走武寧，蒲圻，最後竄至通城，在九宮山被村民所殺，獻其頭於湖廣總督何騰蛟，其姪李過結草爲首，葬之於羅公山下。順治三年張獻忠猝遇清肅親王豪格兵於四川鳳凰坡，中矢墜馬被擒斬之。其部將劉進忠降清，李定國，孫可望等走川南。

第二節 朱由崧之民族抗戰

南京政府成立 清兵入關後，一面兩路進兵，消滅闖賊，一面派軍南下，向大明宗室壓迫，那時朱明子弟圖謀恢復，紛紛立國抗戰者有四：

南京原爲陪都，崇禎帝死訊傳到南京，六部衙門乃議立帝，鳳陽總督馬士英與魏閹黨羽阮大鋮私議立福王朱由崧，並勾結黃得功、劉良佐、劉澤清與高傑四總兵，拱衛金陵。定明年改元弘光（順治二年）馬阮之私議，非爲國讐，而爲對付東林黨人。

東閣大學士兵部尚書史可法率部將劉肇基，坐鎮揚州，黃得功駐蘆州，管轄滁和區，劉良佐駐臨淮，管轄鳳壽區，劉澤清駐淮北，管轄淮海區，高傑駐泗水，管轄徐泗區。四鎮之中，以黃得功爲最勇，高傑爲最忠，且爲史可法部下，馬士英恨之入骨。

這時的福王朝廷、文武離心，武分二系，內外解體，難撐危局，史可法出行，不張傘蓋，吃飯不備兩菜，就寢不解衣帶，日思報國復仇，下了克盡臣節的決心，多爾袞知道他能號召南明忠義人民，乃令漢奸李雯寫了一封威脅利誘的誘降書，蔡東藩說是洪承疇寫的，可法覆書中春秋大義，辭嚴義正，毅然拒絕。

清兵攻揚州　多爾袞獲書（順治元年七月），知史可法志不可移，乃令各路清兵南下。順治三年春，豫親王多鐸自河南破潼關，西向長安，自成出武關走湖北。這時英親王阿濟格自綏德已抵西安。阿濟格奉令進剿流寇，由鄧州，承天、德安、武昌、富池，柴桑至九江。豫親王多鐸見西事已定，遂分兵南下，由河南、趨淮陽，三月分徇南陽，開封，親統兵至歸德，四月趨泗州，渡淮，指向揚州。順治元年七月，肅親王豪格率清兵已定山東，十一月山東清兵南向宿遷。

可法死揚州　四月初，清軍由泗州攻揚州，十四日可法在揚州，分陴佈署，四月十八日清軍會攻揚州城，四鎮兵潰。多鐸寫了五次信勸降，可法不理，清將拜音圖、圖賴、阿山等攻城，廿四日夜破揚州。城堞墮崩，城內外屍如山積，清兵踐屍入城，劉肇基率士民巷戰，可法見清兵入城，肇基陣亡，忙把劍自刎，忽來了參將張友福把劍奪去，擁可法出東門，可法大呼曰：「我便是史閣部」，此時清兵聞可法自呼，不問眞僞，一陣亂剁，可憐史可法，碧血忠魂，正氣浩氣，直上青雲。

自廿五日起至五月五日止，清兵大肆屠殺，死者十之八九，爲曠古未有之浩劫。史稱「揚州十日」（詳見王秀楚撰揚州十日記）

福王遇害　清軍既佔揚州，警報傳京，馬士英對福王說：「長江天塹，敵不可慮」。由崧在某次夜宴中，寫一聯云：「萬事不如杯在手，一年幾見月當頭」。端陽節福王在宮中演劇，內旨召乞兒多捕蝦蟆爲房中樂；士英平日好鬪蟋蟀，故時人又稱「蝦蟆天子」，以對「蟋蟀宰相。」福王選中之民間淑女，因時局緊張，放還母家。召馬士英入見，士英無語，寫了一個「避」字置案而退，午刻集梨園演劇，福王與諸內官雜坐酣飲，三鼓，太監入報，清兵自丹陽，句容迤邐前來，弘光帝挈愛妃宦豎乘馬出聚寶門，奔太平，投黃得功，得功奉福王走蕪湖。馬阮則逃太平，轉杭州。

五月十五日，豫親王多鐸抵江南，南明群臣，錢謙益等迎降又擁太子至，多鐸降階而迎，賜坐右首，明降將劉良佐，願取福王以獻。良佐率兵追至蕪湖，黃得功自刎，福王困伏中軍舟中，爲降將田雄等搜獲，拘解東歸。福王乘小轎，穿藍袍，頭蒙布巾，以扇遮面，太妃等騎驢，江寧百姓，夾道唾罵或紛投瓦礫擊之。入府，見多鐸叩首，王坐受之，命設宴，坐於太子下，諸降官皆侍，酒半，多鐸問曰：「汝先帝自有太子，汝不奉遺詔，擅自僭立，何居」？又曰：「汝既僭立，惟縱酒色，聽奸臣納賄報復，不遣一兵討賊何忍」？「我兵尙在揚州。汝何故逃走」？福王汗流浹背，不作答。押羈於江寧縣署，嘻笑自若，有舊臣往視，但問「馬士英何在」？毫無悲憤之意，順治三年被殺。（參看吳偉業鹿樵紀聞）

順治二年弘光元年閏六月，清兵攻江陰，典史閻應元守城八十一日，大軍圍城者廿四萬，死者六萬七千巷戰死者又七千，凡損卒七萬五千有奇，城中死者無慮五六萬，戶骸枕籍，街巷皆滿，然竟無一人降者，城破時，閻應元，陳明選與城共亡。

此時清兵已控制長江一帶，清兵攻江陰時亦進攻嘉定，閏六月至八月往復屠戮三次，所殺不可勝記。有南明朱子素以目擊寃酷，事非灼見不敢增飭一語的考信態度，筆之於簡傳諸後世，名爲嘉定屠城記略。

第三節　朱以海之民族抗戰

一　紹興政府成立　南京陷落，魯王唐王並立浙閩，魯王朱以海據紹興，唐王朱聿鍵據福州，已成大江以南抗清運動的兩大據點。當時民族抗滿情緒在他們的號召之下，於東南一帶，已達到高潮。

順治二年，清遣貝勒博洛爲征南大將軍，攻杭州，潞王常淓降清，浙西盡入清兵之手。兵部尚書張國維，員外郎錢肅樂，行人張煌言，名士黃宗羲等以魯王人孚衆望，義兵興起，擁戴魯王監國於紹興。洪承疇南下，調遣滿漢旗兵，於是漢族的抗清運動，陸續遭受摧毀。

叔侄爭帝號　一個新政府剛成立，既受外來的壓迫，必然使其無法發展，內部的不健全，也極易促其崩潰。魯王的紹興政府，就是這種狀況，順治二年六月朱以海稱監國，同年閏六月朱聿鍵稱帝於閩，遣使約以海稱臣，以海不從，朝議紛紜，終於拒絕來使，以海、聿鍵爲爭皇帝名位，互不相讓。

順治三年二月以海遣陳謙去閩，謁聿鍵，稱皇叔父。不稱陛下，聿鍵怒，殺陳謙。陳謙與鄭芝龍私交甚厚，芝龍不滿聿鍵擅殺，遂懷反側之心，此後魯唐二王，勢成水火，同屬朱明子弟，不能合作，抗拒清兵，殊屬不智。

將帥不合　朱聿鍵爲鼓勵浙東義兵，遣使勞軍，輸銀十萬兩，此一消息，被由杭州逃出匿跡嚴州的馬士英阮大鋮發覺了，遂唆使魯王總兵方國安搶刼犒銀，此後浙閩仇怨更深，儼成敵國，這給洪承疇以各個擊破的機會。

慰勞浙東的犒銀，被方國安奪走，總兵王之仁不滿方國安之所爲，因缺乏民食軍糈，不能不與之爭，因此促成紹興政府方面的將帥不和，削弱抗清力量。

清兵入浙　順治三年三月，清將貝勒博洛，都督圖賴，貝子屯齊率大軍，入杭州，明左都史劉宗周，年七十，誓不與滿族並存，絕粒死節。錢塘江西岸，王之仁統水軍奮戰，張國維渡江攻杭州，剿清軍後路，清軍敗退。四月清兵礮擊方國安軍，國安退紹興，挾以海南走，謀執以海獻清兵，王之仁聞訊，急令張國維追護以海，獨守錢塘江，張國維阻擊方國安，以海乘隙逃至臺州，幸有石浦游擊張名振擁以海航海走南澳島。後來，方國安降清，張國維投水死，六月清兵乘錢塘江水淺擊敗王之仁軍，之仁被執，押解南京，洪承疇令薙髮歸順，之仁不屈，承疇誘降無效，竟將王之仁殺死了。

以海重建基地　朱以海在南澳島重組政府，舊臣錢肅樂等千餘人來歸，張名振收復建寧、邵武、福寧等廿七府縣，軍聲遠震，漢奸浙閩總督陳錦調軍三路進攻，守城將領相繼戰死，福建又被清軍控制。順治六年九月，張名振等擁以海進取舟山（浙江定海）與大陸上的溫州、臺州、寧波、紹興等地義軍，以及浙江四明大蘭山之王翊軍，上虞東山之李長祥軍，平岡諸山寨之張煌言軍，皆取得聯繫，共同抗清，聲勢甚盛，清兵仍承認爲東南大患。順治八年清兵攻陷舟山，張煌言奉以海走厦門依鄭成功，九年入長江失敗，順治十年以海去監國稱寓公，後患喘病死於金門。張煌言於康熙三年七月廿日被捕在杭州遇害。

第四節　朱聿鍵之民族抗戰

福州政府建立　南京陷落，福王政府瓦解，鎭海將軍鄭鴻逵，總兵鄭彩，福建巡撫張肯堂，禮部尙書黃道周等擁護朱聿鍵，依鄭芝龍，順治二年閏六月，稱帝於福州，建元隆武。

順治二年六月唐王朱聿鍵與鄭鴻逵，相會於嘉興，語及國難，聿鍵泣沾襟，鴻逵奉之入閩，致福建巡撫張肯堂書云：

兩京淪陷，陵寢暴露，懷干戈復仇之志，而無其地，流離陷海，幾作波臣，惟天南一片土，高皇在天之靈，實式憑之。（夏之斌閩海紀要卷上）

於是鄭鴻逵、鄭彩、張肯堂、黃道周等遂謀之於鄭芝龍，欲奉王監國，芝龍初尙猶豫，因其弟鴻逵所迎，乃勉强應允，擁戴唐王組織福州政府，重建抗清基地。因福建爲鄭芝龍之天下，聿鍵懷干戈復仇之志，非得芝龍之支持不可。

隆武二年（順治三年）秋，清兵蹂躪江浙，王之仁被俘，方國安投降，張國維投江死，魯王亡命南澳。這時清兵已據江南，轉攻福建，福州震驚，芝龍蓄意投降，不肯出兵應戰，黃道周憤慨，乃請兵經略江西，芝龍不與一兵一卒，不發餉械，存心阻撓。黃道周入皖，號召義民與清兵戰，失敗被擒，解到南京，承疇誘降，道周痛罵求死，從容坐地，不跪在京被戮。

清兵入閩　明賊臣馬士英阮大鋮私降清軍，導清兵由浙東向閩北移動，芝龍竟令贛閩邊境仙霞嶺守軍，施天福部撤退。鄭彩部擅自退却，棄甲而逃。

這時隆武帝見前方軍隊紛紛撤退，清兵節節進逼，乃封成功爲忠孝伯，命守仙霞嶺，芝龍知清兵將至，遣親信蔡輔授意成功撤退，入見，未出語，成功斥責曰：

敵師已近，而糧不濟，空釜奈饔，吾將奈何耶？速請太師急發餉濟軍，愼勿以封疆付之一擲也。

蔡輔一言不發，回報芝龍，芝龍說：

痴兒不識天命，固執乃爾，吾不發餉，彼豈能枵腹以戰乎？

成功屢催糧無效，守軍無糧，逃散日衆，成功欲守不能了。

隆武帝知芝龍有異圖，欲棄閩入湘依何騰蛟。急告成功，詢以如何應變，成功跪奏曰：

臣父臣叔，皆懷不測，陛下宜自計。

於是隆武帝乃決定親征入贛，這時南昌被圍，贛州告急。八月廿一日隆武帝逃長汀，清兵追七晝夜，被執至福州。題詩於壁曰：「雄風烈烈搗虛城，正氣從來履險貞，一月延平甘殉難，孤忠千載有誰明」。從容自縊。馬阮兩賊也被清兵殺死。

成功母慘死　隆武帝被俘遇害，清將博洛入閩，芝龍令軍隊退保安海，清軍入泉州，大肆淫掠。芝豹棄城入海，成功母田川氏未及退出，被清將韓固山擄至營中，田川氏肅然曰：「我是安南伯飛虹將軍的妻子，你這胡虜賊將勿想淫汚」，即從懷中拿出匕首刺去，固山大怒，遂拔劍刺貫腹背，田川氏痛罵固山而死。（明清軍談日文本），時成功屯兵金門，聞訊縞素率師，進屯安平，清軍見成功軍至，乃退泉州，成功始得爲亡母營葬。

成功父投降　當清兵壓境，鄭芝龍撤退仙霞嶺守軍時，曾與漢奸同鄉洪承疇暗中勾結，後來清兵入泉州，芝龍因洪承疇之信未到，戰和不能決定，乃自引軍入海，以避其鋒。突接清將貝勒博洛致書云：

我所以重將軍者，以將軍能立唐藩也。若不輔立，吾安用將軍哉。人臣事主，苟有爲，必竭其力，力不勝天，即投清而事，乘時建功，此豪傑事。今兩粵未平，今鑄閩粵提督印以待，吾欲見將軍者，欲商地方人才故也。

芝龍得此信，喜不自勝。乃與弟鴻逵、芝豹、子成功會商降清，成功泣諫。

芝龍則認爲甲申之變，思宗殉國，天下鼎沸，今清朝已三分天下有其二，恐力不敵，乘其招降，率軍歸誠，擇主而事，亦無不可。鴻逵再勸不聽。芝龍在閩田園遍處，莊倉無數，不忍捨其財產，遂進降表，鴻逵恐成功被挾持，乃於暗中通知成功速逃走。成功統率他自己的隊伍屯金門，後來其父遺書召其同行，成功覆書絕之，書云：

從來父教子忠，未聞教子以貳，今大人不聽兒言，倘有不測，惟有縞素復仇而已。

父子遂絕，芝龍臨行，侍郎朱永佐，將軍顧乃德等，苦苦諫阻，皆不聽，平海將軍周崔揮淚曰：「誠惜明公二十年威名」！

芝龍至福州，博洛大張酒筵，暢飲通宵。夜半，悄挾芝龍北去，至此芝龍大悟，向博洛說：「如此北上，恐兒子不肖，在海上爲患，貽害清朝」；博洛說：「不勞操心，清朝也不怕他」，對之冷笑而已，芝龍遂執送京師。

第五節　朱由榔之民族抗戰

肇慶政府成立　隆武二年（順治三年）秋，聿鍵的福州政府瓦解，其弟聿鐭逃至廣州，大學士蘇觀生，倡兄終弟及，奉聿鐭爲帝，改元紹興。十一月廣西巡撫瞿式耜，兩廣總督丁魁楚，兵部尙書呂大器等，擁立桂王之子朱由榔稱帝於肇慶，明年稱永曆元年，即順治四年，此時漢奸李成棟，（明高傑部將）由潮州向惠州進迫，漢奸金聲桓（左良玉部將）十月下贛州，成棟攻陷廣州，聿鐭自縊，肇慶震動。成棟遂揮兵攻肇慶，由榔不得已，走梧州，梧州又緊，乃走桂林。這時丁魁楚棄由榔，載財物四十船降成棟。永曆二年（順治五年）三月，成棟攻桂林，幸賴瞿式耜誓死固守，始得轉危爲安。

永曆四年（順治七年）十一月孔有德攻拔桂林，留守大學士瞿式耜城陷不走，適兵部侍郎張同敞至，是夕兩人秉燭，危坐達旦。黎明數騎至，式耜曰：「吾兩人待死久矣」，遂與偕行，至則踞地而坐，諭之降不從，令爲僧亦不從，乃幽之於民舍，兩人雖異室，聲息相聞，日賦詩唱和閱四十餘日，就刑日，瞿氏賦絕命詞曰：「從容待死與城亡，千古忠臣自主張，二百年來恩澤久，頭絲猶帶滿頭香」。詞畢與同敞赴刑。

由榔入黔　永曆五年（順治八年）由榔失兩廣，敗走南寧，不得已封孫可望、李定國，劉文秀爲王。明年，由榔依可望，住貴州西隆縣，今屬廣西的安隆所，改稱安龍府，可望每年給銀八千兩，米一百石，百官不給俸食，這時朱由榔的生活，窮困萬分。

此時漢奸孔有德駐柳州，將攻貴州，孫可望令李定國攻桂林，李定國破孔有德軍追至桂林，殺孔有德。可望又令劉文秀、白文選入川，大敗吳三桂軍。

南明兩路獲勝，大局又轉危爲安。

永曆六年（順治九年）清廷令洪承疇自南京移駐長沙，經略湘、黔、粤、桂。命定遠大將軍尼堪，貝子屯齊率軍入湖南，聽承疇調遣，命靖寇大將軍辰泰鎮荊州，命都統卓布泰駐南京，清軍如此重新佈署之後，李定國復於永曆六年十一日擊敗尼堪軍，軍聲大振。

孫可望忌定國立功，率軍攻擊定國，定國一面抵抗清軍，一面應付孫可望軍，兩面受敵，失桂林，梧州，退保柳州，可望再擊定國。軍至寶慶，敗退貴州。大殺明室官吏，由榔畏懼，封定國爲晋王，密令入衛。永曆十年，定國奉由榔入雲南，可望起兵擊定國，可望失敗，走長沙，投降洪承疇。

清軍得可望，洪承疇吳三桂大喜，奏請攻貴州，永曆十三年，清軍入雲南，李定國白文選應戰不勝，由榔逃入緬甸，緬王殺由榔從臣，拘由榔欲獻清軍，文選屯兵木邦，定國屯兵孟良，與緬人戰救由榔。永曆十五年吳三桂率軍入緬甸，擊敗白文選，進逼阿瓦（即啞哇）此時朱由榔致書吳三桂曰：

將軍新朝之勳臣，舊朝之重鎮也。世應爵秩，藩封外疆。烈皇帝於將軍，可謂甚厚，詎意國遭不造、闖賊肆惡，突入我京城，殄滅我社稷，逼死我先帝，殺戮我人民，將軍志興楚國，飲泣秦庭，縞素誓師，提兵問罪，當日之本衷，原未泯也。奈何憑藉大國，狐假虎威，外施報復之虛心，陰作新朝之佐命；逆賊授首以後，而南方一帶土宇，非復先朝有也。南方諸臣，不忍宗社之顚覆，迎立南陽，何圖枕席未安，干戈猝至，弘光殄祀，隆武就誅，僕於此時，幾不欲生，猶暇爲宗社計乎？諸臣强之再三，謬承先緒，自是以來，一戰而楚地失，再戰而東粤亡，流離驚竄，不可勝數。幸李定國迎僕於貴州，接僕於南安，自謂與人無患，與世無爭矣。而將軍忘君父之大德，圖開創之豐功，督師入滇，覆我巢穴，僕由是南渡沙漠，聊借緬人，以固南圉，山遙水遠，言笑誰歡？祗益悲矣。既失世守之山河，苟全微命於蠻服，亦自幸矣。乃將軍不避艱險，請命遠來，提數十萬之衆，窮追逆旅之身，何示天下之不廣哉！豈天覆地載之中，獨不容僕一人乎？抑封王錫爵之後，猶欲殛僕以邀功乎？第思高皇帝，櫛風沐雨之天下，猶不能貽留片地，以爲將軍之建功所。將軍既毀我室，又取我子，讀鴟鴞之章，能不慘然心惻乎？將軍猶是世祿之裔，即不爲僕憐，獨不念先帝乎？即不念先帝，獨不念二祖列宗乎？即不念二祖列宗，獨不念己之祖若父乎？不知大清何恩何德於將軍，僕又何仇何怨於將軍也。將軍自以爲智，適成其愚，自以爲厚，適成其薄，千載而下，史有傳，書有載，當以將軍爲何如人也！僕今日兵衰力弱，煢煢孑立，區區之命，懸於將軍之手矣。如必欲僕首領，則粉身碎骨，血濺草萊，所不敢辭。若其轉禍爲福，或以遐方寸土，仍存三恪，更非敢望，苟得與太平草木，同沾雨露於新朝，僕縱有億萬之衆，亦當付於將軍，惟將軍是命，將軍臣事大清，亦可謂不忘故主之血食，不負先帝之大德也。

永曆遇害　三桂得書不報，繼續進擊，緬王執由榔至軍前，三桂見之，初甚倨傲，長揖不拜，帝問爲誰？三桂噤不敢對，數問始稱名，帝切責之，三桂伏不能答，左右挾之出，尋三桂軍望見永曆帝，皆呼萬歲，此眞主也，不如奉此以爲不世之功，事爲三桂所聞，大驚，乃於康熙元年四月十四日，三桂在昆明篦子坡法場，以弓絃絞殺由榔及眷屬二十餘人。刑前桂王無言，桂王儲嗣，年僅十二，大罵吳三桂曰：「三桂黠賊，我朝何負於汝，我父子何仇於汝，乃竟就我死地，天道有知，必不令黠賊善終」！是日天昏地暗，風霾交作，滇人無不悲悼，改篦子坡爲逼子坡。

由榔既歿，大明三百年江山，祗有鄭成功據守臺灣，高舉民族革命的旗幟，對抗滿清了。

南明的歷史教訓　自從李自成稱兵犯闕，多爾袞擁兵關下，吳三桂腹背受敵，兩面作戰，力有不逮。不降李拒清，即聯清拒李，初得父書，決定降李，聞圓圓被擄，始變計聯清，彼時清兵屯關外，已成待機而動之勢，三桂處境，尚值同情，過去讀史者，祗言三桂請清兵，不言清兵早有向鼎之志也。

然而三桂本爲明朝平西伯，既定京師，宜拒受平西王封號，不應向清屈膝，視敵若父，忠奸之分，在此一舉，僅此一端已難逃史筆之誅伐也。至若以後之窮追緬甸，絞殺由榔，更不待言已。多爾袞入京之政略，初在收拾人心，安撫黎庶，繼則以屠殺手段，殘害忠義，朱明子弟紛紛建立基地，抗拒清兵，誠春秋大義之舉也，惜馬阮二賊擁立此一糊塗天子福王，祇享宮庭之樂，無心國家之危，及其身爲俘虜，尙無悔悟，此時縱有史閣部之茹苦含辛，孤軍奮鬪，終難挽回大明危運也。魯王以海自山東航海避難，轉徙臺州由故臣張國維迎居紹興，始稱監國，歷時二載，紹興陷落，以海走死金門。唐王聿鍵前固勤王得罪，幽居鳳陽，南部稱帝，獲釋至閩，由鄭芝龍、黃道周等擁立爲帝，鄭芝龍蓄意降淸，聿鍵被俘，自盡福州。唐王弟聿鐭逃抵廣州，故臣蘇觀生擁立爲帝，甫及一月，淸軍入境，聿鐭被俘，解帶自縊。桂王由榔係神宗子，常瀛次子，常瀛流離廣西，居梧州，南都已破在藉老臣等，奉爲監國，未幾病歿，由榔曾封永明王（思宗封）尋稱帝肇慶，由榔與淸兵相持，遭苦受難，曆十四年，投奔緬甸二年，三桂追至緬甸，迫緬人獻出由榔，殺於昆明，南明抗戰，至此結束。若福王能勵精圖治，任賢去邪，魯王唐王並立，不獨爭帝號，精誠團結，抗拒淸兵，雖不能收復中原，尙可效東晉，南宋故例，成偏安之局，續延十數百年，南明非不可爲也。政權存在之時，歧見不自消除，淸軍得以各個擊破，終至國破家亡，凄楚嗚咽，亦可悲矣。

淸史彈詞玄燁康熙帝

淸聖祖方幼冲聰明天縱　坐龍庭繼父統一代賢君　山東境出妖匪于七匿跡　平西王執永曆備藩滇黔
尙可喜耿精忠並吳三桂　這三藩太跋扈漸次削平　靖內亂兼又能弭銷外患　戡臺灣鄭克塽歸附投誠
喀爾喀俄羅斯稽顙請附　噶爾丹厄魯特授首疲兵　東海外封琉球羅刹歸命　西藏中立喇嘛四海來賓
最吏治重河工尊崇理學　厚民生常蠲免各處賦征　宏著述羅群書文譜中外　曉天文識地理曆算精明
稱盛世歌昇平臣侍游釣　名勝區屢駕幸六次南巡　文字獄曾兩興殺戮太酷　失好生損盛德有玷聖明
性倜儻擅風流狐綏衛女　易東宮妃格格大悖人倫　御寶極久且長六十一歲　駕崩時諭傳位四子胤禎

第四章　鄭成功的民族革命事業（天啓四年—康熙元年 一六二四—一六六二）

一個非常的人物，遇到非常的機會，就能創造非常的事業。鄭成功是一位智勇兼備的志士，其主隆武帝之遇害。其父鄭芝龍之降清，其母田川氏之慘死；使鄭成功悲憤塡膺，深切體驗國破家亡之痛、毅然負起抗清復明的神聖責任，揭櫫民族革命的旗幟，號召東南的民族志士，奉永曆帝之正朔，在東南沿海一帶與異族苦鬭到底，創造民族復興的事業。吾人對此偉大的民族英雄，轟轟烈烈的事跡，宜千古流傳，令萬世瞻仰，故本書列專章述之。

第一節　鄭成功的青年時代

民族英雄的誕生　萬曆四十年（一六一二）秋，鄭芝龍亡命日本，德川幕府（一六〇〇—一八六七）殷勤招待。日人視之爲無上光榮，因此易與縉紳交接，得識松浦侯，建新居於河內浦之千里濱，一六二三年松浦又介紹平戶侯家臣田川氏之女，年華十七，性情端淑，遂與芝龍結爲良緣。次年生成功，因誕生於蒼松之下，故取名福松、後改森。關於這一位民族英雄的誕生、據鄭亦鄒所記：

成功……初名森，父芝龍，娶日本士人之女田川氏，以天啓四年（一六二四）七月十四日，誕於千里濱，是夜萬家燈火齊明，遠近駭異。（見連雅堂著：臺灣通史建國紀）

田川氏曰：「此亦奇異，我方才疼極之時，略定睡去，如日在岸上，看大魚，一船搖擺、騰翻、沖我懷中、驚倒、醒來，遂產」。一官（按芝龍小字）曰：「想此兒必有好處、當祕之、善爲撫養，正秋七月十四日夜子時」。（江日昇著：臺灣外紀卷上）

回到祖國的懷抱　成功在日本的童年生活、史料闕如、無從敍述。他僅在花房民宅旁邊，栽了一棵柏樹，樹旁立一小石碑，碑上鐫着原銓所撰的詩：

鄭森往昔在壺陽，講文修武鍊鐵腸，此樹當年親手植，到今蟠據鬱蒼蒼。

成功七歲時，芝龍遣其弟芝燕，率數十艘戰艦，去日本接田川氏及成功歸國，因德川幕府正實行鎖國政策，不准日人出境，田川氏不得來華（崇禎元年芝龍被招降，次年田川氏始來中國），芝燕祇攜成功回到祖國的懷抱。

成功天資聰穎，好讀書不求甚解、及長、讀春秋左氏傳，孫子兵法，喜擊劍，善騎射，芝龍甚愛之，改名爲森，字明儼，十五歲補南安縣子弟員，去南京受業於錢謙益門下，謙益甚器重，乃改號大木。

聿鍵識英雄　隆武元年（順治二年）八月，芝龍引其子鄭森謁見隆武帝，年二十二，帝見其少年英俊，氣宇軒昂，談吐間、流露忠君愛國之英雄本色。

撫其背曰：「惜無一女配卿，卿當盡忠吾家，無相忘也」。賜姓朱、改名成功、封御營中軍都督，賜尚方劍，儀同駙馬，自是中外稱國姓云。（鄭成功傳）

以禮以忠　朱聿鍵對於鄭森之賜姓，賜劍，賜爵、不但使成功謁誠事隆武帝，並且以中興明室爲己任了。在成功的忠君愛國思想上、深感偏安閩中、決非良策、於是他向隆武帝建議說：

恢復大業之要策、則治兵，籌餉，與銳精兵器三事。

隆武帝閱奏，深受感動。諭之曰：

其總理中興，兵餉器甲，統以卿父子是賴。

新朝大權、操在芝龍一人之手，成功毫無實權，祇能在帝之左右，忠心耿耿，且向帝表示態度說：

陛下鬱鬱得毋以臣父有異心乎？臣受厚恩，義無反顧，願以死捍陛下矣。

父降子不降 清兵入閩，博洛致書芝龍，芝龍得到此信，喜不自勝，乃與弟鴻逵，芝豹，子成功會商降清、成功泣諫說：「福建廣東一帶，不比北方大平原，可任清兵隨意馳驅，憑此天險，設伏固守，足以抗拒清兵。天下人心，必然皈依，所控港口尚多，與販各港口，可以自籌軍餉，如此選將練兵，以恢復明室號召天下，各地必然響應，虎不可離山，魚不可脫淵，一念之差，後果不堪想念，當三思而行」。成功的建議，恰與存心投降的芝龍相左，芝龍乃拂袖起，成功退出，其以意告叔鴻逵，鴻逵恐成功被挾持，乃於暗中通知成功逃走，成功統率他自己的隊伍，屯金門，後來其父遺書召其同行，成功覆書拒之，父子遂絕。

第二節 揭櫫民族革命——反清復明

焚儒服起事 隆武二年八月，鄭芝龍決定降清，成功遂携儒巾藍衫到孔廟（廟在泉州城西二里）哭焚之曰：「昔爲儒子，今爲孤臣，向背去留，各行其是，謹謝儒服，惟先師昭鑒」。因聯合友人陳輝，張進，施琅、施顯、陳霸、洪旭及從者近百人，乘兩艘巨艦，至南澳募兵，得數千人，後又回泊彭浿嶼（順治四年）設高皇帝（明太祖朱元璋）崇禎帝，隆武帝等神位，與衆歃血設誓，効忠明室，自稱忠孝伯招討大將軍罪臣朱成功，傳檄天下。

此後高擧民族革命的旗幟，從事抗清復明的事業。

當時鄭鴻逵據白沙，族人鄭彩據廈門，鄭聯據梧州，成犄角之勢，在東南沿海一帶，對清兵不斷的發動攻勢，計自永曆二年起至永曆十年止，即順治五年至順治十三年（一六四八——一六五六），與清兵作戰十餘次，同時與效忠魯王之張名振，張煌言取得密切聯繫，對抗清兵。

縞素復仇 永曆七年（順治十年）清廷命芝龍書諭成功及鴻逵降，許赦罪授官，並允駐原地方防剿浙閩，廣東海寇，令管理往來洋船，詔封芝龍爲同安伯，成功爲海澄伯，鴻逵爲奉化伯，授芝豹爲左都督，清使至閩，芝豹奉母入京，獨成功不受封，抗清如故，遂作書報其父曰：

兒隻字不敢相通，懼貽累也。修稟聊述素志，和議非心也，不意海澄公之命突至，兒不得已，按兵以示信，繼而四府之令又至，兒又不得已，接詔以示誠……大丈夫作事，磊磊落落，毫無曖昧，能信兒言，則於吾父爲孝，不信兒言，則於吾君爲忠。……阿葉身爲大臣，奉敕入閩，不惟不傳宣德意，亦且莫安兆民，百姓如此困苦、將士如此蓄多。目睹情形，不肯商榷，徒以薙髮二字相逼挾……兒聞名四海，苟且作事，亦貽笑於天下；吾父已入彀中，今得全，幸也。萬一不幸，惟以縞素復仇，以結忠孝之局耳！他何言哉！阿葉覆命，清廷大怒，遂禁錮芝龍，流戍芝豹於甯古塔。

冊封延平郡王 永曆八年（順治十一年），成功在閩海登陸，進攻漳州，漳州清千總劉國軒叛清降成功，獻城，又破舟山據之。李定國由湘攻廣東，約成功會師，桂王在安隆所，遣使冊封成功爲延平郡王，其冊文曰：「克敍彝倫，首重君臣之義，有功世道，在嚴夷夏之防。蓋天地之常經，實邦家之良翰，爾漳國公賜姓，忠猷愷摯，壯略沈雄，方閩浙之飛塵，痛長汀之鳴鏑，登舟洒泣。聯袍澤以同仇，嚼背盟心，誓辰昏於異城，而乃弋船浪泊，轉戰十年，臘表興元，間行千里，絕燕山之僞款，覆虎穴之名酋，作砥柱於東南，繫遺民於弁冕，弘勳有奕，苦節彌貞。惟移孝以作忠，斯爲大孝，蓋忘家而許國，乃克成家、銘具金石之成，式重山河之誓！是用錫以冊封爲延平王，其矢志股肱，砥修矛戟，丕建犂庭之業，永承祚土之庥，尚敬之哉」！

成功對他的封爵，乃拜表謙辭，自以收復失土過少，無功受賞，內心不安。永曆九年（順治十二年），封使再至，他才接受了延平郡王之爵。可見他效忠明室，不慕私利，這與孫可望，李定國討王號者不同，與立魯王，立唐王的大臣們，也不可同日而語了。

疏劾鄭芝龍　永曆八年（順治十一年）芝龍請令使往撫，成功仍不受，成功進攻溫州臺州等地，間遣使告捷於桂王。

順治十二年正月，左都御史龔鼎等疏劾芝龍其疏文曰：

豢養者十年，彌桀驁家僕，往來海上，信息頻通，子弄兵海壖，父高枕都下，釀過之根請早除，而巡撫佟國器亦獲芝龍與成功私書，詔革芝龍爵，下獄。十二月，芝龍僕尹大器首其父子交通狀，勅芝龍自獄中以手書招成功，不降，即夷其族。（清代七百名人傳七四〇頁鄭芝龍傳）

勵行遷海政策　福臨囚禁鄭芝龍，仍無法阻止成功的進攻，遂納漢奸方星煥的建議，派滿大臣四人，分赴沿海各省，勒令離海五十里內居民內徙，不准商船漁船下海，州縣城郭，鄉村堡壘，悉數拆毀，令居民限期搬家，違令以軍法處死，凡不能携帶的器物，全部焚燒，百姓誤入禁界者，斬首不赦。清政府厲行遷海政策，居閩浙廣之三省百姓，冤死無數，可是這個殘酷的禁令，並不能防禦成功的襲擊，仍尋找統治疏忽的地方，獲得大陸上義民的軍火，食糧的接濟。

北伐受挫　永曆十年（順治十三年），延平王勢力最盛，曾設六官以理事，所部七十二鎮，水陸士卒十七萬人，乘清兵入湘黔，江南空虛之際，提兵北向，師至長江口，忽遇颱風，班師還。

永曆十三年（順治十六年）六月，鄭成功率「龍虎新軍」十七萬，入崇明，據鎮江，泊焦山，祭天地太祖及崇禎與隆武兩帝，慟哭誓師，三軍無不垂淚，成功橫槊賦詩曰：「春風得意馬蹄輕，滿目青歸細柳營，橫槊賦詩曹孟德，詞鋒先奪鎮江城」。「以樓船蕩日三江湧」之勢，掃穴金陵，江南震撼，可把清朝的順治帝駭倒了，想逃回關外，當時無大將可派，朝議御駕親征。成功在戰略上，不納甘煇的計劃，據守鎮江，北扼揚州，以斷南北糧道，又誤信清兩江總督，郎廷佐遣使通款詐降，以待援軍；緩其攻勢，成功信以為眞，令士兵捕魚，毫無戒備，屯兵獅子山，坐待受降，突遭南京守將梁化鳳的襲擊，成功軍敗，翩然出海，使南中人士「荷鋤父老雙垂淚，愁見橫江虎旅班」大失所望了。

成功不得已退出長江，退守金廈，與鄭成功協同北伐的張煌言，由蕪湖入安徽，此時已感勢孤，會清軍反攻，煌言倉卒出錢塘江，逃入海島，將士多散去。康熙三年煌言隱居懸山嶴，清將張杰捕獲煌言，送杭州，直立受刑死。

準備持久戰　朱由榔已被迫入緬，西南抗清的根據地又喪失了。北伐雖然失敗，但成功復明之心，堅定不移，他知道以金廈一隅之地，不能抗滿清舉國之兵，遂另求生路，東向臺灣，建設一個海外的抗清基地，來保持明朝的正朔，與滿清進行長期持久的民族戰爭。

第三節　重建抗清基地──收復臺灣

闢地休兵　永曆十三年（順治十六年）成功兵敗金陵，自怨自艾，十月抵金廈，乃上表永曆帝，自請貶爵，但用招討大將軍印符，統率三軍。並為北伐陣亡將士提督甘煇，總兵張祿，郭良玉，總統余新籌建忠烈祠，聊慰忠魂，而疏悲痛，忠烈祠落成之日，成功親臨主祭，祭文中有自咎之意：

余以不能循諸將之意，而致損兵辱國，此皆吾之罪也！今當闢地休兵，養精蓄銳，以待天下之清可也。

因此一念，乃痛下決心，收復臺灣，作長期抗戰的打算了。

何斌獻地圖　恰於此時，有一南安人何斌，因逃避罰款，偷來金廈，何斌在臺灣充任荷蘭人通事，深恨荷蘭人奴役臺胞，且為一愛國者，因此，曾密秘測繪臺灣海岸港路地圖，以備異日東征之需，何斌謁見成功，報告荷蘭人在臺軍情，並獻所繪地圖，且進言曰：

公何以不取臺灣，臺灣公家之故土，有臺灣則不患無餉矣，蓋其地沃野千里足資根據，又橫絕大海，四通外國，耕種可以足食，興販可以足用，十年生衆，十年教訓，眞霸主之區也，番（居民）受紅夷（荷蘭人）凌辱，每欲反噬久矣，以公威臨之，即如使狼逐羊群也。

成功覽圖嘆曰：「此吾父之所居，誠海外之扶餘也」。成功正想「闢地休兵」，又獲何斌之獻策，於是召集文武官員，討論出兵，收復臺灣問題，意見分歧，辯論熱烈，最後決議，郡王親征。

世外桃園　臺灣澎湖繫中國領土，惟因歷朝政府，昧於海防之重要，視同化外，明朝時的臺灣，爲海盜出沒之鄉，若林乾道，若顏思齊，若鄭芝龍，明末鄭芝龍降明，臺灣爲倭所據，明屯兵澎湖，明天啓四年（一六二四）荷蘭人（稱紅毛夷或紅毛蕃）離澎入臺，築熱蘭遮城，驅逐倭人，遂據臺灣南部。此時西班牙人佔據鷄籠（基隆）和淡水，與荷蘭人分據南北，崇禎十四年（一六四一）荷蘭兵圍攻淡水，西班牙人敗走。順治十三年（一六五六）荷蘭又築赤坎城。此後荷蘭經營臺灣，從政治，經濟與文化三方面入手，以武力貫澈其殖民地政策，壓迫居住臺灣的中國人，日本人，及本地人，曾發生郭懷一反荷事件，爲繁榮經商基地，特獎勵開墾，修築道路，開濬溝渠，並教授荷蘭語文，傳播基督教文化。荷蘭人經營臺灣近四十年，幾乎把臺灣變成了世外桃園。

誓師東征　永曆十五年（順治十八年，一六六一）三月一日，成功以世子鄭經留守厦門，二十三日自料羅出發，成功率水師二萬五千人，誓師東征，廿七日至澎湖（柑桔嶼）。因乏糧，當晚下令東進，經三日行軍，四月一日抵鹿耳門，水底多暗礁，潮低不得入，成功聞報頗焦急，乃下令置香案，祈禱曰：本藩矢志恢復，念切軍興，前者出師北伐，恨尺土之未得，繼而舳艫數萬，還恐孤島之難居，故冒波濤，欲闢不服之區，暫寄軍旅，養晦待時，非爲貪戀海外苟延安樂，自當竭誠禱告皇天，並諸列祖，假我潮水，行我舟師，爾從征諸提鎭營將，勿以紅毛大砲爲疑畏，自當遙觀本藩鷁首所向，銜尾而進。（江日昇臺灣外紀卷十一）

禱畢，恰遇潮漲，成功乃乘機利用天助之道，以安將士之心，其作用則提高士氣，鞏固信念，增強戰鬪的精神而已。（久於海上生活的人，自然先知潮信時間，毫無神奇的意味）。

克普羅民遮城　潮漲中，成功密令何斌坐船前導，向普羅民遮城（今之赤崁樓）進發，與荷軍鏖戰四小時，王師佔領各要地，遂於城南之禾寮港（現臺南市之忠義路）登陸，荷軍不支，乃閉城堅守。鄭軍建立陣地，包圍封鎖普羅民遮城，守將貓難實叮以孤城援絕，城中乏水，四月三日其弟其婦欲逃，被執見成功，成功慰諭，送歸赤崁城與其兄陳述德意，遂於四月四日獻城降。

圍熱蘭遮城　荷蘭守軍退守熱蘭遮城，（即今之安平城或稱紅毛城），鄭軍圍攻數日不下，招降不果，乃行長期圍困戰略，七個月後（自四月至十一月），荷蘭太守揆一因困守孤城，彈盡援絕，全城荷人，均有降意，至十一月廿六日（一六六二年一月廿五日）鄭軍發動四路攻勢，迫揆一投降，此時荷兵死傷無算荷艦全部殲滅，揆一知大勢已去，已有降意，成功見荷蘭勢窘，遣通事李仲諭揆一曰：

此地非爾所有，乃前太師練兵之所，今藩主前來復其故土，此處離爾國遙，安能久乎？藩主動柔遠之念，不肯加害，開爾一面，凡倉庫不許擅用，其餘爾等珍寶珠銀，私蓄載歸。如執迷不悟，明日環山海，悉用油薪琉璜，積壘齊攻，船毀城破，悔之莫及也。

簽降書　諸荷將聞之悚然，士氣沮喪，揆一無奈，遂約降，請停戰五日，以議條件，通事歸稟成功，成功乃令兵都事李胤同通事李吉爲代表，荷方爲副太守魏富挨璉，幕僚哈爾達挨爾爲代表，雙方議定十八款其要款如下：

①雙方捐棄前嫌，消除憎惡敵對之心。

②熱蘭遮城及附近等地之砲臺，碉堡重砲、火藥，戰具及公司所有之糧食，商品、金錢等一切之財物、一律讓於國姓爺。

③荷人得携自臺灣以至巴達維亞所需足用之米，麵粉等物。
④荷人之私有動產，得携之以歸。
⑤准特殊人員廿八名，得携現款二千盾，及義勇隊員廿名携帶一千盾以歸。
⑥荷士兵之私有物，經查訖得携歸，並許着武裝整隊登艦，升旗而去。
⑦公司須將原華人之未繳納田賦名簿及公司負債之文件，呈報國姓爺備查。
⑧交換俘虜。

臺灣屬於中國　降約條款議定，雙方代表於永曆十五年(順治十八年)十一月廿九日(一六六二年一月廿八日)簽字，荷蘭人如約携武器，火藥及私物登舟，十二月三日(一六六二年二月一日)揚帆而去。荷蘭人自明熹宗天啓四年(一六二四)至明永曆十五年，佔據臺灣，凡卅八年，延平郡王東征，驅逐荷人，收復臺灣，納入中國版圖。

寓兵於農　永曆十五年(順治十八年)鄭成功收復臺灣，十二月三日祭告山川，改熱蘭遮城爲安平城。以原荷蘭政廳爲王府，成功就王府桔秩門內置第居之，改普羅民遮城爲承天府，稱臺灣爲東都，設一府兩縣，即天興與萬年。命周全斌總督南北諸路，派楊棟爲府尹，祝敬知天興縣事，兼轄北路，莊之烈知萬年縣事，兼轄南路，另設安撫司執掌澎湖政務，人事調派就緒，成功率何斌，馬信等，出巡蕃社，山胞扶老携幼，羅列恭迎，成功分賜烟、布、酒等物，山胞莫不感激，巡視歸來，認爲臺灣土地肥沃，治安無虞，可行寓兵於農之政，俾能足兵足食，建設抗清基地。

文武百官，聽了他的訓示後，都欽佩他「不惟辛勤跋涉，興師開闢海外乾坤，創業以遺後進」，今又寓兵於農，實萬世良法。於是諸鎭擇地屯兵，插竹爲籬、編茅爲屋，聚族立社，一年三熟，兵强糧足，因而奠定了雄踞海上的基礎。

嚴懲貪汚　成功治軍素嚴，爲政則主張法治，其言曰：「法貴於嚴，庶無積弊，後之守者，自易爲治；是故子產治鄭，孔明治蜀，莫不用嚴，況臺灣新復，非嚴無以御軍，非嚴無以治民，惟制宜而已」。永曆十五年，承天府尹楊朝棟，天興知縣祝敬，及斗給陳伍三人集體貪汚，尅扣軍糧，被人告發，爲澄清吏治，必嚴懲貪汚，以法論罪，竟將楊朝棟等三人斬首。

惡耗頻至　永曆十五年十月，清廷見成功入臺，乃納漢奸黃梧建議，掘鄭氏祖墳，澈底實行內徙政策，並磔殺鄭芝龍及子弟十一人於燕市，鴻逵病死，惡耗傳來，使成功悲憤萬分，一面爲父發喪守制，一面慰問沿海居民，使之來臺。

永曆十六年四月，永曆帝兵部司務林英，由滇來臺，告永曆帝顛沛流離，被吳三桂絞殺之訊，成功頓足痛哭，當時馬信請爲永曆帝縞素告朔，成功謂存亡未證實，仍遵正朔。

成功治家素嚴　世子經居金廈，與乳媪（其四弟之乳母陳氏）通，生子，陳氏恃寵益驕，欺鄭經嫡妻唐代，氏祖顯悅，書告成功，成功大怒，命黃昱至島，諭鄭泰監殺世子經及經母夫人董氏，以教子不嚴也，諸部大驚，忠振伯洪旭不肯用命。（閩海紀要）

乃議殺陳氏及所生子復命，成功不許，又命周全斌率兵入金廈，旭等益驚，時成功有疾，金廈諸將計議曰：「此亂命也，豈可妄從？雖然世子，子也，不可以拒父，諸將臣也，不可以拒君，泰（鄭泰）於藩主爲兄弟行，兄可以拒弟，乃調兵誘周全斌而執之」。成功得報，知金廈有變，病勢轉危。

溘然長逝　永曆十六年五月，病勢益篤，仍勉強支持，戴冠帶，登將臺，東望大陸，讀太祖遺訓，嘆曰：「吾有何面目見先帝於地下乎？」說罷，以兩手扳面，與世永訣，時爲永曆十六年五月十八日（康熙元年），領臺灣僅五個月，享年卅九歲。

鄭延平精神不死　鄭成功廿二歲追隨隆武帝抗清起，至卅九歲開始收復臺灣止，足足奮鬪了十七年。這七年當中，天天與滿清作戰，運籌帷幄，決勝千里，殫精竭慮，致體力不支，加上父親被殺，生母慘死，祖墳被掘，唐王自縊，桂王遇害，部屬不法，世子犯淫，凡此種種，使其內心悒鬱，乃致一病不起。

成功以一介書生，不坐視國家淪亡，遭異族壓迫，拒父亂命，號召義士，揭櫫復明旗幟，誓師海上，屢入長江，控制閩海，興兵東征，驅逐荷人，收復臺灣，重建基地，治軍嚴明，疏親同法，終身奉明正朔，不敢稱王，壯志未酬，飲恨長眠，其抗清復明的奮鬥，和收復臺灣的成就，輝煌史乘，炤耀千秋，永為後世仰瞻。舉先賢在今臺南赤崁樓的題聯為例：

開萬古得未曾有之奇，洪荒留此山川，作遺民世界。
極一生無可奈何之遇，缺憾還諸天地，是創造完人。（沈葆禎撰）。

由秀才封王，柱持半壁舊山河，為天下讀書人，別開生面。
驅異族出境，開闢千秋新世界，願中國有志者，再鼓雄風。（唐景崧撰）。

清史彈詞胤禎雍正帝

雍正帝塗御書千古疑案　兄弟間失友愛情傷脊鴒　塞思黑阿其那名弟以畜　取人頭血滴子實駭聞聽
文字獄汪與曾各正其罪　年羹堯遭滅族太不殉情　待臣下似寡恩上同漢景　振乾綱除積弊不失英明
定儲位勘密封傳為家法　考試官翻舊制專任責成　覺迷錄詔頒行明申大義　朋黨論嘗御製誥誡廷臣
革隸籍並消除山西樂籍　升棚民兼開脫紹興惰民　四海內不揚波祥光迭見　蠻貊邦稱中國復出聖人
十三載馭中華萬民樂業

第五章 清初四朝制度與政治制度（順治三年—乾隆六十年 一六四四—一七九五）

第一節 四朝政治的演變

福臨順治帝 福臨六歲稱帝，實爲其叔多爾袞所擁立，入關後，多爾袞功高權大，先逼死其兄肅親王豪格，而奪其妃福晉，貶鄭親王齊爾哈朗（太祖弟舒爾哈齊次子）爲郡王，軍事由其同母弟多鐸主持，納漢奸范文程，洪承疇建議，頒佈安定人心的法令，而實際並未澈底實施。如傳檄各縣，有「留頭不留髮，留髮不留頭」的法令，薙髮是表示漢族屈服滿族了。因此，在薙髮令雷厲風行之下，各地漢人不忍上國衣冠，淪於夷狄，紛紛反對薙髮，寧可不留頭而留髮，於是普遍的掀起抗清運動的狂潮。清兵也以屠殺手段，加諸於嘉定，揚州，江陰，嘉興與金華等地人民的頭上。

順治七年（一六五〇）十二月，多爾袞以荒淫無度，獵於邊外，致死喀喇城。順治八年正月福臨親政，朝臣紛起追論多爾袞的罪行，順治帝遂誅其黨羽，削其封號，籍其家產。鄭親王齊爾哈朗一派抬頭，任命洪承疇消滅南明的抗戰。吏部尚書譚泰爲多爾袞黨羽，多爾袞即遭鞭屍，譚泰着即伏誅。

順治十八年（一六六一）清廷不顧及民間疾苦，嚴厲催徵錢糧，蘇撫朱國治造抗糧册，列入江南紳民一萬三千五百七十人，呈報到部，不論欠多欠少，一律治罪。如探花葉方靄以欠一錢也被黜。

順治帝立一鐵牌，嚴禁太監干政，犯者凌遲處死。又嚴令中外，凡貪贓十兩銀以上的，一律抄家。

順治十八年正月初七日福臨死，年廿四歲，在位十八年（一六四四—一六六一）葬孝陵。傳說因董鄂妃死，福臨鬱鬱不快，遺詔列舉自己十四大罪，棄位出家，到五臺山清涼寺當和尚去了。

玄燁康熙帝 福臨死，第三子玄燁繼位，年八歲，滿籍大臣索尼，蘇克薩哈，遏必隆，鰲拜四人受命輔政；索尼年邁，遇事敷衍，鰲拜專擅，遏必隆與之勾結，因蘇克薩哈不附已，乃殺之，蔑視玄燁（康熙六年七月親政），玄燁雖僅十四歲，但恨鰲拜入骨，嘗選滿洲小兒許多，經常做撲打遊戲，鰲拜不意遭兒童狙擊，玄燁命康親王傑書等勘問，列其罪三十款，廷議立斬，帝以鰲拜為顧命輔臣不忍加誅，詔貸其死革職籍沒。除其黨羽。鰲拜專政八年，始為玄燁所剷除。

康熙朝的政治，頗多讚譽之言，如任賢，蠲租，勤政，好學，崇儉等，其實不然。玄燁罷鰲拜，任用索額圖，明珠，都是結黨私營之徒，政治黑暗，依然如故。

玄燁知索額圖貪污不法，免其大學士職，仍任議政大臣及內大臣，四十二年始囚於宗人府，不久死去，明珠以首議撤藩之功，玄燁甚為寵信，任其貪婪。康熙廿七年御史郭琇彈劾明珠。

玄燁乃免明珠大學士職，猶任內大臣，玄燁對貪贓枉法之臣，如此庇護，吏治難以澄清。雖有免賦之詔黎民百姓，難得實惠。

清朝統一以後，玄燁欲對漢民顯顯威風，曾出巡蘇杭六次，去五台山五次，沿途籌設行宮，侍衛勒索，所至例有供應，地方官吏，一意承奉，負擔加諸百姓，流弊深入民間，如以此為其勤政，不敢苟同。

玄燁自稱好學，十七八歲時，讀書過勞，至於咯血，老年手不釋卷，據繆鳳林說：

今攷故宮發現之玄燁硃筆批件、少或數言、多則數行，皆里辭不文，字類童蒙，頗雜諸音別體、所習算草亦不出初階加減乘除諸法。乃知史册所載，悉謂御筆，無一非南書房翰林代筆；所謂聖學，實為徐乾學高士奇、李光地、梅穀成等之學，而欲纂欽定諸書，亦徒盜名欺世而已。（中國通史要略第三册六十二頁）

玄燁有子三十五人，性多暴戾，各樹黨羽，爭奪儲位。十四年立胤礽為太子，四十七年以狂廢，諸子爭奪益甚；四十八年再立胤礽，五十一年再廢，從此玄燁不再談立太子事。

其對建儲的事，大傷腦筋，他憤恨時說：「胤禩窺視朕躬，朕因憤怒，心悸幾危」。

康熙六十二年，玄燁死，年六十九，在位六十一年，（一六六二—一七二二）葬景陵。

胤禛雍正帝　玄燁死，遺詔隆科多，傳位十四子胤禵，這時胤禵任撫遠大將軍，征策旺阿布坦，駐師西寧，隆科多遂與第四子胤禛勾結，改「十」字，爲「于」字，因此奪得帝位。

胤禛繼位，自慚不安，恐諸弟不服，不惜加罪屠戮。以「結黨行妄」，「擾亂國家」的罪名，解胤禵大將軍職，命謫守陵寢，幽死胤礽，削胤禩，胤禟宗籍，胤䄉，胤禔，胤祉囚錮死，只有同母弟胤祥，得保全祿位。

其實雍正戮殺諸王的最大原因，是諸王想分其權勢，要求封建，而雍正帝則極力消滅封建的要求，樹立絕對的專制，其駁封建之言曰：

孔子曰：「天下有道，禮樂征伐自天子出」。孟子曰：「天下惡乎定？定於一」。孔子，孟子深見春秋戰國諸侯戰爭之流弊，其言已開一統之先幾矣。唐柳宗元云：「公天下自秦始皇始」，宋蘇軾云「：封建者爭之端也」。皆確有所見之言也。且中國郡縣，亦由各蒙古之自爲雄長，互相戰爭耳。元太祖始成一統，歷前明二百餘年，我太祖肇基東土，遐邇率服，各蒙古復望風歸順，咸凜正朔，以至於今。是中國之一統，始於秦，塞外之一統，始於元，而極盛於我朝也。（東華錄雍正元年）

當時滿洲諸王，要求封建，漢人欲削減君主專制權利，亦發出贊成封建的言論，如呂留良，陸生柟等，結果，諸王被戮，贊成封建的漢人，也受到嚴厲的制裁，如呂留良戮屍，陸生柟軍前正法。

胤禛次一步驟，即整肅八旗紀律：

諭令宗室（塔克世本支）及覺羅人（伯叔兄弟之支）等須閉戶家居，安份靜愼守，毋怙過不改，再罹重罪。禁止八旗官員，詬罵屬下，違者交各管官懲治。禁止八旗文武官員，私相來往。

清初八旗之制，上三旗（正黃、鑲黃、正白）爲皇帝所統率，下五旗（正紅、鑲紅、正藍、鑲藍、鑲白）爲諸王所統率，雍正帝見諸王驕橫，乃奪其兵權，由皇帝親派都統統率，總攝旗內行政，諸王不得過問。

雍正帝以此等諭令，壓制滿人，使滿洲貴族養尊處優，漸漸成爲遊閒階級，天子一人，擅作威福，集軍政大權於一身，而爲絕對的專制君主。

元舅隆科多以合謀奪取帝位之殊勳，不惜殺之滅口，年羹堯以藩邸舊人，命率師平青海有功，曾顯赫一時，胤禎陽爲寵信，陰懷猜忌，毅然懲其跋扈，賜年羹堯死。

胤禎防止臣下，無微不至，任用田文鏡，鄂爾泰等嚴刻小人。又陰蓄善飛簷走壁之士數十，專伺偵察，製有利器，曰「血滴子」形圓如斗，携之以行，遇有怨仇，即以器罩其頭上，用機一撥，人頭入斗，捷飛而去，又密設緹騎、到處偵察，例如按察使王士俊赴任，大學士張廷玉薦僕役一人，俟士俊任滿，準備回京，該僕忽告辭，士俊不解，僕回答曰：「見主人爲官數載尙好，要先自進京面聖，美言幾句」。

雍正元年八月，召王大臣九卿面諭之曰：

建儲之事，理宜夙定、……今朕親寫密封，緘置錦匣，藏於「正大光明」匾額之後，諸卿其識之。後又別書密旨，藏諸內府，以爲異日對勘之資，弘曆後皆沿用此制。（清史稿世宗本紀）

雍正七年（一七二九），用兵西北兩路，以內閣在太和門外。儤直者多（官吏值宿者），慮洩露事機，始設軍機房於隆武門內，後改名軍機處，地近宮廷，便於宣召，爲軍機大臣者，皆親臣重臣，於是承旨出政，皆出於是矣。（趙翼簷曝雜記）

雍正一朝，先殺戮同輩諸王，消滅封建運動、繼而壓抑宗室，殺戮勳臣，使用緹騎，設置軍機處，收回旗兵統率權，使滿族分權制度的意味，完全消滅，達到君主專制的最高峯。

雍正十三年世宗胤禎暴卒，傳説被女俠呂四娘所殺，但無確實證據，不足徵信，在位十三年（一七二二—一七三五），年五十八歲，葬孝陵。

弘曆乾隆帝 胤禎暴死，第四子弘曆繼位，改元乾隆，弘曆在位六十年，康熙雍正兩朝累積的財富，被他盡量消耗，開拓邊境，造成十全武功，即兩平準噶爾，一定回部，兩掃金川，一靖臺灣，一入緬甸，一復安南，兩勝郭爾喀，自號爲「十全老人」。

乾隆十六年至四十九年，亦仿其祖父出巡江南，皆至浙江，供奉繁奢，勞民傷財。

乾隆五十年，仿其祖父，亦舉行千叟宴，徵年六十年以上者三千人，弘曆自作詩云：「祖孫兩舉千叟宴，史册饒他莫並肩」。

乾隆五十六年，普免錢糧四次，漕糧二次；六十年又普免漕糧一次，頗有勤政愛民之風。

乾隆晚年，寵信和坤二十年，造成大貪汚風氣，和坤財產先後抄沒者，凡一百零九號，値銀約八萬萬兩，合爲清政府十年收入之總和，從古貪婪之臣，未有如和坤之甚者。

太上皇帝 玄燁在位六十一年，弘曆自謂不敢上同其數，在位屆六十年（一七三六—一七九五）告天默禱，踐位嗣子，於六十年元旦，傳位顒琰，自爲太上皇帝，仍擅大權，且不時南面受朝，四年後，弘曆卒，年八十九，葬裕陵。上及祖父，下逮元孫，五世一堂，親見七代，玄燁尚未如此。弘曆一生，處高履厚，未嘗艱苦，文治武功，多粉飾輔張，晚年志得意滿，聲色自娛，委政和坤，紀綱廢弛，內亂縕結，帝國已呈衰微之兆了。

第二節 政治制度與政治特點

滿族入主中國，一切因襲明制，惟因其族人口數量少，文化水準低，且在漢奸之擁護下，建立政權，統治着人口衆多，文化較高的漢族，因此始終懷着猜忌岐視的態度，爲鞏固其統治地位，在明朝制度上增加若干防範壓制的成份。在組織上更爲完密，成爲專制政治的典型，先敍其組織系統：

內閣 這是清初中央政府的重心，內閣的閣員，稱某殿（如太和，文華，武英等）或某閣，（如文淵，東閣，體仁閣等）大學士，漢滿各二人乃至六人不定，大學士的職權，在清初除了接受各處章奏，上呈皇帝，撰擬諭旨，並批覆呈牘外，還參與重要機務，內閣大學士沒有最高領袖，領袖就是皇帝。內閣大學士都沒有對各部，或各省督撫直接發令的權，有這種權的，只有皇帝——就是諭旨。

軍機處 雍正朝屢次出兵，因恐洩露軍機，設置軍機處，軍機處本是主持軍機的，後來因乾隆朝鄂爾泰以內閣大學士的資格，兼作了軍機處的大臣，從此內閣大臣的權，移到軍機處去了。乾隆中葉以後，內閣大學士變成榮貴的頭銜。軍機大臣又多半是皇帝的親信來出任，他的職權漸漸擴大，凡關於政務的裁決，官吏的任免，用兵的方略，將領的派遣，無不參與，但軍機大臣在軍機處裏，也沒有首長，皇帝是他們的首長，也沒有向各部或各督撫下命令的權，其情形和內閣大學士一樣。

六部 吏、戶、禮、兵、刑、工六部，是清代中央政府的行政機關，各部的首長，稱尙書，次於首長稱侍郎，漢滿各二人並立，通稱曰堂官。六部雖爲中央行政機關，對各省的政務，可以核議准駁，沒有命令權。尙書與侍郎各有單獨的上奏權，如遇爭議，只有請皇帝裁決，六部不能算全國的行政首長，尙書與侍郎，也不是各機關的首長，無論對地方，或對本機關最後的裁決，也只有問皇帝。

都察院 這是清代的總監察機關，都察院官員有都御史一人，副都御史二人，給事中二十人，監察御史四十人，給事中監察京內官府，監察御史監察地方官府，其監察權無限制，國家政務的全部都受他們的監察，他們職權的行使，不用都察院的名義，用他們自己的官銜去行使。各人都有單獨的參劾上奏權，並不要全機關取決，這些監察官的責任問題，都是由皇帝一人作主，通常他們是終身職，也可以改任或升遷，他們的直言，觸犯了皇帝的偏私，就是參劾的確實，也要申斥或譴責。

此外有掌審核判案的大理寺，掌外藩的理藩院，儲備人才的翰林院，掌養馬的太僕寺。

各省督撫 各省總督巡撫是各省的軍政首長，都是由皇帝派遣的，他們和六部的尙書侍郎一樣，都有單獨的參奏權，皇帝是他們的直屬長官。總督也有轄二三省軍政的，也有兼領巡撫的，還有兼都御史的。這種情形，都決定在他與皇帝的關係。

每省除設總督巡撫外，還有掌財政，民政的布政，掌獄訟的按察，掌學校科擧的提督學政，及督糧，鹽法，河工等道員。

特區 順天府，（長官稱府尹，掌京畿行政），盛京（稱陪都）吉林，黑龍江（爲滿族發祥地），稱四特別行政區，光緒三十四年改爲行省。新疆天山北路稱準部，天山南路稱回部，（光緒八年改省），蒙古分內外蒙古。西藩分青海，西藏，通稱藩部，苗人居住區稱土司。

政治特點 清朝人事制度的特點，爲雜用滿蒙漢人而定其額。內閣大學士，滿二人，漢二人。六部尙書，滿一人，漢一人，左右侍郎，均滿一人漢一人。（清會典）。清朝一向標榜，「滿漢一體，滿漢不歧視」，但在事實上，充份表現滿漢兩族政治地位的懸殊。如漢人不得在本省內做官，通稱爲迴避，某些職位，指定爲專缺，界限甚嚴，專缺分滿缺，蒙古缺，漢軍缺，漢缺四等。例如各機關管銀錢的，大多數爲滿缺，工部所屬火藥局，戶部所屬銀庫緞匹庫，顏料庫，全部屬滿缺，漢人不得插足。大抵滿族專缺，蒙古人或一部漢軍，還可通融補授，漢人不得問津。地方官員，蒙古人得補滿缺，漢人却絕對不許補滿缺，漢人自知卑微，不敢出頭招辱，玄燁也看出這種情形說：「正月諭旨，漢大臣凡不干自己的事，從不發言漢官議事，不管是非，祇依前人（滿官在前）所說，隨聲附和（五月諭旨）今看漢大臣凡事不發言，祇攛撥滿大臣說話，自從中取利。（見東華錄康熙四十八年）

當時漢官唯唯諾諾看着滿官顏色行事，仍不免皇帝的斥責，如果冒昧直言，易遭殺身之禍。如王掞自恃老臣有寵，密勸玄燁立皇太子，幾乎被殺，所以漢官最好緘默不言，或者說幾句比較圓滑的話，舉李光地爲實例：康熙四十七年，玄燁想再立胤礽爲太子，命諸大臣集體保奏，內大臣阿靈阿，尙書王鴻緒等保奏皇八子胤禩，玄燁大怒，同時責李光地說：「你爲何不發言？」光地奏曰：「先前皇上問臣廢太子病，該如何醫治，臣曾奏慢慢調理是天下之福，臣未曾對別人講過這句話」。這是八面玲瓏的答覆，李光地是康熙最寵信的臣子，尙且如此圓滑，一般政治地位低微的漢官，就可想而知了。

第三節　軍事制度與司法制度

八旗兵分滿漢蒙三大類，入關時，兵額約廿萬人。據清會典所載：

京師滿洲佐領六百八十有一，蒙古佐領二百有四，漢軍佐領二百六十有六，駐防佐領六百一十七，共計一千七百六十有八。（清會典卷八十四）

每佐領僉兵（抽丁）至多不過八九十名，其餘男子都被充當文武官員。

八旗分隸八都統，都統所轄爲驍騎營，編製有馬甲，領權，與匠役三種。又有前鋒營，親軍營，護軍營，火器營，這四營不隸都統，別設總統指揮。漢軍旗人不得充當四營士兵。漢軍驍騎營，編製有礮甲，籐牌兵，擡鹿角兵三種。爲滿蒙驍騎營所無。步兵隸屬九門提督統率。滿蒙軍每佐領下，步兵領權二人，步兵十八人，漢軍領權一人，步兵十二人。八旗兵分駐北京，近畿與外省三個地區。

八旗兵餉，前鋒，親軍，護軍領權，弓匠長每人每月支銀四兩，驍騎每人每月三兩，每年各領米四十八石。步軍領權，礮手每人每月支銀二兩，年支米卅六石，步兵每人一兩半，年支米廿四石。

綠營兵　入關後，純以漢人編成之兵，執綠旗，又稱綠營，兵種分騎兵，步兵。步兵又分戰兵，守兵，組織有督標（總督），撫標（巡撫），提標（提督），鎭標（總兵）四種，標下爲營，督撫提鎭的直轄部隊，稱本標，多爲四營，少爲兩營，中下級軍官，有副將，游擊，都司，守備，千總，把總等名目，統歸其所屬督、撫、提、鎭指揮。

綠營兵，共有六十六萬一千六百五十六人，（聖武記卷十一，武事餘紀）分駐直隸（五萬人）、江蘇（五萬人），福建（六萬三千多），浙江（近四萬），隴新（五萬五千人），四川（三萬四千多人），廣東（近七萬），雲南（四萬二千多），貴州（四萬八千人）。

綠營軍官，滿漢並用。兵餉：馬兵月餉銀二兩，戰兵一兩半，守兵一兩，每月各支米三斗。

兵制上的不平等 從實際情形看，滿漢八旗兵，在編制，裝備，武器諸方面，都有懸殊，至於八旗兵，綠營兵更有顯著的區別，大抵滿兵一人，糧餉比綠營兵高三倍，如以士兵升級來看，綠營兵求進一級，困難萬分，八旗兵六歲以下稱半口，減半給糧，七歲以上，即食全餉，晉級容易，這是滿漢有別，很明顯的實例。

清朝對綠營兵，法定軍官扣尅軍餉制度，稱爲親丁名糧，俗稱「吃空子」，提督扣八十份，總兵六十份，副將三十份，參將二十份，步馬一律各半，游擊十五份，都司十份，守備八份，千總五份，把總四份，一律馬一步四。這是鼓勵綠營兵腐敗，失去戰鬭力，使其不能成爲威脅政府的力量。

頒佈大清律 多爾袞專政時頒佈大清律（順治三年），弘曆時修改律例，編製大清律例，內分律目，圖、制服、名例、吏戶，禮兵，刑工，六律及總例，比引條例，凡四十七卷，二三六門，名例律中所載：

五刑——笞、杖、徒、流、死。

十惡——借反，謀大逆，謀叛，惡逆，不道，大不敬，不孝，不睦，不義，內亂。

八議——議親，議故，議功，議賢，議能，議勤，議貴，議賓。

法律上的不平等　滿洲貴族祇要不犯十惡，便受不到什麼處罰。旗人獄訟，不論在京在外，各有特定機關審判，漢人審判機關，不得審判旗人條件，步軍統領衙門內得審判漢人。外省旗人間案件，經州縣官審理，如認爲漢人犯法，取得口供並塡寫審理意見，送旗人審判衙門，聽候處分。

旗人犯法入宗人府，是內務府的特種監獄，也就是貴族的特種監獄。旗人還有一種特權，稱爲換刑，例如杖笞刑可換鞭責，流三千里，可換枷鎖六十日等。漢人受刺字刑，刺在面上，旗人刺在臂部。

旗人在法律方面，享受許多特權，漢人在法律地位不平等的高壓下，祇有忍受着種族的迫害，

第四節　科舉制度與朝儀

進身之階　明朝用八服（制義）取士，三年舉行一次，分鄉試，會試，殿試三種，清初入關，因襲明制，以「牢籠人才」。

鄉試：三年一次，子、卯、午、酉在各省舉行，各省諸生（秀才）赴本省省城應試，及格者爲舉人。

會試：三年一次，丑、辰、未、戌年在京師禮部舉行，各省舉人參加，及格者爲貢士。

殿試：三年一次，各省貢士，由天子親策問於太和殿，分一、二、三等叫做三甲，一甲三人，俗稱狀元，榜眼，探花，賜進士及第，二甲賜進士出身，不拘名額。三甲賜同進士出身，無名額限制。

讀書人的出路　舉人，進士都是士人的進身之階，再看他們的出路：一甲三名，授修撰，二三甲再朝考庶吉士，得入翰林院。否則爲京官主事，中書教習，外官知州，知縣等官。翰林替皇帝辦文墨，充考官，接近內廷，可以有優先擢進之機會。三年一考績，升轉也很快，不到十年可以居一品。

這是讀書人的出路，武官不敢輕視，所謂「萬般皆下品，惟有讀書高。」不僅科舉中試者如此，就是在

州縣考的童生，學政科考的附生（秀才）食官祿的（廩生），國子監的監生，皆可以穿藍袍，戴銀雀帽，免徭役，見官不跪，在鄉成爲紳士。這是中國傳統的特殊階級——士大夫。這個階級，可以「助君澤民」，發揮自己的抱負，萬一爲了「身家之謀」，便很容易成了君主的政治工具，而爲不事生產的「祿蠹」了，因此，滿人利用科擧，利誘漢人仕進，漢族士子也祇有苦讀八股，才能取得祿位。

朝儀　中國自秦始皇創立專制政體，其間兩千餘年，君權逐漸發展，至清而臻其極。清因明制，明太祖起兵，驅逐胡元，開國稱帝，特別奴視臣下，以跪拜爲朝儀，而朝臣以受廷杖爲榮。及清朝儀隆重而嚴肅，規定三拜九叩儀式。軍機大臣，每日不等天明，即入朝，皇帝坐於殿上，大臣跪於殿下，不敢仰視，低頭應對，皇帝發言，大臣例不敢問，君臣問答三言兩語，非待詢問，不敢說出所有建議。臣下在繁文褥節的恐懼之中，向無自由發表政見的機會，又如外官奉到諭旨，則「恭設香案，望闕叩首」，凡遇賞賜，也要叩首，外國使臣不肯跪拜，編修吳大澂說：「我國定制，從無不跪之臣，朝廷之禮，爲祖宗所遺，不跪則普天臣民必憤懣不平」。皇帝是一國的元首，有勅封鬼神，任免官吏，誅罰有罪，發號施令，統治全國之大權，其臣下視之如神。可見君權發展到清朝，已達極點了。

結論　順治朝消滅南明，奠定了統治的根基，而「上下之情未通，滿漢之氣中闕」，康熙朝鞏固中國的統治，完成中國的統一，雍正朝創立絕對君主的政治制度，乾隆朝擴大中國的版圖，其晚年紀綱廢弛，內亂頻仍，帝國命運，呈現衰微，至於大清帝國的中央官制與地方官制，兵制，司法，科擧及朝儀等，六種制度，都可證明滿族統治漢族的嚴密，極盡防範，壓迫，及牢籠之能事，以鞏固其統治地位。漢族士大夫雖然卑躬折節，也祇能得到有限度的信賴，但這種制度的推行，對整個民族國家而言，遺害非淺。

第六章　清朝統一與開邊及其統治政策（康熙元年—乾隆六十年，一六六二—一七九五）

第一節　收回漢族的地方政權

順治十八年，鄭成功驅逐荷人收復臺灣。康熙元年，永曆帝遇害，大陸上的南明政府瓦解了，在形式上清朝統一了大陸，但是清政府的權力，還不能控制三個漢族勢力（三藩）的地方政權。康熙元年鄭成功病死，其子經繼立，仍秉承父志，與滿清繼續抗戰。清朝的政治權力，尚未達到臺灣。所以說，在順治一朝，僅做到形式上的統一大陸，還沒有統一全中國，然而這大一統局面的實現，是在康熙嗣基的最初二十二年之間。消滅三藩的割據，降服臺灣的抗衡，才完成了統一中國的事業。

所謂三藩，是平西王吳三桂，平南王尚之信，靖南王耿精忠（繼茂子，仲明孫）。

三藩的跋扈　漢奸吳三桂殺朱由榔，消滅南明最後一個抗清勢力，因此康熙帝賜敕嘉獎，晉親王，招三桂子應熊爲和碩額駙，兼太子太保，並令管轄貫州，政治地位因之提高。三桂擁兵數十年，作戰十餘載，私人武力因而造成。正因爲有了地位，有了武力，企圖割據一方，不聽清政府約束，同時清政府也因南明勢力消滅，漢奸也利用完了；如允擁兵自恃，不早日清除，頗感受威脅，因此康熙帝要剷平三藩；三藩爲保持祿位，乃掀起抗清運動。

三桂的驕橫　三桂在三藩中，武力最強，擁兵十餘萬，勢力最大，據雲貴川陝數省，態度也最驕橫。用人，吏兵二部不得掣肘，用財戶部不得稽延，其部將有吳應麟，吳國貴，副都統高德捷，婿夏國相，胡國柱，馬寶，王屏藩等，並使用各種手段榨取，俾財力集中。御史楊素蘊曾劾其專擅；戶部尚書米思漢，兵部尚書明珠，以苗蠻旣平爲詞，三桂不宜仍鎮雲南，主張移鎮山海關，這是利用以漢制漢的時代，已成過去，漢人擁兵，坐大難制。康熙也感到藩鎮久握重兵，恐滋蔓生，非治安長計。因此朝議與康熙帝意見一致，乃決定撤藩收回兵權。還有一個經濟因素，就是三藩養兵太多，每年軍費浩大，政府無力支付，不得不撤。

三桂舉白旗起兵　康熙十二年三月，尚可喜受制於其子之信，可喜不得已，接受幕僚金光建議，疏請歸老遼東，留子鎮粵，詔允所請。同年七月，吳三桂也詭請移藩，以試朝意，疏上達，亦允三桂所請；三桂聞信，遂於十一月二十一日，殺巡撫朱國治，自稱天下都招討兵馬大元帥，擁護朱三太子（無其人）北伐胡虜，恢復明朝，致書平南，靖南兩藩，及黔，蜀，秦舊部，相約起事，一律白旗，步騎皆戴白氈帽，蓄髮易服，發表起兵檄文，其宗旨在説明滿清背盟而起兵，討滿復明。三桂這樣説法，不能自圓其説，當年逼死永曆帝，何以今日，又擺出朱三太子，過去爲滿清打天下，摧毀南明抗清的勢力，何以現在，又提出復明的口號，這是一般南明臣民，不能熱心支持他的原因，僅獲得一群小漢奸們的擁戴；所以起兵不久，就放棄復明的口號，稱周改元了。

三桂的攻勢　康熙十二年十一月，三桂遣大將王屏藩犯四川，馬寶驅貴州，吳應麟，夏國相，胡國柱攻湖南，十三年春，陷長沙，常德，岳州，衡陽，且四出煽動；襄陽總兵楊來嘉，廣西將軍孫延齡，四川巡撫羅森，福建耿精忠相繼叛清。不久，清失雲南，貴州，廣西，四川，福建五省。十三年冬，陝西王輔臣亦叛清，三桂聞之，給輔臣犒師銀二十萬兩；又令王屏藩由漢中出隴西聲援輔臣，控制西北。

三桂自己督師湖南，據岳州，以拒江北之師，據長沙，以抗江西之師；這時或北上或西進，都可能順利前進。但三桂令諸將勿進攻。希望與清朝劃地議和，劃長江爲國界。

玄燁決心用兵　玄燁聞訊，遣統領碩岱赴荊州守禦，以遏敵勢，命都統尼雅，韓赫葉，朱滿三人，率師分赴武昌，西安，安慶，兗州諸要地，命順城郡王勒爾錦爲寧南靖寇大將軍，進兵荊州，命貝勒尚善爲安遠大將軍，進兵岳州，命安親王岳樂爲定遠平寇大將軍，進兵江西，簡親王喇布爲揚威大將軍，鎭守江南，貝勒洞鄂與大學士圖海攻陝西，康親王傑書貝子傅喇塔由浙江進攻福建。

康熙十五年二月，平南王尚之信，投降三桂。鄭經興兵渡海策應。清撫遠大將軍圖海迫王輔臣投降，康熙帝復其官爵，加封太子太保，隨圖海駐漢中。同年八月，康親王傑書軍次仙霞嶺，遣書勸精忠投降，十月精忠投降，表示效忠清朝，反攻沿海的鄭經以及廣東的尚之信，見大勢不可爲，之信乃密向清兵請求攻廣西，立功贖罪。玄燁允其所請，晉爵爲平南親王。

三桂稱帝敗亡　三桂反清運動，自王輔臣降清，耿尚降清而勢挫。時三桂駐軍湖南，勢極孤立，遂於衡州開府稱帝，力圖掙扎。康熙十七年（一六七八）三月朔日，三桂年六十七，僭稱帝，號曰昭武，既行慶賀禮，有犬登其案而坐，三桂惡其不祥，遂病噎，八月，病劇口噤，召其孫世璠於雲南，未至，三桂死，其黨擁立世璠於貴陽，因而改號曰洪化。撤退雲南。二十年十月，簡親王貝勒察尼等合力會剿，陷昆明，世璠自殺，戮世璠屍，函首馳獻闕下，雲南，貴州，四川，湖廣，諸省悉平。（蔡丙因撰清代七百名人傳吳三桂傳）

勦滅尚耿二藩　康熙十九年之信母舒氏上疏：「逆子尚之信怙惡不悛，酗酒肆暴，殺害善良，（梟斬鴻臚寺卿金光）凌虐官吏，甚至奉命出師，頓兵不進，私回東省，遲誤軍機，不臣之心久明，謀逆之憂可慮，禍延宗祀，不禁飲泣寒心，密令都統王東棟等選員擒之，請旨正法」。（前書尚之信傳）。康熙帝得疏，謂尚之信係親王，九月賜死廣州。

康熙廿一年，大學士明珠奏言，精忠罪較之信爲重大，之信不過縱酒行兇，口出妄言，精忠負恩謀反，且與安親王岳樂書多狂悖語，情無可貸，當敕法司明正典刑。（前書耿精忠傳）。二十一年殺耿精忠。

玄燁提拔一批新漢奸　三藩之亂，自康熙十二年起至廿年正，持續八年之久，是滿族與漢奸的大決戰，結果猪狗不如的漢奸們失敗了，滿族也並非是善戰者，例如順承郡王勒爾錦，坐鎭荆州，聽說三桂進軍，嚇得心驚膽戰，貝勒尙善奉命進攻岳州，不敢出擊，貝勒洞鄂失機關中。康熙帝派出這些膽怯的將領，不獲捷報，急得康熙帝激勵綠營的將士說：「從古漢人叛亂，祇用漢兵弭平，何曾有滿兵助戰」；於是提升一批新漢奸，陝西有張勇，趙良棟，王進寶，孫恩克；湖北有蔡毓榮，徐治都；福建有楊捷，施琅，姚啓聖，吳興祚；浙江有李之芳；廣東有傅宏烈，都出死力，爲清朝打倒老輩漢奸，削平所謂三藩之亂。這次戰爭的勝利，還是推行以漢制漢政策收到了效果。

削平三藩，收回漢族的地方權力，清朝統一了大陸。但在中國版圖內的抗清勢力，祇有海外的臺灣了。

第二節 收復漢族的海外領土

東寧醞釀政變 成功東征，留子經鎭守金厦；成功病故，黃安，馬信入覲，噩耗傳出，一面派人往思明州報訃；一面由成功弟鄭襲發喪。但在臺灣的文武官員，如黃昭，蕭拱辰，蔡雲，李應清，曹從龍，張冀等，企圖擁鄭襲爲護理，謂世子經得罪於父，不能繼承父業，而弟得承兄業。又假造成功遺囑，言世子經負罪，共扶襲爲東郡王，分兵拒經。當時臺灣諸將，多持觀望態度，時馬信已病死，黃安內心不平，乃使人乘小船飛報鄭經，請速來臺，遲則生變。經接訃音後，欲設位掛孝，洪旭建議說：「國不可一日無君，當先嗣位，然後發喪」。經從其議，即佈告金厦各島，臺灣擧哀。命周全斌爲都督，陳永華爲諮議參軍，馮錫範爲侍衛，金厦防禦交鄭泰負全責，派洪旭，黃廷，王秀奇分兵駐守各島。

鄭經東渡戡變 部署完畢，經於十月朔日祭江，率周全斌東渡，於禾寮港登陸，黃昭伏兵出擊，交戰不利，全斌乃身先士卒高呼曰：「今背水而戰，退復奚益？大丈夫寧死於戰，豈甘死於水乎？」軍心方振，奮力進攻，世子射中黃昭，昭軍大亂。黃安亦率軍應援，是時霧散天霽，皆大呼曰：「是吾君之子也」！

衆將皆投戈，表示服從，經慰諭之，擒蕭拱宸，蔡雲，李應清，曹從龍斬之，經入安平，遣人請襲，襲至，世子抱襲而哭曰：「幾爲奸人離間」，襲委罪於蕭蔡諸人，叔侄之情如舊，反側乃安。

黃金時代　鄭經率軍入臺後，仍遵奉永曆年號，雖不如其父之雄才大略，但却能承父遺志，墨守成規，知人善用，勵精圖治。首先巡視南北，了解民情，推行屯田制度，獎勵墾殖，設學校，建孔廟，開科取士，選賢與能，文物制度，燦然大備。又令商賈與日本通商，振興魚鹽，繼向暹羅，安南，呂宋發展商業，貿易繁盛；又在臺灣設廠製造軍器，造兵艦，於是國泰民安，儼爲樂土。永曆二十一年（康熙六年）元旦，大會羣僚於安平鎮，遙賀永曆帝（時永曆帝已死但消息未證實）。犒賞屯墾有功士兵，軍民歡洽，這一時期，可算是臺灣的黃金時代。

雙方休兵　永曆二十一年，康熙帝遣總兵孔元章與經和議，經持先王之志不可墜拒之，和議不成。康熙七年（永曆二十二年），施琅上書攻臺，康熙帝不准。此時經全力經營臺灣，清廷也開放海禁，使沿海居民得以復甦。

康熙八年，清朝刑部尙書明珠，勸鄭經降清，鄭經以身爲明臣，不肯接詔。經召文武商討對策，決定苟能照朝鮮之例，不薙髮，稱臣納貢，以小事大，尙可協商。繼而繼茂致經書，勸經投降，經復書，再度表示不投降的決心，明珠知經不肯屈服，回北京復命，清廷無可奈何，乃聽其自然。

參加抗清陣線　康熙十二年三桂起兵，八月耿精忠致書鄭經相約會師。經覽書至爲興奮，以爲反攻大陸之時機，業已成熟，時三桂已進入湖，鄭經接受精忠會師之約，乃興兵渡海，軍次厦門，傳檄四方。精忠派人假勞軍之名，來探鄭軍虛實，使者回報精忠謂：「海上舟不滿百，兵不滿萬」，精忠通飭所屬，不與鄭軍往來。鄭經遣柯平入福州詢問究竟，精忠對柯平曰：「汝轉告汝主各守陣地，勿做別圖妄想」。柯平回報，經怒，遣將攻海澄，同安，閩南等地，鄭氏舊部望風來歸，精忠大受打擊，兩軍聯合未成，反倒火併。三桂勸解，各去前嫌，約界休兵。此後鄭軍在漳泉廈門一帶活動，軍威遠播，盛極一時。康熙十五年清軍入閩，耿尙投降之後，無力固守，在海澄，長勝，同安等地與敵軍三方面作戰，只有放棄漳泉，退守東寧。

令克𡒉監國　永曆二十八年（康熙十三年），鄭經參加三藩的抗滿運動，親率舟師西渡，留參軍陳永華總制政務，令長子克𡒉（十二歲）爲監國，留守臺灣。永曆三十四年鄭經失敗東歸，一因感舊部之喪亡，一因惜金廈之失守，心情悒鬱，不理政務，陳永華因讒離去，媚臣因而逢迎，溺於酒色聲妓，日以繼夜，身體虛弱，竟於永曆三十五年（康熙二十年）正月廿八日，死於承天府，年方四十。

馮錫範陰謀　克𡒉監國以來，禮賢下士，政聲日隆，遭馮錫範，李景等一般奸黨忌恨，鄭經死後，馮錫範謀立其婿克塽，而告董國太謂克𡒉，非鄭氏血統，請廢監國，遂收監國印，囚克𡒉於別室，令人殺之。錫範遂擁立克塽嗣位，封錫範爲忠誠伯，攝行政事，封劉國軒爲武平侯。

經母董國太，感鄭氏內部生變，憂患成疾，亦終。

清福建總督姚啓聖，藉吊喪爲名，遣使入臺，陰與馮錫範勾結，謀殺鄭氏忠貞幹部，這時姚啓聖認爲時機成熟，奏請東征，薦施琅爲統帥，康熙帝立允所請，因施琅爲鄭氏舊部，熟悉臺灣情況，遂整舟師，大舉攻臺。

國軒得報，率水師嚴守澎湖，姚啓聖遣間諜入臺，大肆活動，縱火燒承天府，民心益惶惑。

鄭克塽投降　永曆卅七年（康熙廿二年），施琅率水師戰艦六〇〇餘艘，甲士六萬，攻澎湖，國軒應戰，先勝後敗，率殘部退回東寧，清兵進逼鹿兒門，國軒知大勢已去，勸克塽投降。克塽乃於七月廿三日遣使進降表。

施琅祭成功　施琅接了降表，見大功已成，父兄之仇已報，頗躊躇滿志。但念及當初曾追隨延平郡王抗清復明，因一時嫌隙，忿而變節降清，今日又親率大軍，消滅鄭氏，感念疇昔，無限惆悵，乃擇於八月十三日，親赴東寧，向成功家廟致祭，祭畢投地大慟，為報答賜姓舊恩，疏請清廷原封克塽及諸將領。是年克塽至京授公爵，隸漢軍正紅旗，克塽死，爵除。

鄭氏據臺抗清歷三世，凡廿三年（一六六一——一六八三），克塽投降後，漢族的抗清運動，便改變方式，另謀發展。克塽之降清，漢族最後的一塊海外領土，也被清朝收復了。

第三節　疆域底定與民族融合

胤禎的征服論　玄燁，胤禎，弘曆祖孫三人為鞏固統治，推行對內的高壓政策外，還要用兵邊疆，征服蒙古，回，藏，苗等族，以期擴大帝國的領土，遠播帝國的聲威，不僅鞏固邊陲，且藉以加强對漢族的堅强統治，雍正七年，胤禎諭旨說：

我朝入主中土，君臨天下，連蒙古極邊諸部落，都歸入版圖，這樣說來，中國的疆土開拓廣遠，應該是中國臣民的大幸，那得再存華夷中外的成見？（東華錄雍正七年）

因此康雍乾三朝，對外用兵不息，征服邊族，奪取邊地，其政治作用，是要漢族承認這是中國臣民的大幸，怎能再存華夷中外的分別？至於以武力對付羅刹的侵擾，則為捍衞邊疆而已。

喀爾喀部的歸附　漠北蒙古，又稱漠北喀爾喀蒙古，分土謝圖汗，車臣汗，與扎薩克圖汗三部。當清太宗平漠南時，漠北蒙古懼清兵威，也遣使朝貢，其後三部內訌，漠西蒙古準噶爾部噶爾丹汗，乘機侵入，三部不敵，紛紛逃入漠南，求援於清，玄燁親率大軍至古北口，大破噶爾丹，玄燁受喀爾喀諸酋朝拜，則分喀爾喀部為三十旗，改授王，貝勒爵位，外蒙古遂歸附中國。

準部平定　外蒙古以西，天山以北，為漠西蒙古，即明代的瓦剌部，其酋乜先死後，其地分為四部，總稱厄魯特蒙古。康熙時，準噶爾部西長噶爾丹統一厄魯特諸部，稱準噶爾部，又勾結西藏，併有青海及天山南路，更東侵喀爾喀部，結果兵敗自殺，其姪策妄領其土。策妄頗驍勇，率衆侵入西藏，爲清兵所破。世宗時，策妄死，子策零立，又東侵喀爾喀，大敗而回。高宗時，策零死，而輝特部酋長阿睦撒納，又稱覇於厄魯特。高宗命兆惠往討，阿睦撒納死，清軍入準部，天山北路遂定。

回部平定 天山南路，篤信佛教，至明中葉，始改信回教。所以有回部的稱呼。清初，回部分白山，黑山兩宗，互相傾軋。準部噶爾丹，助白山宗，滅黑山宗。策妄又排斥白山宗，幫助黑山宗，並拘白山宗首領的二子大小和卓木。阿睦撒納興起，放回大小和卓木，使小和卓木平南路，大和卓木掌北路的回教。不久，清兵平定阿睦撒納，大小和卓木佔據喀什噶爾自立。弘曆命兆惠進討，大小和卓木敗死，天山南路遂平。自是中國國威，遠震葱嶺以西，浩罕，哈薩克，布魯特，布哈爾，阿富汗諸國，都遣使入貢。

西藏和青海的內附 西藏信喇嘛教。喇嘛教自明以來，分紅、黃二教。黃教盛行於前藏，紅教盛行於後藏。清初黃教獨盛，佔領全藏。始以達賴和班禪分治前，後藏，但祇管教務，而政務則由「第巴」主持。康熙時，達賴五世死，發生「呼畢爾罕」的爭執。屬厄魯特蒙古的和碩特部拉藏汗，立伊西堅錯爲達賴六世，駐拉薩。青海、蒙古諸部不服，另立噶爾藏堅錯爲達賴六世繼承，駐西寧。這時準部策妄乘機起兵入藏，殺拉薩汗，幽伊西堅錯，占有全藏。玄燁於是命岳鐘琪發兵入藏，逐策妄，護送噶爾藏堅錯入藏正位，西藏遂隸屬中國。世宗時，置駐藏大臣於拉薩，並率兵分駐於前、後藏。高宗時，又立金奔巴抽籤的辦法，以解決繼承的紛爭。

青海初爲和碩特部固始汗所據，後爲準部噶爾丹所併，噶爾丹死後，青海遂爲清的邊藩。世宗時，固始汗後裔羅卜藏丹津起兵反叛，世宗命年羹堯，岳鐘琪率兵往討，羅卜藏丹津敗走，青海遂重入中國版圖。

苗疆和大小金川的平服 滇、黔、湘、桂、川的幾省邊境，素爲苗民的居地。元，明以來，設有土司，以爲覊縻，清代也是如此。因官府統制不當，時起紛擾。雍正年間，雲貴總督鄂爾泰建議，改土司爲流官，以謀行政權的統一。胤禎因命鄂爾泰爲滇黔桂三省總督，先後招致黔邊東，西，南三面生苗二千餘寨，開闢苗疆二三千里，雲南，廣西諸土司亦同時罷去。後來官吏治理不善，貴州苗亂又起，弘曆命張廣泗爲經略，又把他們次第收撫。自此以後，苗人漸和漢人同化，而成爲中華民族的一份子了。

金川本四川西邊諸土司之一，在大渡河上游，分大，小金川。高宗時，大金川酋長莎羅奔漸强，不奉政令，弘曆命傅恒往討，莎羅奔乞降。未幾，大、小金川又叛，被清將阿桂平服，殺沙羅奔。清以小金川爲美諾廳，大金川爲何爾古廳，直隸四川省。

清朝對中國的貢獻　康雍乾三朝對外用兵的政治目的，爲消除中外華夷之成見，其用兵開疆的結果，是底定中國版圖幅員之廣，軼於明世。據清史稿記載：

其時，本部有省十八，奉吉黑伊將軍四，凡府一百八十四，州六十四，廳十六，屬州一百五十，屬廳十，屬縣一千三百有一。（清史稿地理志一—二三）

覊縻府州縣土司等，不在其內，蒙古、青海、西藏並隸版圖。東極三姓所屬庫頁島，西極新疆疏勒，至於葱嶺，北極外興安嶺，南極廣東瓊州之崖山。（清史稿地理志序語）

清代版圖東起庫頁島，西至布哈爾，即中亞地方，北起阿爾泰山，南及中南半島，成爲一個自然疆域者，因清初順治時曾爲追逐桂王，用兵緬甸，康熙平定準噶爾、青海及西藏，乾隆有所謂「十全武功」，清初至乾隆之世，疆域大爲擴張，朝鮮，琉球爲舊屬封藩，固不必論他，如廓爾喀、緬甸、安南、暹羅、阿富汗、浩罕、巴達克山，哈薩克、布哈爾、非兵威所屬，即爲震於清盛，拱手內服。清代的開疆拓域，造成中國歷史上無與倫比的版圖，吾人今日所承襲者，就是這部份遺產，其豐功偉績不可磨滅；但是撫今追昔，中國近百年來，受人蠶食鯨吞，疆土日削，使後人不能不警醒惕勵。

近幾百年來，中國的外患，都來自東北，至滿清入關乃達於頂點。滿族侵入日久，習於漢俗，漸爲漢族同化，此爲中國民族最後一度融合，清以前西北民族，叛服無常，到清朝才復得安定，西南苗族之改土歸流，高度漢化，功著清史，自滿清建國以來，不再有匈奴，鮮卑，突厥、契丹、女眞等異族之侵略問題，中國到此時則爲大一統而不可分之國家，吾人每提起「五族共和天下一家」之意，即湧出具體的中國輪廓，其基礎爲滿清盛世之所賜也。（李方晨著國史要略六七頁）

對外用兵，只爲了提高統治地位，利於滿族，不利中國，其結果，中國領土賴清朝而底定，中國民族賴清朝而融合，此二者，與文獻的整理，堪稱爲清朝對中國的貢獻、史册彪炳，不可抹殺。

第四節　降服安南緬甸與暹羅

册封安南黎維喜　順治時，安南莫敬耀來歸，未受爵而卒，其子元清，曾受清命爲都統使，居高平。又有黎維禔亦來歸，其子維喜於康熙三年受清封爲安南國王，此後黎莫兩家時有衝突，康熙十三年，黎氏呑併莫氏。二十二年，清又册封黎維禎（正）爲安南王，賜御筆扁額「忠孝守邦」四大字，並遣使致祭故王維喜，維椗，此後安南朝貢不絕。

册封黎維祁　乾隆五十三年安南內亂，國王黎維祁失位逃亡，弘曆藉口百年來黎氏朝貢不絕，應受天朝保護，出兵三路，攻安南篡位人阮文惠，廣西巡撫孫士毅，提督許世亨率兩廣兵萬人，長驅直入，大破安南兵，佔國都河內。黎維祁及黎氏宗族，出迎清兵，弘曆封黎維祁爲安南王。

册封阮光平　阮文惠逃富春城，僞意求降，孫士毅不戒備，乾隆五十四年元旦，軍中正在飲酒演戲。阮文惠忽驅象載大礮夜間衝營，士毅軍倉猝應戰，自相踐踏，許世亨戰死，士毅逃歸鎭南關，將士生還者僅數十人。黎維祁又失位逃匿。阮文惠佔河內，懼清軍捲土重來，改名阮光平，遣使朝貢謝罪，弘曆廢黎維祁，五十五年阮光平親到北京受封，安南成爲清朝的朝貢國。

冊封阮福映　阮光平得國，廣南王阮福映，不得在安南立足，亡命暹羅，請法國傳教士博都魯畢悠求法王路易十六出兵援救，許給法國特權。乾隆五十九年法軍支持阮福映，攻阮光平。嘉慶七年（一八〇二）陷河內，阮福映統一安南，九年遣使到北京求封，嘉慶帝封爲越南王，仍爲中國的藩屬。

降服緬甸　乾隆三十一年，雲南總督楊應琚倡議攻取緬甸，弘曆採納，命將軍明瑞，統兵一萬七千，都統額爾景額率兵九千，分兩路進攻，緬人起而抗戰，清兵深入無援，明瑞戰敗自盡。弘曆憤怒，命大學士傅恆爲經略，阿里袞，阿桂爲副將軍，大舉攻緬，緬王見清兵聲勢浩大，奏請息兵朝貢，弘曆不許。三十四年傅恆調集八旗，綠營兵五萬餘衆，隨軍帶着善念咒語的喇嘛，分水陸三路進兵，先破舊國都木疏，再攻取新國都阿瓦，渡伊洛瓦底江攻老官屯，緬甸堅守不屈，清兵以經不起夏天瘴癘，遂與緬王孟駁訂和約退兵。

此次用兵緬甸，勞師遠征，未獲勝利，而弘曆野心不死。乾隆四十一年金川平，命阿桂往雲南，準備三度攻緬。這時緬甸發生內亂，乃懼而請降，清亦罷兵。

暹羅稱藩　乾隆三十六年緬甸王孟駁，乘暹羅內亂，攻陷國都猶地亞，遂爲緬甸所滅；因緬甸與中國作戰，國力日削，暹羅人乃乘機立遺臣鄭昭爲主，起兵逐緬甸軍。四十三年光復猶地亞，遷都盤谷，衆推爲暹羅王，鄭昭遣使來北京朝貢，願充藩屬。四十五年鄭昭被敵人謀殺，養子鄭華平亂繼位，號稱索猶提耶王，五十一年入貢中國，得封爲暹羅國王。

緬甸朝貢　暹羅脫離緬甸獨立後，暹羅受中國封册，稱臣納貢，緬甸感受威脅，五十三年遣使入朝，謝罪請和，五十五年緬王孟雲受清敕封，定十年一貢，緬甸亦成爲清朝的朝貢國了。

第五節 制止羅刹的侵擾

收復雅克薩 康熙二十年，三藩底定，玄燁的視線轉向黑龍江，想遏止羅刹的侵擾。廿一年派副都統郎坦與都統彭春率兵往索倫以捕鹿爲辭，視察羅刹動靜，郎坦視察回來報告說：「攻取羅刹甚易，發兵三千足矣」。

二十二年起，大事準備，築璦琿，齊齊哈爾二城，修船隻，運食糧，調軍隊，聯絡車臣汗，費時兩年有半。廿四年五月，彭春，薩布素率兵五千左右，抵雅克薩城下，當時俄國在雅克薩的防禦隊，僅有四五〇人，還不到中國兵數的十分之一。五月廿三日彭春開始攻城，殺死羅刹一百多人，廿五日，羅刹頭目亞里克斯托樂布撤Alexei Tolbwsin 遂派代表向清兵投降，只要求「攜武器回國」許之。羅刹退去，清兵以爲羅刹問題解決了，毀雅克薩城及房屋，全軍撤回璦琿，於是黑龍江上游，又恢復戰前無主的狀態。

尼布楚會議 亞里克斯得葉尼塞斯克總管的援軍六百人，捲土東來，玄燁即派郎坦，薩布素帶兵去剿，廿五年六月抵雅克薩，戰至十月羅刹守兵只剩百十五人，不退亦不降。一六八九年彼得登基遣使來北京，要求停戰和談，玄燁下令解雅克薩之圍，此後羅殺問題，由雅克薩的軍事衝突，移到尼布楚的外交談判了。俄國政府給其所派全權代表果羅文 Golovin 的訓令曰：

如通商能得便易，則全黑龍江流域包括雅克薩，可認爲中國領土；除非萬不得已，絕不可引起戰爭；倘交涉失敗，可向中國政府提議，雙方再派公使，從新協議。

這一道訓令，可知俄國的態度，希望未來的尼布楚會議，只許成功，不許失敗。

在中國方面，康熙帝感到武器不如人，軍糧困難，厄魯特的禍亂，三藩亂後的需要培殖國力，也不願與鄰國發生戰事。康熙二十五年，派彭春率兵出發雅克薩，同時也託教士及荷蘭商人致書俄政府，表示修好之意。此意正是俄國的願望，所以俄國和平使者東來，康熙帝即解雅克薩之圍，下令罷兵。清政府對尼布楚會議也是基於和平願望，此可證之於全權代表索額圖出發前，康熙帝的指示：

今以尼布楚爲界，必不與俄羅斯，則彼遣使貿易無棲託之所，勢難相通。爾等初議時仍當以尼布楚爲界。彼使者若懇求尼布楚，可即以額爾古納河爲界（平定羅刹方略卷四頁四）

這項指示，可知康熙帝的意向，也希望會議成功。

尼布楚條約要款　在外交會議席上，雙方代表都有和平誠意，各帶讓步的方案，會場內外各帶兵七六〇人，雖然會場的空氣，劍拔弩張，進行談判，一波三折，但都避免破裂，因此磋商問題，多在會外解決。康熙廿八年七月廿四日（一六八九年九月七日）中、俄兩國成立尼布楚條約，其要款爲：

①自黑龍江支流，格爾必齊河沿外興安嶺以至於海，惟烏得河一段另議，嶺南屬中國，嶺北屬俄國。西以額爾古納河爲界，南屬中國，北屬俄國。

②毀雅克薩城，凡俄國人民與財物，盡行移送俄境。

③以往所有爭執，無論其性質如何，今後忘記不計。

④兩國絕不收納對方的捕逃，如有，應即擒拿送回。

⑤俄羅斯臣民現在中國者，及中國臣民現在俄羅斯國內者，概仍留如舊。

⑥兩國人民必須携帶執照，始許自由交易。

此約成立，中國着重在劃界，俄國着重在通商，雙方都達到了目的，滿足了願望。此約實行，中俄兩國在東北和平相處，約有一個半世紀之久。

恰克圖條約　尼布楚條約訂立後，會漠北蒙古喀爾喀部附清，於是俄蒙交界，一變而爲中俄國界。兩國通商問題，繼之而起，爭端日久，至雍正五年，胤禛派超勇親王策凌，內大臣四格，理藩院侍郎圖理琛爲全權大臣，與俄國使臣拉克青斯基 Racousinskg 會於布拉河，於雍正五年（一七二七）九月初七日締結恰克圖條約，其主要條約如左：

㈠以恰克圖小河溝爲兩國疆界貿易地方。自此界標，迤東至額爾古納河，迤西至沙華納伊嶺。此間各橫有山河，則橫斷山河爲界。如空曠地，則於適中地立標爲界。

㈡貿易人數，不得超過二百人，每間三年進京一次。疆界零星貿易，亦毋庸取稅，往來由官路，違者貨物沒收。

㈢許俄國人於北京設立教堂，誦經禮拜。

㈣烏得河地方，作爲兩國共有之地，彼此不得占據（烏得河在外興安嶺南支以北，東流入鄂霍次克海之烏得灣省）。

約成後，中俄貿易日盛，乾隆二年停俄在北京貿易，統歸恰克圖，中俄友好相處，垂六十年。至咸豐時，中俄關係始變。

第六節　鞏固帝國的統治政策

滿清以東北一隅少數人口的宗族，居然入主中原二百餘年，這不是偶然的，原來清人對於國人的傳統思想很熟悉。統一全國後，在政治上的措施，眼光很遠大，手腕很靈活，而方法也很巧妙，清人最初收撫各地，不直接攻戰，却利用明將去攻擊招撫，關於一切文物制度，完全尊重中國的傳統精神，對於明代舊制，仍盡量保留。清人又特別重視學術，優禮文人，因之造成清初學術昌盛的局面。然而也正因他們重視士大夫的地位，便想種種方法來籠絡士大夫，籠絡不成，便採取嚴厲的壓服手段，因而演成康雍乾三朝的文字獄，茲將清朝的統治政策，分別簡敘於后：

籠絡政策　清人入關以後，完全採取籠絡政策，政治上一切措施，以俯順民意爲原則，清人深知人心尚懷念明崇禎帝，便爲帝依禮喪葬。又知明末的稅餉很重，世祖便明令蠲免明末三餉，聖祖更普偏減免錢糧，並於康熙五十一年明令以上年丁册爲常額，以後滋生人口，永不加賦。明末的刑罰很重，廠衛制度尤爲人民所切齒，清人入關以後，一概廢除。對於各地的賤民，世祖時一律予以解放，以示平等。

博學鴻儒科　康熙十七年，清人深知士人在社會上佔有重要地位，入關以後，便特別優禮士人。開博學鴻辭科，令京內外長官保薦學術行誼兼優的人，不論已仕未仕，保薦送部，戶部賞給月薪，聽候考試。次年羅致海內外名士一四三人，集體仁閣考詩賦，不考八股，考試結果，錄取一等朱彝尊，湯斌等二十名，二等錄取毛奇齡，李來泰等三十名，各授翰林院官職，錄取的五十人，自然感激皇恩，榮幸無比。落選的九十三人，不但失節，而且喪名，歸到鄉里，也無面目自命爲遺老孤忠。倘再發議論，也不易獲得閭里的信賴了。康熙開了這一科，收買了一部份優秀的文人，又打擊了一部份文人。祇有黃宗羲，李顒、顧炎武，呂留良，傅山，魏禧，萬斯同等誓死不受薦舉，確保名節，永遠受後世的崇敬。

文字獄　清人的籠絡政策，固然收了很大的功效，然而也有氣節堅貞的士大夫，仍滿懷故明的思想，對清政府始終抱反抗的態度，爲壓服這種反滿的思想言論起見，便大興文字獄。康雍乾三朝的文字獄，不下十餘次。最著名的如聖祖時之莊廷鑨獄，戴名世獄。世宗時之查嗣廷獄和呂留良的遺集獄等等。

莊廷鑨獄　順治康熙年間，浙江吳興人莊廷鑨刋印李國禎之明史概，又名明書，其論贊成朱氏，稿已刋印一部，未刋部份莊廷鑨得之，於順治十七年刋行於世，時有革職吳興知縣吳之榮，謀起復官，於康熙二年，之榮到刑部告發，其時廷鑨已死，清朝令剖棺戮屍，廷鑨弟廷鉞，及作序人，校刋人，刻字人，買書人，賣書人，全遭斬決，受株連者近二百人，家屬男女十六歲以上者同死，妻孥發邊作奴，先後死者七十餘人，這次殘殺，正是輔政大臣鰲拜所爲。

戴名世獄　康熙五十年御史趙申喬，發覺翰林院編修戴名世著南山集，內有桐城方孝標寫的滇黔紀聞二篇，記明末桂王由榔事，參奏上聞，判戴名世凌遲處死，方孝標開棺戮屍，戴方兩族及作序人，印刻人，處死刑流刑者，凡三百餘人，方族發黑龍江充軍。

汪景祺獄　雍正三年，景祺作西征隨筆，中有諷刺玄燁詩，又作功臣不可爲論。對於年羹堯的功高寃死，頗寄同情，胤禎認爲大逆不道，處死，親屬發黑龍江充軍。

錢名世獄　雍正四年，名世作詩，歌頌年羹堯平西藩功德，被革職，發回原籍管束，並書「名教罪人」匾額，令地方官張掛名世居宅門首。

查嗣廷獄　雍正四年江西正考官查嗣廷，出「維民所止」試題，被人告發，說維止二字是取雍正頭的意思，嗣廷死監中，胤禎令戮屍梟首示衆，又因汪景祺，查嗣廷皆爲浙人，便停止浙江鄉會試。

謝濟世獄　雍正五年，濟世註大學，譏議程朱，坐斬刑，後免死，罰充苦役。

陸生柟獄　生柟著通鑑論十七篇，論封建之利有反對專制君主的言論，處斬刑。

呂留良獄　呂留良字晚邨，浙江石門人，平生好學，常以詩酒自娛，其著作，燬於暴政，其解釋春秋大義說：「一部春秋包括尊王攘夷兩大宗旨，君臣名分，固然重大，但還有比君臣名分更重大的，就是攘夷狄救中國的大道理」。其評選詩文，曾靜在湘應試時見之，知其富有反清思想，遂派其徒張熙投函川陝總督岳鍾琪，歷擧胤禎九大罪狀，勸岳鍾琪擧兵推翻異族統治，奈岳鍾琪甘心降順，竟將曾函奏知胤禎，雍正七年五月，詔令剖棺戮尸梟首（時留良已死），其弟子沈在寬着凌遲處死，赦曾靜，張熙以示寬大。

徐駿獄　八年翰林徐駿上奏章，誤寫陛下爲狴下，又有詩云「清風不識字，何得亂翻書」之句，胤禎認爲譏刺滿人不識字，大怒，斬徐駿。

胡中藻獄　弘曆在文字方面，吹毛求疵，如胡中藻督學廣西，試題有「乾之爻不象龍說」，弘曆指爲譏其不以皇帝，中藻凌遲處死。滿人鄂昌（鄂爾泰子）作詩，稱蒙古爲胡兒，弘曆指爲沾染漢人習氣，勒令自盡。彭家屛家藏明末野史數種，段昌緒圈點吳三桂叛清檄文，一併處死。齊赤若私刻呂留良遺書，事發寸磔死。徐述夔詩有「大明天子重相見，且把壺兒擱半邊」，壺兒與胡兒同音，剖徐述夔父子棺戮屍。沈德潛作詩有「奪朱非正色，異種也稱王」句，剖棺戮屍，全祖望作文有「爲我討賊清乾坤」句，以賊字放於清字之上，下獄治罪，幸得免死。諸如此類情形，足證滿族統治者，對漢人民族思想的恐懼。

整理舊籍　康熙，乾隆二朝爲提倡學術計，令文人大規模的整理舊籍，成績相當可觀，先後完成康熙字典，古今圖書集成，佩文韻府，淵鑑類函，全唐書，（以上康熙朝），通鑑輯覽，醫宗金鑑，大清會典，大清律例，大清一統志，四庫全書等十餘種巨著，其中尤以四庫全書的編輯，規模最爲宏偉，計七九〇七〇卷，三四五七部。

焚燬舊籍　康熙乾隆兩朝，一面整理舊籍，一面焚毀舊籍，計自乾隆三十九年至四十七年，共毀書廿四次，五三八種，一三八六二部，凡明季野史，宋人言遼金元，明人言元，所謂議論偏謬者，一律焚毀，如張居正的太岳集，左光斗的左忠毅集，高攀龍的高子遺書等。

錯誤的民族政策　清朝征服準部與回部之後，其統治政策不同；譬如對蒙古人只許信奉喇嘛教，不許蒙古同胞讀漢文的書籍，就是讀蒙文的書籍，也受限制，使蒙古的智識不得進步，當然更談不到追求高深的學問了。但清朝對蒙古同胞善騎射的戰鬪能力，特別重視使用。把各地的蒙古土地與人民，分爲若干盟，若干旗，又封了若干王來統治，同時也派了若干滿籍將軍，副將軍，都統，副都統，參贊大臣，辦事大臣，協領，佐領，以爲部勒式徵調的機構。這樣一來，蒙古人民只有盲目的爲清朝服務，而文化水準，日形落後，且與內地隔絕，而終陷於落後的境地。

清朝對回族同胞所信奉的宗教，不但不加重視，而且以離間的手段，使教徒非教徒，互相仇視，彼此殘殺，而清朝則藉口出兵鎮壓，大肆屠殺，有計劃的採行分化政策，破壞回民的團結精神。同時也行漢回分居，清政府派遣的官吏居漢城，以監督回民。回漢兩族因語言，習慣，信仰，都不相同，不可合併，故葉爾羌，喀什噶爾等回城，皆有漢城與之並存。此種漢回分居，設官監督政策，也行之於綏遠地方。

對西藏在表面上推崇他們的喇嘛教，使藏人心悅誠服，送他們的子弟去當喇嘛，這樣可以使藏人人口減少，類似對待蒙古人的辦法。

清廷特派駐藏大臣，以牽制達賴與班禪的行政權，竭力維持政教合一的原則，使政治無法改進，永陷於腐敗落後之中，又限制藏人與內地人往來，或通婚，如此使藏人與漢人感情隔閡，所以說清朝統治西藏的結果，使藏人減少，文化低落，政治窳敗，與漢族惡感，有增無減。

清朝對苗民的統治策略，為改土歸流，此策係鄂爾泰之建議，行之有效「蠻悉改流，苗已歸化」。

結論　吳三桂敗亡，鄭克塽降清，玄燁才完成了清代的統一。以武力征服蒙回，藏，苗等邊疆民族，不但底定了中國的版圖，且融合了中國的民族。羅刹人侵擾東北邊疆，玄燁以武力制止，並以武力為外交的後盾，才實現中俄間的和，保持平大東北的自然疆界。為了鞏固帝國的統治權，其文化政策，一刀兩面，一面籠絡文人；一面屠殺文人。一面整理舊籍；一面焚毀舊籍，其目的在掃除反清的民族思想。至於邊疆民族政策，因族而異，對蒙人「絕其智而用其利」，對回人「輕其教而離其人」，對藏人「崇其教而抑其政」對苗人則採「分化屠殺，改土歸流」。

秋　懷　　　　曾國藩

蟀蟀吟西軒，商聲方茲始，小人快一鳴，得時亦如此，大澤藏蟄龍，
嚴多臥不起，明歲澤九州，功成返湫底，吾道惡多言，喧囂空復原。

第七章 反清復明的組織活動及其持續（康熙廿三年—道光卅年 一六八四—一八五〇）

康熙廿二年，清兵佔領臺灣，漢族失去反清基地，因此，反清復明運動形勢一變。當時漢族義士，也感到敵我力量懸殊，必須改變新的方式，持續抗清復明的革命事業，乃組織秘密的革命團體——天地會。

第一節 天地會起源之研究

天地會 天地會在中國近代革命史上，具有崇高的歷史價值，因其上承鄭成功的反清復明運動，下啓洪秀全的反滿復漢運動，且延續一百五十餘年之久。漢族的民族意識，得以保存在這個地下革命團體之中，民族思想賴以綿延，民族精神，藉以永存。

自朱由榔遇害，鄭成功東征，滿族盤據中國大陸，明末義士多削髮爲僧，在福建蒲田九連山少林寺出家，寺被焚和尚中有蔡德中，方大洪，馬超興，胡德帝，李式開等（稱爲前五祖）組織天地會，以圖報焚寺之仇。吳天應，洪太歲，姚必達，李成地，林永超，後參加天地會（稱爲後五祖），取「父爲天母爲地」之意，故稱天地會。其誓詞是「如天之長，如地之久，歷十萬年，必復此仇。」所謂此仇，即滿族焚寺之仇，擴大則爲滿族屠殺，統治，奴役漢族之仇。所以他們以反清復明來號召天下義士，聯絡下層社會，做爲革命的主力。

三合會 時有鄭君達者，其妻郭秀英，妹鄭玉蘭，被清兵圍勦，在貴州三合縣罹難，爲紀念郭秀英之犧牲，所以名曰三合會。又傳說香祖陳近南首聚於三合河，故名。所以天地會詩句有：「小會創始在三河」。

三點會 天地會最初在福建成立，漸漸在臺灣，江浙、湖廣、相繼設立支部，其名多水字旁，如江彪部、洪隱部等，所以又名三點會，會衆自稱洪門，隱洪武及朱姓。隱清字爲氵月，明字爲「汨」，明字爲日月，以月代清，以日代明，日在月上，俗語說日月，意在漢族統治滿族之意。他們寫反清復明爲「反氵月復汨」，這是他們共同的隱語。

天地會的會員，爲什麼稱爲洪門呢？蕭一山先生的解釋：

洪門就是漢門的意思，因爲把漢字中間的中土二字除去，就是洪字，中土代表着中原的土地，漢人到臺灣來，不是把中原的土地喪失了麼？（見蕭著：淸史四五頁）

這個解釋也近情理，因爲滿族乘明末內亂，奪去漢族統治權，中土淪陷異族，自然是中土沒有了。

革命宗 三點會的會員，都要默誦四句詩：

三點始藏革命宗，入我洪門莫通風，養成銳氣復仇日，誓滅淸朝一掃空。

這四句詩，可以證明天地會，三合會或三點會是誓滅淸朝，報復民族仇恨的革命組織。據徐珂記載：

傳言天地會之起因者，頗近神話。謂在福建蒲田縣九連山少林寺，地至幽邃，人跡罕至。伽藍堂有塔聳峙林間，規模極莊嚴，相傳爲達摩尊神所創建。寺僧誦經之暇，恒究心於軍略武藝焉。有康熙時，藏人寇邊，官軍征討之，大受創。聖祖乃懸賞，謂無論貴賤男女僧道，有能應募征服之者，有重賞。寺中諸徒，有勇武絕倫之鄭君達者，偕一百廿八僧應募，誓必掃蕩西藏。抵京，聖祖召見，許從軍，僧軍出征三月，不損一人，不折一矢而凱旋，聖祖忻賞有加乃賜御宴，賞金銀絹帛無數，並御書「聖澤無疆」匾額，以及「英雄居第一，豪傑定無雙」，「不用文章朝聖主，全憑武藝見君王」，「出門朝見君王面，入寺方知古佛心」各聯，僧軍歸寺，居民歡迎。

顧是時，廷臣有陳文耀，張近秋者，懷叛志，以僧軍武勇，憚不敢廢，謀除之。百計讒於帝，謂官軍屢爲藏人所敗，寺僧乃征服之，設若輩有異志，朝廷滅亡猶反掌耳！竊爲國家之危。帝聆言，大驚曰：「然則奈何？」文耀、近秋言有守兵三四百，足滅之。帝不許，文耀近秋謂以藥焚之，必盡殘，於是文耀近秋率兵至閩……乘夜至寺，埋火藥，復積柴草，引以松香，燃之。

時生存者有五僧曰蔡德忠、方大洪，馬超興，胡德帝，李式開，即所稱爲前五祖者也，無意間，忽遇鄭秀瑛（即鄭君達妻）玉蘭（君達之妹），並君達之子道德，道芳，於是相與結合，往祭君達之墓，蓋君達此時已爲文耀用紅絹縊死。祭墓時，來兵士一隊，正惶急間，忽一桃劍，自君達之墓躍出。秀英握得之，其劍柄有「反汨復汨」文字：又有雙龍爭珠圖，秀英持劍亂揮，斬首無算，遂脫險。但此事爲近秋聞，特派兵士搜索秀英，秀英先知之，乃以劍與二子，令速遁，而已則與玉蘭投三合河，死之。（天地會亦名三合會大概即因此事而得名）。謝邦恒得其屍，葬之河畔陵上，並爲立一石碑以誌之，五僧聞近秋之暴橫，欲擊之。匿森林中，伺其來，出不意突擊之；乘其兵士周章之際，斬近秋，兵士怒而反追，會吳天成，洪太歲，姚必達，李成地，林永超五人救之，此即會中所稱後五祖也。五祖復還高溪廟，再過寶珠院，倦無臥，饑無食，困苦殊甚。（清稗類鈔會黨天地會）

西魯起根苗　康熙時，徐珂的記載，撲朔迷離，但仍有其價值，譬如藏人寇邊，少林寺僧兵參戰建功一事，頗有可信價值，民國廿二年刊行廣西貴縣的抄本洪門文獻，即敍西魯事。以少林寺和尚征伐西魯的故事爲主題。所謂征伐西魯，即指征伐侵擾黑龍江畔的俄羅斯人而言。清初稱俄羅斯人爲羅刹，羅刹之「羅」與西魯之「魯」，乃一音之轉。因其故地，在中國之西，故稱「西魯」，征伐西魯，即征伐羅刹，非藏人寇邊而征藏人也。

康熙廿四年正月，都統彭春率軍進攻，羅刹盤踞之雅克薩城，曾調鄭克塽部將何祐率籐牌兵五百參加雅克薩之戰。羅刹人被逐，班師回京，其中有一二八人不願受官，康熙賞賜無算，願至法興寺出家爲僧，因其好拳術，將法興寺，改爲少林寺，此後不稱法興僧人，只稱少林僧人了。

這批僧人參戰，未折一人，爲紀念這次對異族作戰的勝利，才創立天地會，西魯敘事，一開始就說：「道袍血染汨痕飄，事因西魯起根苗」，據此可以斷定，天地會創立是西魯事爲根苗的，其性質，則爲民族革命集團，毫無疑問。

反淸復明 天地會既爲打羅剎而成立之民族革命組織，爲什麼這個組織？又與淸朝誓不兩立呢？原來少林寺僧兵一二八人，似於五百籐牌兵中，另成一個單位，其頭目爲鄭君達官書不載，君達係明末義士，因感國破家亡，極欲復仇雪恨，深慕少林寺僧，武藝超群，因偕其妻郭秀英妹玉蘭往少林習藝，少林當家和尚智通憐其抱負，留寺學藝，時寺中和尚馬福儀，因調戲君達妻妹，爲智通和尚所逐，福議懷恨在心，蓄意報復。

征西魯事起，鄭君達率僧兵參加，勝利歸來，僧衆皆爲少林。君達本非僧人，初留京中後任湖廣總兵，廷臣陳文耀，張近秋讒於帝，大意謂，西魯犯邊，少林僧大敗西魯，若僧衆謀叛，勢必難制，帝驚向陳張向策，二人對曰：「以火焚寺」。乃命二人赴閩，乃勾結馬福儀，秘密佈置，乘夜以火藥環寺焚燒，寺僧多焚斃，並將君達處死埋葬，祗逃出蔡德忠，方大洪，馬超興，胡德帝，李式開五僧。這五僧據傳爲天地會前五祖。福儀見五僧在逃，起兵急追，五祖巧遇郭秀英，鄭玉蘭，致祭於鄭君達墓前，正危難之間，突自君達墓中飛出一桃花劍，劍柄刻「反汨復汨」四字，秀英持劍亂砍，砍死官軍無算，旋張近秋大隊逼近，秀英將劍交其子逃脫，秀英，玉蘭投三合河死。

五僧見近秋軍至，無法脫身，突有吳天佑，方惠成，張照，楊秋佐，林大江五人急報近秋謂五僧已死，近秋軍退，五僧深感五人救命之恩，遂邀五人參加，此爲天地會中之中五祖。

五僧脫身後，近秋率軍捲土重來，五僧潛伏林間，近秋走近，突斬近秋，餘衆與五僧交鋒，又有勇士吳天成，洪太歲，姚必達，李式開，林永超五人，前來助戰，五僧生還，五勇士亦入會，此即天地會的後五祖也。

所謂前中後五祖，即爲天地會的創始人。雖不可信，但必有創始者，則可斷言，惟年代久遠，史料闕如，無須深究。提出「反沕復汨」口號，雖爲神話，但在三百年前民智未開時代，確有其號召力量，此後這一民族革命團體，不僅把清朝做爲革命對象，且將其活動範圍逐漸擴大了。

第二節　洪家大會的召開與活動

洪家大會　少林寺中，倖存的僧侶，力謀團結，決心報仇，多方結納，旋遇到一位反淸復明的組織者陳近南，他很有才華，爲了順應僧侶的復仇心理，乃以迷信的方式，達到反淸復明的革命目的，指出一個姓朱的青年，名叫朱洪竹，說他是崇禎帝的孫子，以資號召，組織洪門大會，擴大反淸復明的勢力，據徐珂所記：

至是而遇創會之陳近南，近南曾爲學士，於帝之焚寺也，力爭以爲不可，以文耀近秋之讒，不得已辭職，痛僧之遭讒也，益與僧黨相結，近南家湖廣，返里，就白鶴洞研究道教。後又以代僧復仇，變形爲卜者，作江湖游。至是，適遇五僧，憐其困，迎至家。後與其黨相遇，詢自何處來，必答曰：「來自白鶴洞者以此也」。後近南以所居隘，不適於謀事之用，因告僧曰：「距此不遠，有下普庵者，後有一堂甚寬廣，俗稱紅花亭，可居之，徐圖復仇」。衆僧移居於紅花亭。一日，僧逍遙河上，見中流浮至一物。審之，大石香爐也。檢其底，有「反沕復汨」四字。又有小字一行，註明重五十二斤十三兩，此即與會中白鑞鼎同形，因是鼎失於杭州故也。時旣有香爐，因取樹枝與草以代燭香，注水以代酒，祭告天地，期必復寺仇，不意樹枝與草，忽焉自焚，衆以爲得淸之兆應，歸至紅花亭，以告近南。近南曰：「此淸代將覆，汨朝復興之天意也」。以爲復仇之期已至。即日，明揭旌旗，發傳單，召將士，時有朱唇美豐儀之少年，手過膝，耳垂肩，儼然劉備。衆見態度非常詢之，則曰：「我朱洪竹也」，乃明思宗之孫，爲李妃所出，先帝爲北胡篡奪，懷復仇之志久矣。今見諸士以明代故，仗劍群起，特來相助耳」。衆聞之，推之爲主，以次日爲吉日，宰牲祭旗，部衆咸集旗下，近南對衆言曰；「武裝諸君，宜分別擇吉日，歃血盟誓，以武裝者爲兄，後來者爲弟」。近南即自爲香主，擇甲寅康熙十三年七月二十五日，以紅花亭爲兄弟誓盟之地，各會員即以其日爲誕日，稱爲洪門大會。是夜天顯理兆，南天光耀，有燦爛之星辰，作「文廷國式」四字。近南從天意，取以爲元帥旗，而東方復發紅光，紅音同洪，故即以洪姓，拆爲三八二十一，即以作符號焉。（徐珂清稗類鈔會黨類天地會）

紅花亭 天地會的組織，設一公所，公所第一頭目稱總理，第二頭目稱番主或二哥，第三頭目稱白扇先生或三哥，第四頭目稱先鋒，第五頭目稱紅棍，普通會員稱草鞋。凡有錢的，有學問的，做官爲宦的，農夫，工人，商人，漁夫，士兵以及流氓，乞丐，不論身份地位，祇要心存忠義，情願反清復明，都可以立誓入會，算爲洪家兄弟，入會手續，須由舊會員介紹，先熟悉暗語手勢。暗語稱官府爲對頭，外人稱風仔，手勢以一二三指爲天，四小指爲地。藉演戲集市爲名，在紅花亭舉行入會儀式，主持儀式的人是香主，香主致辭說：

天地萬有，回復大明，滅絕胡虜，吾人當同生同死，倣桃園故事，約爲兄弟，姓洪名金蘭，合爲一家。拜天爲父，拜地爲母，日爲兄弟，月爲姊妹，復拜五祖及始祖萬雲龍等與洪家之全神靈。吾人以甲寅年七月二十五日丑刻爲生時。凡昔二京十三省，當一心同體。今朝廷王侯非王侯，將相非將相，人心動搖，即爲明朝回復，胡虜勦滅之天兆。吾人當行陳近南之命令，歷五湖四海以求英雄豪傑，焚香設誓，順天行道，恢復明朝，報仇雪恥。啜血盟誓，神明降鑒。

歃血明誓 香主致辭畢，入會的人再宣讀三十六誓（以欺騙背盟，賣友爲最大罪過），讀罷焚爲灰燼，調和於殺死的鷄血碗裏，各啜少許，歃血盟誓後，再與大哥相見。授以會章廿一則，十禁，十刑，紀律嚴，團結精誠。會員各帶證件，稱曰「腰憑」，上面寫着四句詩：

五人分開一首詩，身上洪英無人知，自此傳得衆兄弟，後來相逢團圓時。

會員遍佈在海外各地，在滿清殘酷統治之下，成爲潛在的反滿勢力，後來且成爲清朝的大敵。

陳永華　香主所說的五祖，係指少林寺被焚時，倖免於難的五個和尚，分散各地，隱名埋姓，設天地會，以復焚寺殺戮之仇。始祖萬雲龍或暗指爲鄭成功，因爲鄭成功是決心反清復明的領袖人物，香主陳近南可能是陳永華，陳永華先後追隨成功父子反清復明，永曆卅四年（康熙十九年）鄭經參加三藩的抗清運動，失敗東歸，陳永華因遭馮錫範之讒，且當時鄭經沉溺女色，奸臣包圍，陳永華眼看到鄭氏統治不振的情形，可以推斷反清復明是無望了，永華離去東寧，與天地會的會員們，結合在一起，以新的方式，與滿清繼續作戰。據徐珂記載：

近南籌劃一切，以蘇洪光爲先鋒，以後五祖與前五祖爲中堅。令吳方，張楊林至龍虎山募集兵馬，整理後備。近南乃發令於次日進擊官軍。不意官軍至强，一戰而敗洪軍於山中。於是近南特開軍前議，決暫退至萬雲山，道經萬雲寺，爲其院長萬雲龍所知。雲龍即浙人胡德起也。貌魁梧，膂力過人，以少年曾殺人，懼罪爲僧；至此，見僧軍卻退，驚問其由，則大怒。謂胡人何無道至此，誓必滅之，以雪幼帝之恥。近南見其勇猛，以幼帝介紹之，命爲大哥。雲龍則歃血設誓，以示覆清與明不已，八月廿日再戰；雲龍提二棍，痛擊官軍，不幸於九月九日中矢而斃，餘軍見大哥被殺，皆潰，五僧乃潛匿。俟官軍去，燬雲龍尸，裹以紅絹，葬于山下，墓前有九曲河，後有十二峯，右有五樹，左有一樹，以爲標記。近南尊之爲達摩尊神，建三角形之萬年塔，密加刻劃之九話塔各一。事畢，乃遍覓幼帝，而不知其蹤，乃相與議後事。近南曰：「近頃大敗以來，知時機未至，滿清尚不能覆滅；然不久必亡，明當復興，幸勿遽萌懈志。惟勸諸兄弟暫時解散，隱遁江湖澤間，靜以待時。予今亦暫與諸君別，遊歷各地，以觀時機。如洪家有可告成之豫定日期，尙望必來，勿爽約也」。遂對衆作禮而去。於是諸黨徒四出運動，臨別作詩，詩曰：「五人分開一首詩，身上洪英無人知，此事傳得衆兄弟，後來相會團圓時」。此即黨人所持以爲會員之證者。散後，周遊各省。後於惠州高溪廟再圖大舉，然頭目生存者僅蘇洪光一人，未幾亦死。旋傳蘇洪光復生，其所以復生之故，傳說亦至爲詭異。然要不離復明之思想，借以爲收拾人心之計而已——哥老會及其他秘密會社，傳說雖略有差異，而其言焚寺斃僧，以逃出之五僧作爲五祖，圖復仇於萬一，則出於一。（同前）

第三節　哥老會的組織與宗旨

哥老會眞相　反淸的地方組織，除了天地會外，還有哥老會，或稱哥弟會，約成立於乾隆年間，當時有些義士，見滿族統治中國日久，茫茫神州找不出一塊復明的根據地。於是有富於思考的義士，遂託言東海有理想國度，表示不食淸朝的食糧，不居淸朝的土地，不當淸朝的順民，這個理想的組織就是哥老會。哥老會的會員們，通稱爲洪家兄弟，秘密名册，稱海底，機關部，稱碼頭，頭目稱掌舵，或正龍頭，下設副龍頭。其次爲坐堂，陪堂、刑堂、理堂、執堂、稱爲五堂，又有盟證及香長，共稱爲內八堂，排行次序，老大行長，心腹，及聖賢行二；次爲當家行三，次爲管事行五，次爲福祿行六，次爲巡查行八，次爲大九，小九行九，次爲大么，小么（老么）行十。稱外八堂。會中不設老四老七二位。相傳這兩位曾叛變，因此廢而不設。每一碼頭，照慣例由老大當掌舵，總理碼頭事務，掌舵命令，衆兄弟無不服從，老三經理內部，老五負責外部，老八以下，稱一般會員，會員不講身份，凡有志反淸復明的中國人，不論士農工商，貧富文武，社會各階層人等，都得師傅，充當會員，祗有血統不純潔以及剃頭匠，轎夫，伶人不得入會，全會分仁義禮智信五級，稱爲五門，每門各有傳位的家法，初入門時，輩份低微，逐漸升至仁字輩哥老會的宗旨，在團結漢族人士反清復明，因此最重兄弟義氣，對龍頭須絕對服從命令，對會員親如手足兄弟，遇事須盡力協助。在滿清壓迫漢族的時代，這種地下組織，確有深長的革命意義。

哥老會成立於乾隆年間，延續到咸豐年間，曾參加洪秀全的大抗滿復漢運動，至清末興中會成立，大部份會員又參加國民革命運動了。

第四節　朱一貴林爽文的抗清運動

朱一貴起事　康熙十三年七八兩月，天地會發動的抗清運動，都失敗了。此後清政府防範嚴密，同時天地會會員們的活動範圍擴大，精神緊張，於是，反清復明的民族革命種子，也普遍的散佈在江南各地。臺灣孤懸海外，清朝的統治力，不若初佔臺灣時那樣的嚴厲，到玄燁晚年，一切政令都鬆弛下來，因此發生朱一貴領導的抗清運動。

康熙六十年四月，朱一貴、黃殿、李勇、吳外聚數百人，據岡山發難。一貴原爲福建長泰人，家貧好友，來臺畜鴨爲業。一貴編鴨成隊，朝出晚歸，類似部勒士兵，遠近村民，大爲驚異。黃殿等與人過從，因一貴姓朱，共推爲頭目，稱爲朱大元帥，以鋤鐮爲兵器，擊敗清軍，七日之間，佔領全臺。清朝官員紛紛逃亡福建，也有降一貴的；這時一貴有衆卅餘萬，自稱中興王，建永和年號。時有漢奸林臬劉化鯉等密結清投降的游擊劉得紫，謀內變，策應福建清兵。一貴嚴禁軍士淫掠，其部將杜君英不聽，率衆數萬，搶奪婦女財物，一貴憤怒，與之戰。正在內鬨之際，清水師提督施世驃，總督覺羅滿保，渡海東攻，六月朱一貴抗清運動，又被清軍鎭壓下去了，當時流言曰：

頭戴明朝冠，身穿清朝衣，五月稱永和，六月歸康熙。

朱一貴的抗清運動，因內閧而失敗，此後臺灣平靜六十多年。到乾隆五十二年，又發生林爽文的抗清運動。

林爽文起事 林爽文是彰化縣天地會的首領，起兵攻彰化諸羅兩縣。莊天田攻鳳山，旋合兵攻承天府，清總兵官柴大紀聚鄉民守諸羅城，爽文攻半年不下，弘曆帝令福康安，海蘭察率兵來臺，才消滅了林爽文的民族革命軍。據徐珂記載：

林爲彰化大理村人，爲三合會大頭目。數十年間，土人多黨於三合會，以免地方官暴政者，忽爲大吏所聞，即令總兵柴大紀率軍三百勦捕，於是林與土人起而拒捕。某夜突擊官軍營，破之，斬其司令官，陷彰化。旋又進攻各地，圍守諸要隘，絕官軍糧道，官軍久爲所苦。及福建提督黃某，總兵普某至，夾擊之，遂大敗，退保大理村。中途遇伏，幾至全軍覆沒。林爽文擧家遠遁番夷中。（同前）

柴大紀自持守城之功，見福康安不跪，康安不快，密奏大紀奸詐難信，前後奏報不實，弘曆下令逮大紀解京，以紀律不嚴罪梟首。

比較正確的推斷 吾人於前面之記載，難以置信之處過多，如福建莆田當時是否有少林寺，抑日後建造尙待考證。清代大學士無陳近南其人，廷臣中亦無張近秋，陳文耀其人，鄭君達究爲何人？是否參加雅克薩之戰？後官湖廣何地？萬雲寺在今何處？凡此種種，皆爲無徵之傳說，不能視爲信史，然據此無徵之傳說，宜爲可信之推斷：

①福建莆田少林寺影射鄭芝龍的故鄉福建泉州。

②鄭君達平西魯有功被殺，暗示鄭芝龍降清被殺，鄭君達即指鄭芝龍。

③洪門兄弟拜萬雲龍爲大哥後，即與清兵作戰，不久中矢死，鄭成功起兵亦與清兵戰，失利後收復臺灣，不久病死，萬雲龍即鄭成功。

④所謂前中後五祖，即暗示洪家兄弟在危難之際與會，義士前後相承，紛紛不絕，表現天地會的精神，義氣結合，綿延萬代。

⑤清兵入關，明末義士，多薙髮爲僧，所謂少林僧應募討征西魯，有功於國，反遭殺戮，意在激起人民公憤，永不事清。

⑥清兵焚寺殺僧，原在畏懼僧人武技，因此鼓勵人民習藝，在滿清嚴酷統治之下，人民祇有以武藝始能對抗滿族的統治。

⑦鄭成功是反清復明的導師，成功死，其子經繼立，經死，其子克塽降，領導中斷，乃提出朱洪竹，謂反清復明運動的領導者，代有其人，相繼不已。

⑧陳近南即陳永華，前面說過了。

⑨西魯即西方的羅剎，討西魯，即討羅剎。

吾人就當時之政治情形，作如上之推斷，雖非正確，不致與事實相去太遠。在史料闕如之今日，惟有如此解釋天地會，才能將鄭成功的反清復明運動與洪秀全的反清復漢運動，聯成一氣，綿延不絕，滙合而爲三百年的民族革命傳統。

臨刑賦詩　張煌言

海甸縱横二十年，孤臣心事竟茫然，桐江空繫嚴光釣，震澤難回范蠡船，

生比鴻毛猶負國，死留碧血欲支天，魯戈莫挽將頹日，敢望千秋青史傳。

第八章　十九世紀的世界列強與大清帝國（嘉慶元年—道光十八年）（一七九六—一八三八）

十七世紀中葉，滿清開始統治中國，創立大清帝國，經過一個半世紀以後，這個帝國已轉入日趨衰落的階段，但在此同一時期，西方政治革新，技術進步，產業發達，具有雄厚的力量，向世界任何一個角落裏發展，充分表現出一種征服精神，朝着東方衰落的帝國奔馳而來。

本章先敍述十九世紀的世界列強，次敍英國地位的優越，最後再敍述大清帝國的衰落，與反清運動的擴大，藉以明瞭鴉片戰爭以前的中國與世界列強的懸殊。

第一節　十九世紀的世界列強

十七八世紀的歐洲，實現民主政治，擴大產業革命，使歐洲有力量向外發展，這就是十九世紀世界列強的由來。

英吉利　自一六四二—一六八八年兩次革命後，政治已上軌道，限制君主權力，建立議會制度，以機器代替人工，使國內工商業發達，以重商主義向外發展。英國於英法七年戰爭（一七五六—六三）後，更取得地中海的直布羅陀 Gibraltar 和米諾卡 Minorca 島上的馬洪港 Portmahon，兩險要，同時又得北美洲法領加拿大諾法斯科西亞 Novasctia 和西印度群島中的一切法領諸島。一七六〇—一八二〇年喬治三世 George III 當政，一七八三—一八〇一年庇得 Pitt 做首相，一八三七—一九〇一年女王維多利亞 Victoria 當政六十四年。巴馬斯頓 Palmerston 狄斯瑞里 Disraeli 相繼爲首相、前後二朝，君臣長於治理，國勢蒸蒸日上，鴉片戰後，英國對中國的侵略，從未放棄過任何機會。

法蘭西　法國在路易十四 Louis XIV（一六四三—一七一五）時代，煊赫一時，路易十五 Louis XV（一七一五—一七七四)繼位無能爲力，窮奢極欲，國庫空虛。路易十六 Louis XVI.(一七七四—一七九二)嗣位，政務更弛。在大革命中，法國的國際地位，乃爲歐洲聯軍的衆矢之的。維也納會議，法國復躍爲歐洲列强之一，經過一八三○年，一八四八年兩次革命，拿破崙三世秉政野心正熾，在西方參加克里米亞戰爭，在東方與英國侵略中國。一八七○年法蘭西第三共和國成立，國力充沛，也隨時把握着侵略中國的機會。

俄羅斯　彼得大帝 Peter The Great (一六八九—一七二五)時代，輸入歐化，開放門戶，得到波羅的海黑海的霸權，國勢大振。一七六二—一七九六年女沙皇迦斯琳 Catherine 當國，承襲彼得一世的侵略計劃，與普奧三度瓜分波蘭，使俄國的國際地位更形鞏固。亞歷山大一世 Alexander I (一八○一—一八二五)參加歐洲聯軍，對革命的法國作戰，戰後與奧操縱政局。尼古拉一世 Nicholas I (一八二五—一八五五)竭力侵略東方，經營黑龍江，迫訂璦琿條約，乘英法聯軍之際，迫訂中俄天津北京條約，獲得中國領土與經濟權益。亞歷山大二世 Alexander II (一八五五—一八八一)時代，已完成俄國的工業革命，尼古拉二世 Nicholas II (一八九四—一九一七)時代，簽訂中俄密約，帝俄勢力侵入東北。落後的俄羅斯一變而爲帝國主義，躋於列强之林了。

普魯士　普國在腓得烈大帝 Frederick The Great (一七○一—一七一三)時代，軍事組織完備，把勃蘭敦堡 Brandenburg 和普魯士領土合併起來，國基鞏固。在十八世紀的列强中，佔有一席地位。到腓得烈二世 Frederick II(一七四○—一七八六)曾與俄奧分得波蘭土地，國勢增强。拿破崙橫行歐洲，普魯士參加聯軍與法作戰。維也納會議後，普有志統一德意志聯邦，驅逐奧國勢力。威廉一世 William I (一八六一—一八八八)時代，用俾斯馬克 Bismark 爲首相，戰勝奧，再戰勝法，普王威廉一世加冕爲德意志皇帝，創造德意志帝國，工業發達，武力充實，遂從事海外競爭，到十九世紀末，始向中國侵略。

美利堅　一七七五年北美殖民地十三州人民爭取獨立與英血戰八年，至一八七三年戰事結束，開始建國一面從事工業建設，發展西部；一面擴張領土，統一南北，經八十年的努力，國勢隆盛，經濟繁榮。十九世紀中葉，也有力量向外發展，一八五三年曾派培理 Perry 將軍訪問日本，因其來中國較遲，故其主張「門戶開放，機會均等」。

日本　十九世紀前半期，日本持鎖國主義，與外隔絕，只與西班牙，荷蘭有通商關係。英、法、美、俄諸國皆未發生關係。一八五三年美國培理將軍率艦來日叩關，當時日本德川幕府失敗，無力抵抗侵略，遂使日本有志之士，奔走呼號，主張王政復古，逼幕府還政於明治天皇。一八六七年明治力主改革，實行歐化，改革後不到二十年，國力增强，乃向朝鮮侵略，一戰勝中國，再戰勝俄國，日本軍閥從此坐大，遂以中國大陸爲其侵略目標。

以上這六個國家，都是十九世紀的列强，與近代中國關係密切，運用各式各樣的方式，壓迫中國，使中國降爲次殖民地之地位。

此外還有奧國，義國，也是十九世紀的列强，不過他們對中國的侵略，僅參加了八國聯軍，在辛丑和約上獲得若干利益而已。

第二節　英國地位的優越

海上的驕子　十七世紀末，重商主義抬頭，十九世紀開始，產業革命成熟，生產過剩，資本主義興起，各國政府獎勵出口貿易，有向海外發展之迫切要求。

十五六世紀的時代，東西兩大航線完成，由歐洲到美洲，到亞洲，商道暢通無阻，於是各國政府獎勵商人，經營海外貿易，覓取金銀，以增國富。

十六世紀以來，葡西荷法英諸國，對海外經營，不遺餘力，以英法等國對外貿易的大公司爲例證：

一五五五年英國設俄羅斯或莫斯科公司 The Russia or Muscovy C. 一五八一年設土耳其公司 The Turkey Co. 一五八八年設幾內亞公司 The Guinea Co. 同年設摩洛哥公司 The Moroco Co. 一六〇〇年設東印度公司 The English EastIndia Co. 法國自一五九九年到一六四二年的時代，所設對外貿易之公司大者約二十所，其分佈之區爲加拿大 Canada 西印度 West Indies 非洲西岸 The West Coast of Africa 馬達加斯加 Madagascar 及東印度等地 The East Indies 等地。

這些公司的設立在證明英法諸國在重商主義之下，經營海外貿易，繼向海外發展殖民事業。英國先戰敗海上敵人荷蘭與西班牙。到十八世紀初，英國獲得海上的優越地位。

同時能與英國在海外殖民事業上競爭的，只有法國，因爲法國在路易十四統治時代，實力雄厚，中央政府强大有力，在歐洲，路易十四企圖恢復法蘭西的天然疆界，在海外則竭力發展殖民事業。到路易十五時代，即與英國殖民事業發生衝突，在歐洲，印度與美洲連續發生戰爭，在十八世紀後半期，七年戰爭結果，英國又戰勝法國，英國遂成爲海上的驕子了。

工業生產激增 十九世紀之初，各國產業革命的發展，程度略有不同，然在大體上都有了向外發展的要求，尤以英國爲甚，英國因爲地理關係，產業革命發生特早，到十九世紀初期已達成熟階段，以其生產增加的數量爲例：

英國出產量的增加就紡織品言，一八一九年到二一年單位以千磅計，有一〇六，五〇〇。一八二九到三一年有二一六，五〇〇。一八四四到四六年有五二三，三〇〇。二十餘年間增加五倍以上。再就織品而言，單位以千磅計，一八一九到二一年有八〇，六二一。一八二九到三一年有一四三，三〇〇。一八四四到四六年有三四八，一一〇。二十餘年間增加了四倍以上（以上數字轉錄自 A. Hobson, Evolution of Modern Capitalism 增補章）。

輕工業進步了，重工業便隨着進步，例如紡織業機械之製造，便已入重工業範圍，英國重工業的進步，可拿鐵產的增加作例：

一七四〇到八八年時代，英國每年平均的鐵產量，由一七，〇〇〇噸到六八，〇〇〇噸，四十餘年間增加四倍以上。到一七九六年每年竟有一二五，〇〇〇噸，十二年間差不多增加了一倍（以上數字轉錄自 Ogg and Sharp: Economic Development of Modern Europe 一三八頁）

出產量增加，對外貿易便又隨着擴大。

一八一九到二一年，英國每年出口的紡織品，有一五，七四〇，〇〇〇磅。一八二九到三一年有一八，〇七四，〇〇〇磅（數字轉錄自 A.Hobson: Evolution of Modern Capitalism 增補章）。自一八〇二年以後鐵的出口也有了，一八〇六年產鐵二五〇，〇〇〇噸，一八一五年出口竟達九一，〇〇〇噸（數字轉錄自 Ogg and Sharp: Ecomomic Devolopment of Modern Europe 一三八頁）。

由重商主義與產業革命而增加的出口貿易，兩者前後相接，遂造成英國向外發展的必然趨勢，其他各國雖與英國不完全相同，但向外發展的需要相同，至少法國與英國，並駕齊驅。

西方列强向外發展的目標，是向世界各處尋找市場，取得原料謀獲商業利益，建立殖民地。爲了達到這經濟榨取的唯一目標，不惜使用武力，政治、外交、文化以及其他手段向着殖民地，進行經濟剝削，這就是帝國主義一詞的涵義。十九世紀的西方列强都是帝國主義、他們向東方發展，中國就成了他們經濟剝削的對象了，那時英國是西方帝國主義的驕子，竟先以加農砲向中國叩關，擊破中國自給自足經濟的藩籬。

長期安定的機運　一八一五年維也納會議之後，歐洲秩序恢復，各國王室照舊統治原來的國家，因此法國波奔王朝 Bourbon 的路易十八 ouis XVIII，重返法國，而以憲法敷衍人民，和平業已獲得；後來查理第十 Charles X 連這一紙憲法都不重視，遂發生了一八三〇年的七月革命。路易腓力浦 Louis Philippe

取查理第十而代之；一八四八年又發生推翻路易腓力浦的二月革命。這二次革命的意義，就是中產階級戰勝舊勢力。法國革命爆發不久，革命潮流普遍歐洲，在意大利，德意志，波蘭，比利時等地都發生革命運動。當歐洲陷於長期戰亂中，而英國却再度實現中產階級的改革。一八三二年英國議會通過法案，結果使農民工人獲得了選舉權，選民由四十三萬五千增加到六十五萬六千，此次改革，中產階級參加國會，英國國會支持政府，遂發生向外發展的傾向，較前更爲有力，更爲積極，這是英國的特殊情形。當時歐洲各國，於拿破崙戰後，元氣未復，且長期陷於革命之中，向外發展無此力量。而英國此時工業革命成熟，民主勢力高漲，工商業發達，海上佔着優勢，遂向中國以武力叩關，推銷商品與鴉片，中國被迫應戰，此一戰爭，史稱鴉片戰爭。

第三節　大清帝國之衰微

顒琰—嘉慶帝（一七九六—一八二〇）高宗弘曆第十五子，乾隆六十年受禪，改元嘉慶，在位二十五年死去，年六十一，葬昌陵。

旻寧—道光帝（一八二一—一八五〇）仁宗顒琰第二子，嘉慶二十五年繼位，改元道光，在位卅年卒，年六十九，葬慕陵。

自嘉慶元年至道光十九年（一七九六—一八三九），這四十四年間是大清帝國的轉捩時代。此一時期的政治，經濟，社會，學風及其統治的邊族，都發生劇烈的變化。

嘉慶，道光兩朝的統治權力，似已達山窮水盡的境界。中樞無能，權臣昏庸，地方官吏敷衍塞責，改革無從着手。政治上的腐敗勢力，侵襲社會各部門，起了腐蝕作用，造成全國性的黑暗。

官僚政治　清代建立絕對君主制度，令臣子視君主爲天神，具有無上權威，做官的多數爲身家之謀，只有唯唯諾諾，敢言者極易招禍，故不能不遇事敷衍，漸漸養成官僚習氣。在政治上負責的都是有官僚習氣的人，這種政治就是官僚政治。

學術與政治脫節 玄燁倡導理學，推崇朱子，但對於朱子的「天下爲己任」的精神，極力排斥。祇知道利用程朱的招牌，以八股取士，決不讓學者當眞的倣法程朱，過問滿族政治，所以當時的學者，如吳派惠棟，王鳴盛、錢大昕，汪中；皖派戴震，段玉裁，王念孫，王引之輩專心訓詁漢學，表示消極的反抗。後來弘曆一面獎勵考據學。一面大興文字獄，如此使學者閉口不談朝政，而爲純學術之考訂，使學者鑽入故紙堆中。爲學問而學問，放棄經世致用的精神，於是學風敗壞，學術遂與現實政治脫節。程朱以天下爲己任的抱負，也只能做到消極的不昧良心，明哲保身而已。清朝的暴政，將學風轉移，便與現實政治毫不相干，至於循科舉之途而求祿位之人，又多無高瞻遠矚的胸襟。祇是不顧廉恥的做官而已。乾嘉以後的學風興盛，而吏治窳敗，士大夫無行，正是因爲學術，不能指導政治之故。清代的漢學家，不但忘記了治學經世的目的，而且忘記了學行一致的精神。結果，學術變了質，不能指導政治社會的前進，不能培養正直的人才，而產生貪庸無恥的士大夫，一般學者於支離瑣屑的鑽研中，復誤解中庸之道理，養成一種「模稜兩可，似是而非」的習性，正如曾國藩所謂「不黑、不白、不痛、不癢之世界」。

優待滿人之下場 滿族政府歧視漢人，以位高祿厚優待滿人，忘記皇太極「國語騎射」的遺訓。同時皇室，宗室，八旗都佔莊田，旗人不論貴賤，都不可耕種，招漢人代佃，坐收租息。此種政治養成了滿人的悠閒，怠惰，無所事事。結果使滿人舉族成爲浮食的游民，喪失八旗當年的強悍性格，不若入關前，那樣驍勇善戰了。

八旗綠營腐敗無用 爲清朝打天下的是八旗兵，所以對八旗官兵的待遇，也高於綠營官兵三倍以上。在胤禎時代的八旗子弟，已經開始賭博，進戲園，酒館，鬪雞，鬪鵪鶉，鬪蟋蟀，僱人當差，放印子錢，典賣田地房產，逐漸成爲遊蕩子、破落戶。既不能自食其力，又不能騎射當兵。顒琰時，滿蒙漢八旗人口約有一百五十萬，完全依靠口糧，苟且度日，不僅不能支持清朝的統治，反而拖累政府，付出巨額的糧餉，財政上的困難，日益加深了。

至於綠營兵，開始成立就建築在腐朽的基礎上，但是除了八旗兵之外，還算得是清朝第二個可靠的武力。到嘉慶年間，已腐敗到極點了，據魏源說：

臨陣，輒令鄉勇居前，綠營兵次之，滿兵又次之。而賊營亦先驅難民抗我先行。其眞賊皆在觀望。故鄉勇日與難民交鋒，而兵賊常不相值。及戰勝則後隊弁兵，又攘以爲功，而衝鋒陷陣之鄉勇，反不得與。（魏源著聖武記川湖陝靖寇記）

食之者衆生產量少 多爾袞納范文程建議，除明苛政，行一條鞭法（納一定賦稅，所有運輸，募役等費，由官主辦，民不預聞）免去雜徭，這種措施，確是一種討好人民的寬政。康熙五十年詔令，以後滋生人口，永不加賦。此後丁銀有定額，田賦亦有定額。雍正時，歸併而爲地丁稅丁稅，田賦一併徵收。人民沒有徭役的煩擾，無須匿報戶口。官府對新增人口，無利可圖，自然不注意戶口實數了。

清初於大屠殺之後，田地有餘，耕者可安居樂業，歷時百年。人口自然大爲增加，據皇朝文獻通考的記載：康熙五十年至道光廿一年（一七九三—一八四一）百三十年間人口增加約十七倍，田地僅增加一倍。過去每人平均耕地二十餘畝，今則二畝多，近十人耕一人之地，生產雖稍有增加，因食之者衆，生產量少，生活自然感受困苦。於是貧窮失業的人，日漸增加。當時政府又無適當辦法處理。這些人唯一的出路，只有參加反清活動以求食了。

庫藏空竭 清政府財政方面，康熙六十一年，戶部庫藏八百餘萬兩。雍正年間積至千餘萬兩。自西北兩路用兵，動支大半。乾隆初，戶庫不過兩千四百餘萬兩。及新疆開拓，動帑三千餘萬兩，（而戶庫反積存七千餘萬兩，及四十一年兩次用兵金川，費帑七千餘萬兩。然是年詔稱仍藏六千餘萬兩。四十六年詔稱又增至七千八百萬兩。且普免天下錢糧四次，普免七省漕糧二次。巡幸江南六次，共計不下二萬萬兩；而五十一年之詔，仍藏七千餘萬兩。又逾九年傳位顒琰時，庫藏不減。

嘉慶以前，歷朝每歲收支總數，變動不大，除漕糧外，共約四千八百餘萬兩。支出軍費，共約九百五十四萬兩，支出地方經費二千五百餘萬兩。在嘉慶以前，歷朝收支每年都有盈餘。這說明清朝統治的經濟基礎，確很穩固。

嘉慶以後，計先後用兵九載，消滅苗猺回疆，白蓮，天理等反清運動，費幣計二萬萬兩。政府開支龐大，收入不敷支出，庫藏空渴，財政匱乏。銀價驟貴，每兩換大錢一千三四百文，道光年間，每兩銀換二千文（乾隆初年每白銀一兩換大錢七百文。銀價漲了二三倍，這便是政府府庫空虛的證明。

民族政策的錯誤　清朝於國內各民族之間，行挑撥離間政策，「使之自相殘殺，坐收漁利。對於蒙古西藏，利用喇嘛教，以消滅其尚武精神。甚而想滅絕其人種。對漢回各民族，「除用政治與宗教的方法控制外，並以旗兵鎮壓。對苗民以改土歸流政策，迫其接受滿族的統治。滿清政府推行這種狹隘的民族政策，所得到的結果，使邊疆民族對於滿清始終存着恐懼戒備之心，不能團結一致；俟滿族統治力削弱時機，乃紛起反抗。

以上七種因素，鑄成清帝國的中衰。

和坤跌倒嘉慶吃飽　弘曆在位六十年，傳位十五子顒琰，史稱嘉慶帝。嘉慶四年，弘曆死，顒琰殺和坤，沒收財產，分散與滿洲貴族，如慶郡王永璘得和坤住宅，成親王永瑆得和坤花園，其他親貴們都分些贓物和贓財。分着的都很滿意，分不着的不免力爭，如毛邃自薦的副都統薩彬圖，奏請准其審訊管理和坤金銀的女僕，希圖獲得線索，去發掘和坤宅內地窖。結果被顒琰斥責不准，顒琰特派查抄官去查辦，據進呈清單所載，估計其家財約八百萬萬兩，抵全國當時歲入十年來的總額。堪稱歷史上空前的大貪汚案。和坤貪汚案辦理完畢以後，民間盛傳「和坤跌倒，嘉慶吃飽」之謠，這是中樞君臣爭利的實例。

三年知府十萬白銀　嘉慶十四年，淮安府首縣山陽縣知縣王伸漢報災，虛報戶口名册，冒領賑款三萬兩，江南總督保勝得報，派候補知縣李毓昌調查屬實，伸漢以巨金賄賂，毓昌不納，淮安知府王轂代爲斡旋，毓昌仍不受，伸漢之僕人包祥買動毓昌隨從二人合謀，置砒霜於茶湯中，毓昌飮之夜半腹痛，以褲帶縊死；王伸漢遂燒毀查賬文件，送知府王轂銀數千兩，及僕人若干，報稱李毓昌發瘋，自縊身死，保泰不察，如此了事。地方官吏貪汚，民間也有流言「三年清知事，十萬雪花銀。」這是地方吏治腐敗的實例。

章學誠議論時弊　關於中樞的腐化，與地方官吏之窳敗貪汚，已爲普通現象。當時也有助君澤民的官吏們，針對時弊，發表議論，奏諸皇帝，希望有所改革。如漢學大師文史通義著者章學誠上執政論時務書曰：「自和坤用事，上下相蒙，惟事婪贓黷貨，始則蠶食，漸至鯨吞，初以千百計，俄而非萬不交注矣，俄而萬且以數計矣，俄而數十萬計，百萬計矣。一時不能猝辦，由藩庫代支，州縣徐括民財餘款。貪墨大吏，胸臆習爲寬侈，視萬金呈納，不過同於壺簞餽問。屬吏迎合非倍往日之措羅剔括，不能博其一歡。知情知虧空爲患，而上下相與講求彌補，謂之設法，設法者，巧取於民之別名耳；旣講設法，上下不能不講通融。州縣有千金之通融，則胥吏得乘而牟萬金之利，督撫有萬金之通融，州縣得乘而牟十萬之利，種種意料難測，筆墨難罄之弊，皆由設法而生。（見章氏遺書卷廿九外集二）

章氏此論，把當時官場的眞實情況暴露無遺了。

道光廿一年據劉容目擊之政治情狀，其言曰：「今天下之吏亦衆矣，未聞有以安民爲事者，而賦歛之横，刑罰之濫，朘民膏而殃民者，天下皆是。……」（養晦堂集）

曾國藩說：「十餘年間，九卿無一人陳時政之得失，司道無一摺言地方之利弊」。

綜合章學誠，劉蓉、曾國藩諸人的言論，使我們對那一時代，有一肯定的認識，即在鴉片戰爭以前，顒琰旻寧統治下的帝國，已經腐敗到「上下交爭利」的極點了。

第四節　反清運動的擴大

國運轉變　清代的盛衰，當以乾隆時代為關鍵。從世祖入關，至三藩平定，這四十年是清代的創業時期。自三藩亂平，乾隆四十年是清朝極盛時代。就政治來說，高宗即位之初政治號稱清明，但到晚年，和珅用事，乘弘曆怡情聲色之時，竊秉大權，貪贓枉法，無惡不作，一時政治的腐敗，達到極點，貪汚風氣，駭人聽聞，人民的痛苦，自不待言了，就財政言，高宗承祖宗的餘蔭，自持國庫充實，便任意揮霍。一面好大喜功，軍費所耗，動以千萬計；一面侈心廣欲，屢次南巡，疲勞地方，以致庫藏空竭，財政匱乏。就軍事言，清初八旗兵本來強悍善戰，及三藩亂起，旗兵已腐敗不能用，綠營兵代之而起；及大小金川亂起，綠營兵也暮氣沉沉，沒有作戰能力了。這種種原因，造成清室中衰的局面，所以到乾隆晚年，抗清運動就相繼發生了。

在乾隆中葉，便已發生，不過沒有釀成大變罷了。到了末年，因苗民首先發難，於是白蓮教之亂，海盜之亂，回疆之亂相繼而起。

苗亂　苗疆自改土歸流後，因官吏治理不善，官吏與苗民常常發生衝突，乾隆六十年湘、黔邊地苗民紛起叛變，倡言「逐客民，復故地」，川、湘、黔三省邊境同時戒嚴，弘曆派兵進剿，無效。嘉慶時傅鼐總苗疆事務，力主根本解決，修碉堡，破苗寨，收苗械廣屯田，設書院義學以教苗民，經營十數年，苗事始大定。

白蓮教　白蓮教是秘密會黨的一種，起源於元末，清初教徒劉之協糾衆謀叛，事敗逃去。嘉慶初年，荆州，宜昌一帶白蓮教餘黨「以官逼民反」爲辭，起而作亂，鄂，川，豫，陝等省教徒，都紛起響應起事，蔓延極廣，額琰定勦撫方略，合官兵鄉勇之力，才將白蓮教的反清運動，次第肅清。

海盜　當白蓮教騷擾西北，安南阮氏因財政困難，招納沿海亡命之徒，令入海刼掠商船，一時海盜風起，粤浙閩三省沿海一帶，備受蹂躪，直至嘉慶年間，才先後討平。

回亂　清自平定新疆後，設官治理，但因官吏治理不善，回民很表不滿。嘉慶末年，回民首領張格爾糾衆入寇，連陷喀什噶爾，聲勢浩大。直至道光時楊芳奉命往討，才將張格爾捕獲，亂事始平，後來回民又有兩次寇邊的事情，幸旋起旋滅，未成大禍。

本章結論　十九世紀的世界是革命而又進步，當時的中國是落後而又腐敗，兩相對照，成了截然不同的兩個世界。彼時西方人士，不瞭解中國，大清帝國的官吏，對於西方國家的眞實情況，更是茫無所知。

然而十九世紀的世界列强與滿清統治式微的中國，發生武裝衝突，鴉片之戰影響近代中國的發展，極爲深切。戰後大清帝國最顯著的現象，爲中樞的腐敗，地方的糜爛與外患之頻仍。這三種現象，相因迭乘，削弱滿族的統治權力，使帝國的命運日趨衰落，其眞實情狀，正如道光十五年御史常大淳奏疏所云：「直隸，山東，河南間有教匪，輾轉傳習，惑衆斂錢。遇歲歉，白晝夥搶名曰均糧。近年間，或拏辦，不斷根株。湖南之永州，彬州、桂陽、江西之南安，贛州與兩廣接壤，均有會匪結黨成群，動成巨案」。

甲辰八月辭故里　　**張煌言**

國亡家破欲何之。西子湖頭有我師。日月雙懸于氏墓。乾坤半壁岳家祠。
漸將素手分三席，擬爲丹心借一枝。他日素車東浙路，怒濤豈必屬鴟夷。

第九章 帝國主義初次侵略——鴉片戰爭（道光十九—廿二年 一八三九—一八四二）

第一節 鴉片戰爭的意義和起因

一件大事 鴉片戰爭是中國近代史上一件大事。由於這次戰爭，不但使我國的政治，經濟，社會乃至於思想各方面，都起了劇烈的變動，而且使我國獨立自主，領土主權等，也受了嚴重威脅，逐漸淪於次殖民地的地位，從此內憂外患，紛至沓來，大淸帝國的基礎，也就在這內憂外患的夾攻中動搖了。

思想衝突 鴉片戰爭何以發生？析其原因有二：一爲中外思想的衝突；一爲通商問題的轇轕。在鴉片戰爭以前，中外的觀念完成不同，那時中國是東方的唯一大國，國力最强，文化最高，鄰近的小國都奉中國爲上國，而自居於藩屬的地位，所以那時東方的國際關係是上國與藩屬的關係。同時在西方的國家，本已互相侵略，及自遠洋航海成功以後，所遇美洲，非洲土人，大多知識文化程度較低，所以冒險航海都懷着掠奪侵佔的野心。到東方來的西人，也抱着同樣的殖民態度，而中國却依然以天朝自居，仍把他們當作琉球人，高麗人一樣看待。他們不來，我們不勉强，他們如來必尊中國爲上國而以藩屬自居，這個體統問題，天朝是絕不通融的，那時中國不需要聯絡外邦，且他們爲「蠻貊之邦」。不知禮義，與他們往來與否，都無好處，他們爲利而來，天朝施恩，許作買賣，藉以撫綏。倘若他們不安份，天朝就要停市，就要「剿夷」不以平等看待，不作對等貿易，這是中外思想觀念上的衝突。

通商問題 中外國際關係，最先發生衝突的就是通商問題，自乾隆以來，規定中外貿易，祇限廣州一處，祇准夏秋兩季，祇許十三家可以與外國貿易，買賣完了，必須到澳門去過多。十三行的行總，是政府指定的人員，官府的命令，都由行總傳給外商，外商呈官府的文件，也由行總轉呈，不許夷婦入廣州，不許坐轎，（官吏可通融）不許隨便出遊，逢八可以（即每月初八，十八，廿八，三天才可以）。更奇怪的是不許學中國文，讀中國書等。

那時外商，感到最討厭的，是海關稅率，朝庭規定只收百分之四，因爲政府不重視這筆收入，而官吏最守秘密，連正稅要收百分之二十，外商每次納稅，却要經過一番講價式的交涉。因此很討厭官吏的勒索，外商對中國的通商制度雖不滿意，因係中國定章，只好容忍。到了嘉慶初年，外人態度改變了，那時英國的東印度公司，操縱中國的海外貿易，在廣州英國居領導地位，因爲中國的通商限制，最不利於英國的商業發展，同時英國產業革命成熟，又戰勝了法國，獨佔印度的根據地，英國對中國的通商問題，需要和平解決。

一七九三年（乾隆五十七年）乾隆帝八十歲的這一年，英國派特使馬甘尼 Lord George Macartney 公爵來華。乾隆帝也很高興的迎接英國特使，但是以藩屬貢使看待，特製一迎接旗上寫 Embassador bring Tribute from the Country of England 要他行跪拜禮，馬甘尼表示要有條件的接受，如果中國派員向其帶來的英王畫像行叩拜禮，他就向乾隆帝行跪拜禮，其目的不外要求平等。乾隆帝不接受他的條件，他就拒絕跪拜禮，乾隆帝不快，接見之後，令其離京回國。馬甘尼的要求：①增開寧波廣州天津，舟山等通商口岸。②公開減低稅率。③派使臣駐北京。④予以舟山附近小島存貯貨物之地。⑤許英商居住廣州附近，自由出入。⑥許英人自由傳教。這六項要求，清廷都拒絕了，馬甘尼徒勞往返，初次交涉完全失敗。

十八、九世紀之交，歐洲正導演法國大革命，英國不暇東顧。待拿破崙戰事結束，英國再派使節亞墨哈斯 Lord Amherst 來華，其目的與上次無異，使節至圓明園，嘉慶帝允升殿受朝，傳使已病，不能成禮，帝怒却其貢，令其回粤，亞氏之來；不但對通商問題不能解决，其私人對中國的印象更壞，反增加中英問題的惡感。其時英商本商業立場，仍不願與中國破裂，不過英國體驗到這兩次交涉失敗的教訓，知道和平談判的路，是走不通了。

道光十四年（一八三四）英國派勞律卑 Lord Napier 爲駐華貿易監督，中國仍視爲夷目，其政府令其直接函兩廣總督，按諸慣例，夷目往來公文，必用稟帖，由行商轉達，律勞卑的交涉方式，與慣例相違，於是兩廣總督盧坤令行總迫其退出，十月死於澳門。其生前向英國報告說：「凡與中國交涉，當以武力爲後盾，否則徒耗時日耳」。

道光十六年（一八三六）英國任查理義律 Charles Elliot 爲貿易監督，以直接公函方式交涉，仍遭兩廣總督鄧廷禎拒絕，其時清廷禁煙勢盛，令義律禁止英商販運鴉片，義律去澳門，遂將中國禁煙情形，向其政府報告，並建議欲與中國開展貿易，取得平等地位，非以武力不能生效。此後英國對華政策一變。

鴉片問題：通商問題不得解決，是戰爭的遠因，鴉片貿易的糾紛，便是戰爭的近因。鴉片俗稱罌粟，又名阿芙蓉，唐貞元中由大食商人輸入我國，當時僅做藥用。明末此物復由葡商輸入，民間始漸有吸食的風氣。乾隆初年輸入的數量激增，政府雖下令禁止入口，但因官吏腐敗，輸入約每年四百箱，每箱約百斤，禁止內地商人販賣無效，嘉慶帝下令禁止入口，結果亦無效，到道光年間，問題愈形嚴重，鴉片輸入愈增，道光元年（一八二一）輸入仍有五千箱，到道光十五年就增加到三萬箱，值價約（一千八百萬元）。中國的現銀流出也愈多，金融上很受影響，於是全國上下都認爲是國計民生的大患。太常寺卿許乃濟主張弛禁，鴻臚寺卿黃爵滋主張嚴禁，其奏疏曰：「夫耗銀之多，由於販煙之盛，販煙之盛，由於食煙之衆，無吸食自無興販，無興販則外夷之煙自不可來矣。今欲加衆罪名，必先重治吸食，臣請皇上嚴降諭旨，自今年某月某日起至明年某月某日止，準給一年限戒烟，雖至大之癮，未有不能斷絕，若一年以後，仍然吸食，是不奉法之亂民，置之重刑，無不平允。查舊例，吸食鴉片者，罪僅枷杖，其不指出興販者，罪杖一百，徒刑三年，然皆係活罪。斷癮之苦，過於枷杖與徒刑，故甘犯明刑，不肯斷絕，若罪以死論，是臨刑之慘急，更苦於斷癮之苟延，臣知其情願絕癮而死於家，不願受刑而死於市。惟皇上旣愼用刑之意，誠恐立法稍嚴，互相告訐，必至波及無辜，然吸食鴉片是有癮無癮到官熬審，如非吸食之人，雖大怨深仇，不能誣枉良善，果係吸食，究亦無從掩飾，故雖用刑，並無流弊。」

這封奏疏上了以後，道光帝詔令合省督撫討論，各省督撫們，却感到太激烈。惟兩湖總督林則徐完全贊成黃爵滋的主張，這時道光帝始決定吸食與販賣都要嚴加禁止，並派兩湖總督林則徐爲欽差大臣，馳赴廣州，負責辦理禁煙事，但是那時鴉片輸入，不但是英人通商上的大利，而且是印度財政上的大宗收入，中國嚴厲禁煙，英人絕不願意，於是此不道德，不合法的鴉片貿易，便成了中英戰爭的直接原因。

這次戰爭，我們稱爲鴉片戰爭，英國則稱爲通商戰爭，双方都有理由，關於通商問題，英國竭力突破限制，中國硬要維持現狀。鴉片問題，中國力圖禁絕，英國則希望維持現狀，就當時大勢而論，這次戰爭是不可能避免的。

第二節　戰和局勢的進展

林則徐的禁烟　林則徐是當時政界聲望最高，辦事最切實的一個人。他於道光十九年正月廿五日行抵廣州，到任後即諭告外商曰：「利已不可害人，何得將爾國不食之鴉片，帶來內地，騙人財而害人命。」二月初八日，向外人宣佈兩點：①要把已到中國而尚未出賣的鴉片盡數繳官。②要英商出具甘結，保證以後不帶鴉片來華，如有帶來，一經查出，「貨盡沒收，人即正法」。外人初存望觀態度，到二月初十日，外商繳出一千零三十七箱，顯然應付公事。林則徐不滿就下令封鎖十三行，把行裏的中國人撤出，禁止出入，並且不許人賣糧給他們。十三行裏有二百七十六名外商，英國商務監督查理義律 Captain Charles Elliot 也在內。林則徐態度堅決，表示「若鴉片，一日未絕，本大臣，一日不回，誓與此事相終始，斷無中止之理」。又在義律住的中和洋行，貼了告示，就天理，國法，人情，事勢四點，勸洋商繳出鴉片。否則以義律是問，義律不得已只得屈服，令外商繳出鴉片二萬零二百八十三箱，則徐令焚燬於虎門海岸，歷三日始燼。至此外人始認識林公之鐵面無私。但關於出具甘結一事，義律堅不答應，於是一面向英政府請兵援助；一面令廣州英商退至澳門，以作戰爭的準備，雙方形勢，頓告嚴重。

則徐逼英商繳出鴉片後，即上奏道光帝，道光帝批其摺奏說：「卿之忠君愛國，皎然於域中化外矣」。義律退出廣州，而未具結，則徐覺得禁烟不够澈底，且知道英國人「腿足纏束緊密，屈伸皆所不便」（見其奏文）其戰鬪力不見得高明，又修築砲臺，購買器械，招募壯丁，加强戒備，則徐自信心强，有恃無恐。

第一次戰和 英政府接到義律的報告後，就派代表喬治懿律 George Elliott，大佐伯麥 Bremer 率領海陸軍東來，這時英國外相巴馬斯頓 Palmerston 是個好大喜功的帝國主義者，他訓令喬治懿律說：「不但要索還煙價，賠軍費，且要開通商口岸，取消通商限制，爭取邦交平等」。道光廿年（一八四〇）六月，英艦十六艘，加農砲五四〇門，軍士四千到廣東海面。因林則徐守備很嚴，無隙可乘，英艦隊便北犯厦門，連陷定海，寧波，進逼天津，京師大震。喬治義律抵天津，提出英政府的六項要求①償還貨值②開廣州，厦門，福州，定海，上海為商埠。③兩國往來公文用平等式。④賠償軍費⑤不得以密賣鴉片商累及無辜英商。⑥盡裁洋商浮費。如不獲得滿意答覆，不能停戰，直隸總督琦善，主張撫夷，因英外務部照會第一句是：To demend from Emperor Satisfaction address 譯成中文為「求討皇帝，昭雪伸冤」。道光帝誤認英使告御狀，於是清政府的態度突然轉變，竟責林則徐孟浪多事，辦理不善，將他撤職。

第二次戰和 八月，另派琦善為欽差大臣，懿律亦同意在粵會商。十一月六日，琦善抵粵，一反則徐所為，盡撤守備，懿律知其易與，要求割讓舟山，並要求償烟價六百萬元，琦善深知不能用兵，不能割地，進退無策，故意拖延。至十二月十五日，懿律不見回文，乃發炮轟擊海口砲臺，琦善大驚，竟許以割讓香港，賠烟價六百萬元，協議成立，英軍於道光廿一年一月四日（一八四一年一月廿六日）宣佈佔領香港。旻寧聞報，又將琦善革職，廿一年正月，詔令宗室奕山，尚書隆文，提督揚芳，督兵進勦，懿律聞各路清兵抵粵，於道光廿一年二月五日令英軍進犯虎門，佔領黃埔，砲轟廣州，揚芳等知要塞盡失，孤軍難以爲戰，奕山決定派廣州知府余寶純臨英陣請和，四月六日成立休戰條約。其條款爲：①允償烟價外，賠軍費六百萬元，限五日內交付。②官兵退出城外六十里③割香港事件，俟異日協商。④英軍退出虎門。⑤交換俘虜。

奕山上奏，含糊其詞，旻寧不知有割地賠款之事，清廷以爲戰事已解決了。一面加强防禦；一面追論林則徐謫戍伊犁。

休戰條約成立，廣州居民慶幸，英軍大肆刼掠，人民憤慨，自動集合萬人在三元里，樹立平英團旗幟，欲襲英軍，聲勢浩大。

第三次戰和　懿律則認爲一時之休戰，必俟各項條款付諸實施，始能撤兵。於是懿律迫奕山正式定約，奕山以割香港賠款二事，朝廷不允答覆，懿律不滿，同時英政府亦不滿懿律簽定休戰條約，乃於道光廿一年六月改任全權僕鼎查 Pottingar 海軍少將巴克爾，陸軍少將臥烏古率軍艦廿六艘，士兵一萬五千人東來，英外相巴馬斯頓訓令其勿與廣州官吏談判，直接北上，七月英軍北犯厦門，八月復陷定海，總兵葛雲飛死之。繼陷鎭海寧波，欽差大臣裕謙死之。廿二年四月陷乍浦，五月陷寶山，上海，江南提督陳化成死之。六月佔鎭江，進逼南京，東南大震，清政府至此，戰守方略俱窮，不得不接受城下之盟了。

第三節　江寧條約與虎門條約

江寧條約的締結 當英軍直逼江寧，運大礮於鍾山之巔，爲碎城之計，朝廷大懼，乃決意與英言和，以耆英，伊里布，牛鑑爲全權大臣，於道光二十二年七月十四日起，與英全權璞鼎查會議於英國兵艦剛瓦利號上，歷十日至七月廿四日（一八四二年八月廿九日），締結江寧條約，其要點如次：

㈠開廣州，厦門，寧波，上海，福州等五口爲商埠，准英國派駐領事及英商携眷有自由居住貿易之權。

㈡割讓香港。

㈢中國政府賠償兵費一千二百萬元，煙價六百萬元，商欠三百萬元。合計二千一百萬元，分四年付清。

㈣秉公議定稅則，英商貨物自某港納稅後，即准由中國商人遍運內地，所經關口，不得重加課稅。

㈤兩國文書往來，概用平等款式。

此約批准後，次年九月，又於虎門訂善後條約，亦稱虎門條約，作爲江寧條約的附錄，把江寧條約中各款，更詳細規定出來：

㈠領事裁判權 英人居留中國犯罪時，可以不受中國法律的裁判，而受其領事官的裁判，此項權利稱爲治外法權，在國際通例上，祇給予外交官，一般人民均不得享有。但在江寧條約的附錄中明文規定：「英人如何科罪。由英國議定章程法律，發給領事官照辦，華民如何科罪，應治以中國之法」，這明白承認英國一般人民，在我國享有治外法權了。

㈡協定關稅 一國的關稅率，本應自行厘定，不必與納稅的外商協議，所謂協定關稅，使國家主權蒙受損害。江寧條約中有「秉公議定」稅則一條，附錄中更規定進口稅爲值百抽五，我國關稅，由是不能自主。

㈢內河航行權，一國的領海和內河，絕不容他人自由航行；但自五口開放後，英國兵艦便自由航行我國各口岸，後來長江重要商埠開放，外人兵艦更得自由航行於我國內河。

㈣租界的確立　五口開放後，英人在五口設領事，英商得携帶眷屬，住於五口，享有領事裁判權，日久便成爲租界。

㈤最惠國待遇　附錄中規定，以後我國對於其他各國，予以政治上或經濟上的利益時，英國即可援例享受，開後來最惠國待遇的惡例。

以上所指五項，包括了一切不平等條約的本質，後來歷次所訂的不平等條約，不過是江寧條約的擴大罷了。至於割讓香港，開我國領土割裂的惡例，影響國防甚大。

第四節　中國戰敗原因的分析

此次中國戰敗的原因，於四年戰爭中，清朝大小官吏所發表的言論，及應付戰爭的各種行動，可以很清楚的了解，列舉實例證之。

不明英國國情　戰爭期間及和議成後，琦善訪知英國女王擇配，奏曰：「是固蠻夷之國，牛羊之性，初未知禮義廉恥，又安知君臣上下」！

旻寧於迭敗之際，訪求安南人造船，以爲可敗英船，及得其人，毫無所用，而官吏仍信天下水師，以安南爲最强。迨英船退出寧波，往攻乍浦，奕經言其「恐懼逃走」。

御史蘇廷魁奏曰：「現在粵中傳聞有諸夷本國爲嗌呵喇（今譯孟加拉）攻破等語；嗌呵喇爲夷貨聚集之所，經夷佔據盡收其稅。嗌呵喇怨之最深，乘虛搗擊是以逆夷兵船，紛紛遁回援救」。

戰和政策不定　旻寧決定禁煙，即派林則徐爲欽差大臣，便宜行事，俟則徐奏請剿撫兼施，旻寧諭曰「卿等不可畏葸」。此即鼓勵則徐剿夷。殆英人北犯天津，又斥則徐辦理不善而罷黜；令琦善撫夷，琦善抵粵，英人要求過苛，清廷不許割香港，賠煙價，又主戰；英人北上犯寧波，上海，進攻長江，又主和。

曾一日兩次密令耆英便宜行事，從權辦理並曰：「此事但期有成，朕亦不爲遙致」。

官吏知識幼稚 林則徐奏語曰：「內地茶葉大黃，禁不出洋，亦能立制諸夷之命」。關於英人，林則徐言：「其腿足伸屈不便」；耆英稱：「其夜間目光昏暗」，道光批曰：「衆口一辭，信然」。監察御史駱秉章奏曰，「該逆兵自以象皮銅片護身上，刀刃不能傷；粵省人民以長挺俯擊其足，應手旣倒」。福建擧人黃惠田呈平夷策略中云：「逆夷由安海放桅而來，日食乾糧，不敢燃火；其地黑暗，須半月日始出口，方至息辣」（或指希臘）。廣西蔡家玕制英奏云：「英夷之所恃者，其船大，其礮堅……而不知船大則駕駛不靈，非風不行矣；砲猛則不能近接，不能抵放矣。倘我以戰船與之對敵，則彼砲得力而我必受傷，我惟以船小且多者，以分其勢，使之應給不暇，砲猛而無所用，船大而不能移，則彼失所恃而我操勝算矣」。

使用武器落後 劉韻珂於寧波失守上奏說：「該夷連發大砲轟擊不能抵禦」。欽差大臣裕謙奏云：「彼之船寬有三五丈不等，長有三四十丈不等，厚有尺餘，較我兵船及閩廣大號商船，均大至倍蓰。又彼之船篷鐵錨，機關便利，在大洋中行止甚速，隨處可以寄泊。我之船箬篷木椗，在大洋必須擇地而泊，此皆我之所不如敵者也」。奕山攻擊廣州，曾用三百餘門鐵砲及其他火器，謂「放逆夷大艇則不及，以攻三板則可中」耆英奏語：「我方器械不精，兵多未練」。

疆臣蒙蔽將領懦弱 奕山抵廣州，見英人勢盛即遣余寶純出城乞和，許償金割地，而上奏隻字不提。英軍攻鎭海提督余步雲亦不戰而遁。琦善至廣州遺書義律再申和議，議定草約，含混上報。浙閩總督鄧廷楨誇張戰果，上奏旻寧云：「所獲夷屍……當場斲剮，懸高砲台，共見共聞」。英艦駛抵南京，耆英等奏稱：「英將遣漢奸偷挖高堰」。高堰遠在高郵之北，英人殆不之知。揚威將軍奕經奉命收復浙東，失敗後揑造軍功，旻寧批其奏文曰：「不實不盡之至。朕祇恨世道人心何至如是之不誠不實，朕以重任付諸臣，諸臣無不還朕一欵字，再不解是何存心也」！

綠營腐敗軍備廢馳　道光時之名將楊芳，奉命率部援粵，道經湖南，沿途掠刼，人民痛恨，耆英奏言：「營員兵丁，勒索商旅，包庇非法行爲，而且欺壓平民」綠營軍紀，蕩然不存。據當時澳門新聞界論中國武備云：「中國之兵，說有七十萬之衆，若有事之時，未必有一千合用，餘皆係聚集下等之輩。其砲臺却似花園之圍牆，周圍有窗，砲架亦不能轉動，却似蜂巢。其師船之樣，若得一隻我等（當是英人自稱）或咪唎㗂（美國）之兵船，在一點鐘之久，即可趨散各師船……。

以上六項，爲戰敗的主因，至於敵人利用漢奸，不接受美領事之調停，放棄咯爾咯部之援助等等，槪屬次要。

第五節　江寧條約的影響

鴉片戰爭的結果，是江寧條約與虎門條約的簽定，此約付諸實施後，予中國之影響，相當利害。

政治方面　割讓香港是中國第一次喪失領土，予英國以侵略中國的根據地，迄今百餘年之久，影響中國政治甚深。所謂領事裁判權，內河航行權，均輕輕斷送。並割與外人一定之居留地，日後竟演變而爲租界地，這些使大淸帝國的主權，遭受莫大的破壞。

經濟方面　開五口通商，使英國貿易範圍擴至沿海一帶。關稅「秉公議定」使中國關稅，不能自主，予中國手工業致命的打擊，賠償巨額的戰費與烟價，更加重了人民的負擔。

社會方面　鴉片戰爭本爲禁止鴉片而起，然而江寧條約之簽訂，對鴉片流毒之禁止，却一字未提，日後吸鴉片者依然盛行。鴉片仍源源而來，流毒愈益普遍。淸廷向以天朝自居，朝野昧於大勢，臨到戰爭沒有確定之國策，時主戰，時主和，必然招致失敗，此次失敗暴露政治社會的腐敗。通商口岸開放，以廣東十三行為中心的買辦階級漸漸長成，且予百年來左右中國經濟的大權。戰前滿清大小官吏都輕視外人，此次戰敗，忽轉變而為畏懼外人。戰後英國以鴉片烟與商品，侵入中國城市與農村，致社會生活不安，相繼發生變動。

外交方面 江寧條約締結後，歐美列強莫不慶幸，如比利時，荷蘭，普魯士，西班牙，葡萄牙先後派領事或公使來粵，美法兩國特派全權公使與中國締結通商條約。道光二十四年正月美全權公使克沁 Caleb Cushing 奉總統泰勒 John Tyler 1841—1845 之命，照會我國政府，我政府派耆英與美使會於澳門，於道光二十四年六月（一八四四年七月三日）締結望夏條約，其約文曰：

保證凡其他國家所獲得關於經商，居住，宗教活動，關稅，或其他商業條例之任何條約權利，美國亦將當然有之。

此約乃中美間第一個條約，已有最惠國條款之規定。

同年七月，法皇路易腓力浦 Louis Philippe 1830—1848 特命公使拉克勒尼來粵 Lagrene，與耆英會於黃浦，九月十三日（一八四四年十月二十四日）簽訂中法修好條約，亦稱黃浦條約。

舟山永不割讓 道光二十六年，江寧條約償金全數還清，商埠除廣州外，皆已開放。耆英與香港總督佛郎西士達維斯會於虎門，請撤舟山鼓浪嶼之兵。告粵民驚悍惡外，廣州開放之事，乞延期二年。香港總督以「舟山列島，永不割讓與他國」為條件，耆英許之。於是先訂舟山條約，其中兩款云：「英軍退還舟山後，大清大皇帝永不以舟山等島割讓與他國……舟山等島，若受他國侵伐，大英主上應為保護無虞，仍歸中國據守，此係兩國友睦之誼，無庸中國給以兵費」。此約成立，無異英國代管舟山，遂撤舟山鼓浪嶼之屯兵。至此，有關鴉片戰爭事件，始完全解決。

本章結語 英國以武力對付中國禁絕鴉片政策而發動之戰爭，故稱之為鴉片戰爭。由於中西觀念不同，造成通商問題之不易解決，復因中國執行禁煙法令，消滅危害中國之煙毒，而英國政府竟出兵支援其不法商人，並在維護不列顛帝國之榮譽，與保護英國人民生命財產的名義下，發動不名譽的侵略戰爭。戰爭持續三載，英艦兩度北侵，中國軍事一再失敗，逼城下之盟，訂立江寧條約。此約公諸世界，英國則給十九世紀的帝國主義，開闢了一條侵略中國的道路，使中國近代社會都發生劇變了。

這次戰爭，我國徹底失敗的原因在那裏？原來清代政治，到道光時代衰弱紊亂，已不可救藥。軍隊和兵器是那樣的腐敗，政治和官吏是那樣的愚昧，國防設備又是那樣的脆弱，事前毫無準備，臨時和戰不定，軍事的失敗是必然的。從民族的歷史看，並不是民族的致命傷，惟最可痛心的，是清政府創鉅痛深之後，依舊昧於國際大勢，不知振作圖強，結果內政日益腐敗，外患更紛至沓來，致成一蹶不振的局面。

清史彈詞弘曆乾隆帝

清高宗名弘曆繼統為君　頒經史訪遺書特設宗學　煥文章定禮樂民感和聲　抒民困蠲賦征釐剔漕弊
揚國威苗回準諸部悉平　金川亂整王師捷告阿桂　征山東舒赫德剿平王倫　孫世毅征安南阮氏入覲
林爽文亂臺閩勢蹙就擒　降緬甸服暹羅鄭昭入貢　收全藏廓爾喀命將往征　張殺伐兼懷柔威恩並用
法先王時猶豫東狩南巡　駐蹕地多品題碑鐫御筆　幸海寧嘗屈駕陳氏門庭　昭雅化應運生熙朝人瑞
寵和珅亂國政暮歲倦勤　文字獄鑒先朝矯枉過正　王錫侯改字典罪及疆臣　胡中藻沈歸愚以詩遭戮
一柱樓含譏刺子孫罹刑　勤政殿立嗣君退閒禪位　享高年臻上壽駕始遐昇

第十章　洪秀全的反清復漢運動（嘉慶十七年—咸豐三年 一八一二—一八五三）

鴉片戰後八年，太平軍在廣西金田村起事，咸豐元年（一八五一）建太平天國。咸豐三年（一八五三）二月，佔領南京；同治三年（一八六四）三月，太平天國滅亡。太平軍持續十五年，禍亂十六省，破壞六百餘縣城，予清朝以致命打擊，其結果雖遭失敗，但其影響，却使漢族勢力復甦了。

第一節　太平軍崛起的歷史背景

奕詝—咸豐帝（一八五一—一八六一）奕詝在位十一年病死，壽卅一，葬定陵，載淳繼位，改元同治。

政治腐敗日深　旻寧晚年，政治黑暗，貪汚盛行，官宦場中養成一種掩飾彌縫，苟且偷安的習氣。一般大小官吏還是想盡方法，蒙蔽旻寧，而旻寧又偏信穆彰阿，穆彰阿昏庸無識，恃勢攬權，江寧條約訂立前後，軍機大臣王鼎反對和議，在旻寧前，揭穿穆彰阿誤國，旻寧不以爲然，反加庇護，王鼎憤懣自盡，遺疏條陳穆彰阿欺君誤國，而旻寧昏庸如故，不知振作。

道光卅年正月，旻寧卒，第四子奕詝繼立（一八五一—一八六一）詔以明年改元咸豐。晉杜受田爲協辦大學士。正月斥穆彰阿，詔天下廣求賢才，閏八月，洪秀全創立太平天國。咸豐二年十二月，詔起侍郎曾國藩治團練於長沙。咸豐帝皇后鈕祜祿氏，崇尚節儉，爲人方正，奕詝稱之爲「賢內助」，平時一擧一動，必本諸禮法，與懿妃葉赫那拉氏迥然不同。

咸豐六年三月，葉赫那拉氏生一子，取名載淳，即同治帝。彼時奕詝甚喜。七年正月晉封懿妃葉赫那拉氏爲懿貴妃。懿貴妃葉赫那拉氏，因而放縱，奕詝不喜其爲人，欲廢未忍。咸豐七年十二月英法同盟軍陷廣州，八年四月陷大沽，十年八月陷通州，帝走熱河，病篤，十一年七月，奕詝崩於熱河，年卅一，皇太子載淳繼位，以明年(一八六二)為同治元年。奕詝在位十一年，內有洪楊捻回之亂，外有英法聯軍兩次北侵，俄帝乘火打刼，內憂外患，接踵而至。政治情況極度不安，關於吏治，暮氣沉沉。正如曾國藩評論曰：臣觀今日京官辦事通病有二：曰退縮，曰瑣屑。外官辦事通病有二：曰敷衍。曰顢頇。……習俗相沿；但求苟安無過，不求振作有為。將來一遇艱鉅，國家必有乏才之患。……十餘年間，九卿無一人陳時政之得失，司道無一摺言地方之利弊。科道間有奏疏，而從無一言及主德之隆替，無一摺彈大臣之過失，(見曾國藩奏疏)

土地不够分配　據癸巳類編：康熙五十年人口數二四、六二一、三二四。道光廿九年人口數四一二、九八六、六四九。順治二年田畝數四、○五六、九○五頃。道光十三年，田畝數七、三七五、一二九頃。自康熙至道光，人口增加十七倍，耕地面積謹增加一倍。每人平均耕地二十餘畝。道光年間，則耕地二畝半。近十人耕一人所耕之地。在此種情形之下，土地自然不够分配，因一家之中，土地與人口不能同時增加，耕地少，人口多，耕地少即生產量少，人口多即吃飯的人多，增加的人口，又沒有別種謀生方法，因此貧苦之家，為了解決生活上的威脅，往往借貸或賣田產，於是商賈，富豪，地主乘機兼併土地，遂漸集中於少數富豪地主之手，造成貧富懸殊的現象，因此强悍而失業者，只有參加作亂，才有生路，道光晚年，水旱天災流行，哀鴻遍野，民不聊生，盜賊蠭起，災區之廣，幾遍長江黃河，尤以廣西為甚。

廣西哀鴻遍野　道光廿七年(一八四七)廣西大饑，民食不足，狡桀者挺而走險，相聚為盜。其時湖南土匪，南擾廣西，殺人刼財，無惡不作。廣西東北一帶，無業游民，乘勢橫行，如慶遠的張家富，柳州的陳亞潰，武定的劉官方，象州的區振祖，潯州的謝江殿等各有黨羽數千，小股尙有數十人，巡撫鄭祖琛無力維持治安，於是鄉民起而自衞，創立團練，份子複雜，秘密會黨，大肆活動，洪秀全遂乘機起兵。

漢族勢力抬頭　自滿清入主中國後，明朝遺老在民間散播「反清復明」的民族思想。雖然在康雍乾三朝，用摧殘和懷柔手段，盡力剷除，但終未被其消滅。如康熙乾隆年間，天地會朱一貫，林爽文在臺灣起事；這些都是說明反清復明的組織，在民間延續的情形。嗣後白蓮教雖被清兵戡定了，但其餘黨却在大江南北積極活動，組黨結社。這些反清復明的會黨，進一步，又與上帝教教徒結合，更廣泛的深入民間，成爲太平天國一般雄厚的反清復明勢力。

鴉片戰爭的影響　鴉片戰爭中，清政府令奕山，楊芳，隆文等率兵馳往廣東增援，這些腐敗的綠營兵，沿途掠奪民間財物，引起民間對政府的怨恨與仇視。鴉片戰爭爆發，林則徐曾通令兩廣沿海各地人民購備軍械，組練團勇，以資自衛。後來團練義勇隊，被琦善解散，武器亦隨之流入民間，這也間接的促成太平軍的崛起，鴉片戰爭的結果是清廷乞降，政府威信喪失，統治勢力衰弱，禍亂應時而起。當太平軍由桂入湘，軍事進展神速，數月間即佔領長江，沿途即能贏得廣大群衆的參加，此足以證明民心的向背。江寧條約，香港割與英國，開五口通商，西方的天主教，基督教，可自由在香港及沿海各通商口岸傳佈，洪秀全遂信仰基督教，繼朱九濤而爲上帝教教主，聚衆歛財，充分利用而造成勢力。

以上五種因素的綜合，即爲太平軍崛起的歷史背景。

第二節　洪秀全及其黨羽

洪秀全其人　太平軍的領袖是洪秀全，嘉慶十七年十二月初十日生於廣東花縣，父國游，業農早死，家境窮苦，他幼時入村塾讀書，到十六歲輟學，作鄉村教師，他前後四次到廣州攷秀才，四次都失敗了，初次失敗心懷怨恨，這是舊社會常有的事，並不稀奇。第二次赴廣州應試時，得耶穌會傳教士梁阿發的宣傳品「勸世良言」。第三次應試又失敗，沮喪回家，病四十天，夢見各種幻想，又見硃書「天主大道天王全」，竟附會是受天之命，將做君王，又將原名仁坤，小字火秀，改爲秀全，「全」字隱含「人王」二字，態度居然大變，由詼諧而莊嚴，裝做皇帝的模樣。道光廿三年秀全卅一歲，又到廣州參加第四次考試，結果與前三次一樣名落孫山，他原想先做個秀才，再做舉人，進士，一步一步謀進身之階。第四次失敗之後，不僅怨恨科舉，而且怨恨滿清，當時的廣州，排外抗官，情緒熾烈，屢試屢敗的洪秀全，遂蓄意反清復漢，創立新朝。舉其反詩爲例：「手握乾坤殺伐權，斬邪留正解倒懸，眼通西北江山外，聲震東南日月邊，展爪似嫌雲道小，騰身何怕漢程偏，風電鼓舞三千浪，易象飛龍定在天」。

陰組上帝會　道光廿三年秀全第四次攷試失敗回籍無聊時，翻閱前在廣州梁阿發給他那本「勸世良言」，乃恍然大悟與夢境幻想，「老人遣天使接天主升天，命誅妖，復差天主降凡救人」相附會，謬稱上帝好生，在一千八百年前，見世人所爲不善，因降生了耶穌傳教救世，現在人心又復澆薄，往往作惡多端，上帝又降生了我，入世救人，他稱耶和華爲天父，耶穌爲天兄，自謂天弟，他奉天父，天兄之命來救世人。崇拜耶和華上帝者，無災無難，不崇拜者，蛇虎傷人。他這樣不倫不類的想了之後，就將家中的偶像及私塾裏孔子牌位去掉，逢人宣講，信者寥寥，且爲村中父老所不滿，解除其私塾教師的職務，乃去訪馮雲山，馮雲山也是攷試失敗心懷不平者，他倆同往廣西貴縣活動，組織上帝會，在桂平武宣間之鵬化山中，苦心傳授，信徒不多。道光廿四年秀全遣雲山往潯州，自去紫荊山傳教，雲山在潯州募集同志，日夕籌備，爲地方官吏察覺，出其不意將其拘捕，富翁曾玉珩以銀錢納賄上下，減輕罪名，遞解回藉，秀全在紫荊山時，得信徒三千人。不久秀全回花縣，家居三年多，於道光廿七年同其族弟仁玕往廣州訪問傳教士羅培特Robert，仁玕留廣州，秀全再去廣西，適馮雲山由廣西遞解返籍，與秀全相會，遂相偕去桂平，其時上帝會勢力鼎盛，謀圖大舉。

金田村英雄　歷史告訴我們，一個有政治野心的人，必要運用各種方式，接納亦具有政治野心的人，成爲一核心組織，然後再將這核心組織擴大，才能成爲政治勢力。洪秀全利用上帝會的活動，接交幾個有政治野心的人，參加其核心組織，最初有馮雲山，楊秀清，韋昌輝，蕭朝貴，石達開，秦日綱，稍後有李秀成，陳玉成等。

根據李秀成供狀描述太平天國的開國英雄說：

南王馮雲山　在家讀書，其人才幹明白，謀立創國者，出南王之謀，前做事者，皆南王也。

東王楊秀清　住在桂平縣平隘山，在家種山燒炭爲業，並不知機。自拜上帝之後，件件可悉，不知天意如何化做此人。

西王蕭朝貴　是宣武廬陸洞人氏，在家種田種山爲業。

北王韋昌輝　桂平金田人氏，此人在家，出入衙門辦事，是監生出身，見機靈變之急才足有。

翼王石達開　桂平縣白沙人氏，家富讀書，文武備足。

天官秦日綱　桂平白沙人；在家與人做工，並無才情，只有忠勇忠義，故天王重信。

以上馮雲山，楊秀清，蕭朝貴，韋昌輝，石達開，秦日綱六人，是洪秀全的核心集團，這六人的政治野心，與洪秀全一樣的大，運籌帷幄，創立新朝，外人不得與聞，所以李秀成說：「所知事者，欲立國者，深遠居者，皆東王楊秀清，西王蕭朝貴，南王馮雲山，北王韋昌輝，翼王石達開，天官丞相秦日綱六人，除此，未有人知道天王欲立河山之事」（李秀成供狀）。洪秀全除了這六位老班底以外，還有洪大全，林鳳祥、羅大綱、陳玉成、李秀成等等。洪秀全集團，多爲中下層社會份子。首領洪秀全生於農家，曾讀書而屢試不第，其文鄙俗平庸，不足列士大夫之林。東王楊秀清爲一炭工，西王蕭朝貴爲一農人，北王韋昌輝爲一監生，低級公務員，英王陳玉成曾讀書而應試不第，忠王李秀成輟學治農事。天官丞相秦日綱爲一傭工，南王馮雲山曾讀書，家道殷實，而攷試不第。只有翼王石達開「家畜讀書，文武備足」，爲洪秀全核心組織中最特出之人才。看他們的出身卑下，學識貧乏，稱他們爲「苦力王爺」亦不爲過。

至於這般人物的粗莽豪雄，要看石達開的詩：「大道亦有道，詩書所不屑，黃金似糞土，肝膽硬如鐵，策馬度懸崖，彎弓射胡月，人頭作酒盃，飲盡仇讎血」，這首詩把金田村英雄的廬山面目寫盡了。當洪秀全領導的上帝會，準備在金田村發難之際，有若干天地會或三合會的會員，要求參加上帝會共同反清，而洪秀全反清的目的，在創立新朝，天地會反清的目的，在恢復明室，上帝會和天地會雖然一致反清，而其政治目的却不同，因兩會反清的號召一致，即奠定共同反清的基礎。

洪秀全不贊成三合會的號召，更看不起三合會的惡習，三合會的號召，已失去時代價值，三合會的惡習，無異崇拜妖魔邪道，於是洪秀全指示其黨徒，凡三合會人們，如不捨棄舊習而皈依眞教則不容納。當上帝會在金田起義前後，三合會的黨人羅大綱，大頭羊張釗，大鯉魚田芳等請求加入上帝會，金田村方面，提出「捨棄舊習皈依眞教的條件」，這個條件羅大綱接受就加入了太平軍，張釗等不接受就降清軍。自上帝會以顚覆「妖胡」號召天下，未始非受三合會之影響，三合會參加太平軍之後，或則已同意放棄復明，而主張反清復漢，創立新朝了，總之上帝會教徒；是太平軍支柱，而爲洪秀全政治集團的基礎。

第三節　太平軍起事與號召

起事前的策劃　洪秀全集團在桂平，南平，與象州等地活動，已歷數載，潛在勢力雄厚，正待機起事。道光三十年四月洪秀全派江隆昌，送信至廣東花縣，召其全家來桂，以免起事後，家人遭難。道光三十年六月，秀全秘密動員，令各地教徒，變賣田產，編隊待令出動。並令楊秀清等在金田村主持團營訓練，積極準備。

金田村起事　道光三十年十一月，貴縣縣令派兵拘捕馮雲山，鄉民削竹與官兵戰，雲山敗潰，率衆奔桂平。此時桂平縣令倪濤，巡檢張鏞將逮捕韋昌輝。楊秀清對昌輝說：「十年之課必求一逞，逃不免也，不如舉事」。昌輝遂糾衆放火，拒捕。這時秀全，朝貴與雲山匿居花縣仙人村胡以晃家，籌劃大事。其時仙人村已被官兵包圍，遣人向金田村告急，楊秀清得訊，假裝天父附身，發動金田村教徒約數百人，解救教主，十一月二十二日與清軍大戰於思旺，巡檢張鏞戰死，清兵潰敗，楊秀清率軍至仙人村，迎接洪秀全，蕭朝貴，馮雲山，胡以晃等人來金田村。此時各地教徒，陸續到達金田村的約千人，清兵攻金田村益急。十二月初十日（一八五一年正月十一日）此日爲洪秀全卅八歲的誕辰，舉行慶壽典禮中，遂正式宣佈起事，發表檄文，製定紅色旗幟，以紅布包頭，排齊隊伍，由金田村出發，分攻桂平，武宣，貴縣，南平等縣。

永安州建國　欽差大臣李星沅認爲「心腹大患，群盜之尤」。四月太平軍擬入象州，北趨桂林，遭向榮部進襲，旋由武宣返金田村，此時戰鬪激烈，太平軍岌岌可危。八月中秋節後，蕭朝貴，馮雲山兩部突圍，自藤縣北入永安州（今蒙山），時爲咸豐元年閏八月初一日（一八五一年九月廿五日）。十月廿五日（十二月十七日）始建太平天國名號，秀全自稱天主，詔封楊秀清爲東王，馮雲山爲南王，蕭朝貴爲西王，韋昌輝爲北王，石達開爲翼王，洪大全爲天德王，秦日鋼爲天官，次封丞相，軍師等四十餘人，如此詔封，具有平等精神，秀全自稱天主，不稱皇帝，而於楊秀清、蕭朝貴、馮雲山、韋昌輝諸王，冠以東西南北四字，對於石達開加以翼字之封，以示平等之意，所封各王，俱受東王節制，此爲秀全特別提高秀清之地位，以稱其意。

奉天討胡檄文　此時清軍向榮部在永安州北，烏蘭泰部在永安州南與太平軍作戰，互有勝負，清廷任賽尚阿爲欽差大臣，督師圍攻永安，太平軍困守永安城，歷時半載，城內糧藥缺乏，有瓦解傾向，秀全頗爲憂慮，秀清託言天父附體，向衆宣稱：「太平軍有厄運百日，過此乃免」。軍心大定，並遣人出城張貼奉天討胡檄文，其詞曰：

夫中國有中國之形像，今滿州悉令削髮，拖一長尾於後，是使中國變爲禽獸也，中國有中國之衣冠，今滿州另置頂戴，胡衣猴冠，壞先代之服冕，是使中國之人忘其根本也，中國有中國之人倫，前爲妖康熙暗使韃子一人管十家，淫亂中國之女子，是欲中國之人盡爲胡種也，中國有中國之配偶，今滿洲悉收中國之美姬爲奴爲妾，三千粉黛皆爲羯狗所汚，百萬紅顏竟與騷狐同寢，言之痛心，談之汚舌，是盡中國之女子而玷辱之也，中國有中國之制度，今滿洲造爲妖魔之條律，使我中國之人無能脫其網羅，無所措其手足，是盡中國之男兒而脅制之也。中國有中國之語言，今滿洲造爲京腔更中國音，是欲以胡言胡語惑中國也。滿州又縱貪官汚吏，布滿天下，使剝民膏脂，士女皆哭泣道路，是欲我中國之人貧窮也。官以賄得，刑以錢免，富兒當權，豪傑絕望，是使中國之英俊抑鬱而死也。凡有起義復興中國者，動誣以謀反大逆，夷其九族，是欲絕我中國英雄之謀也。滿洲之所以愚弄中國，欺侮中國者，無所不用其極汚哉。……」

用兵的宗旨　太平天國的奉天討胡檄文，可代表洪秀全集團政治主張，檄文中指陳百姓受滿清官吏的削剝，着重滿族壓迫漢族，而歸結到民族仇恨，才起而用兵，肅清胡氛。總之，太平軍的號召，一爲打倒貪汚的滿清政府；一爲剷除異族的胡虜政權。奉天討胡檄文，具有陝隘的民族精神，各地三合會員，望風來歸，部分的納入太平軍旗幟之下。

第四章　太平軍之北伐與東征

永安突圍　咸豐元年（一八五一）閏八月一日，太平軍進永安州，旋被清兵圍困達半年之久，東王楊秀清派間諜出城，以重金賄賂向榮募僚，對向榮建議說：「兵法圍，當缺一面，如不然，長期困獸之鬬，殺傷實多」。榮納其言。咸豐二年二月十六日，貴縣礦工數千，抵永安城下，是日大雨，太平軍遂自缺隅分三隊突圍，冒雨力戰，大破清兵，殺長瑞，長壽，董光甲，鄒鶴齡四總兵，間道北上。天德王洪大全被俘解至京師，下刑部獄，部吏訊太平天國事，輒不語，言及天下大事，則滔滔不絕，旋磔於市，年甫卅。二月廿九日逕圍桂林，踰月不克，烏蘭泰戰死，四月一日解圍，裹城外居民以去，北趨靈川，連下興安。

馮雲山戰死蓑衣渡 四月佔全州，太平軍入湖南，江忠源率鄉勇防太平軍乘湘江水漲，奪船取長沙，遂以伏兵扼蓑衣渡，渡狹，夾岸多林木，伐木爲堰，張旗幟爲疑兵，太平軍果蔽江下，鏖戰兩晝夜，馮雲山中彈死，此爲太平軍之一大損失，秀全奔永州，阻水而南。

太平軍北上 五月陷道州，太平軍在道州大事整編，因有會黨來歸，擴軍至三萬以上。六月克永明，江華，藍山、嘉禾、桂陽、郴州。西王蕭朝貴率李開芳，林鳳祥渡湘水克永興，安仁、茶陵、攸縣，醴陵。七月廿八日，圍長沙，湖南舊任巡撫駱秉章，新任巡撫張亮基及江忠源力守。西王蕭朝貴戰死，傳天王得玉璽於長沙南門外，藉以激勵士氣。十月十九日夜，解長沙之圍，北趨寧鄉、西入益陽，奪小船數千，渡洞庭。十月廿二日佔岳州，清提督郡守皆先數日棄城逃，得吳三桂所藏之武器不少，並獲舟五千餘艘。太平軍派先鋒八十餘人，乘大船兩隻，小船四隻，於十一月九日抵漢陽府，泊舟於鸚鵡州，十二日八十餘人各携鳥槍，令一人執旗登岸，高聲前導，城中清兵大驚，棄城而遁，遂佔漢陽。太平軍主力，乘艨艟萬艘，帆幟蔽江，所過城鎮，望風披靡，十九日遂據漢口。十二月四日陷武昌，巡撫常大淳戰死，咸豐二年十一月十二日太平軍佔漢陽，咸豐三年正月二日放棄武昌，歷五十日，曾於十二月十四日陷黃岡，十九日佔黃陂，爲外圍據點，擄獲紋銀近百萬兩，獲船萬餘艘，食糧軍火，不可勝數。男子入營爲兵，女子多入女館，兵力驟增，號五十萬，秀全在武漢渡歲，選妙齡有殊色者，六十人爲妃，太平軍初次在武漢沉溺猖獗，狂瀾一時。

太平軍東征 太平軍自永安突圍（離粵）趨湖南，（循江而略城堡）攻長沙（舍要害），破岳州，完全依東王作戰計劃進行。既已攻克武漢，次一步驟，自然「專意金陵」。況金陵（自六朝迄於南唐）皆爲帝王之都，且爲朱元璋驅逐元胡之根據地，同時，「金陵天府，饒財富，宜踞爲根本」。東王楊秀清主張放棄武漢，遂決定東下。

咸豐三年正月二日，帆檣蔽江，陸軍夾岸並進，下九江。十七日破安慶，清兩江總督欽差大臣陸建瀛，扼守東西梁山，俟太平軍至，建瀛撤退，遁歸金陵，太平軍陷蕪湖，廿九日太平軍前哨至金陵南門多善橋，卅日太平軍數百，佔雨花臺。

攻佔金陵　二月一日至八日，太平軍在通濟門，洪武門，朝陽門，太平門，水西門，漢西門，儀鳳門完成攻城準備。放火燒白雲寺，北據靜海寺，置礮報恩寺轟城，並派間諜入城活動。

二月十日，太平軍克金陵，經過四天巷戰，清城防守軍潰敗，陸建瀛被殺，江寧將軍祥厚，提督福珠洪阿及城內旗人二萬，一併屠戮，十三日東王楊秀清入城，曉諭南京及其附近居民，歸順天國的，在門首貼一「順」字，就可獲得安全保障，各處廟宇暫作難民收容所，數日後城中秩序，漸漸恢復，二月廿日洪秀全入南京。

第五節　太平天國的政治設施

金陵爲天京　太平軍克服金陵，東王楊秀清欲自留守金陵，向秀全建議曰：「河南居天下之中，古東京也，進可以窺幽燕，退可以據武昌，入滇蜀，立都便」。（見楊秀清傳）秀全有意將北伐中原，適有老舟子叩天王諫曰：「河南水少而無糧，敵困不能救，不如金陵民富食足，城高池深，而有長江之險也」。（李秀成供狀）天王韙之，遂定金陵爲天京。

秀清入城後，先據藩署，後徙至清鹽運使何其輿宅，下詔修葺，營造東王府。

凡設官建制，立法條，一切政務，皆由秀清主之，天主深居簡出，秀清每數日一朝，向天主稱臣弟，立而不跪。

太平天國定都南京後，天王洪秀全頒佈「天朝田畝制度」官書一種，這部官書，就是太平天國各種政治制度的根本大法，名爲天朝田畝制度，實則將天國的軍政，民政，財政，經濟，教育，司法等等全部包括在內。

軍民合一和軍政合一 太平軍的高級將領們，根據周禮「五人爲伍，五伍爲兩，四兩爲卒，五卒爲旅，五旅爲師，五師爲軍」的兵農合一的組織，成爲天國的軍民合一制。太平軍的軍制爲軍民合一制，太平天國的官制爲軍政合一制，天國的軍官，也是天國的行政官，官階因軍民合一制而定，且與軍制吻合，官階分朝內官與地方官兩大類。

天王府，有丞相廿四人。東，南，西，北各王皆爲軍師，各王府皆有丞相，丞相各以天地春夏秋冬等字冠之，又分正副又正，又副四位。

天王以下爲軍師，軍師以下爲丞相，丞相以下爲檢點，檢點以下爲指揮，指揮以下爲侍衛，侍衛以下爲將軍。

欽命總制以下爲監軍，監軍以下爲軍帥，軍帥以下爲師帥，師帥以下爲旅帥，旅帥以下爲卒長，卒長以下爲兩司馬。

朝內官由軍師下至將軍，地方官由欽命總制下至兩司馬，軍政行政合一，關於每一軍管區的組織，與行政系統，均有規定。

基層軍政機構 兩司馬爲地方基層單位首長，一人兼管軍政，民政，財務，司法，教育，宗教，文化等一切政務。

政教合一的文教政策 太平天國的建制，基於宗教信仰。定都後，他們向一般居民宣傳基督教與軍事佈置，同樣重要。爲擴大太平天國在民間的影響，鞏固對新政權的信賴，需訓練士兵與民衆思想統一，遂將基督教教義灌輸給人民，以政教合一的精神，做爲其統治的工具。

其宣教內容，則根據所頒發的三字經，讚美詩，原道，醒世詔及天條等官書，三字經每句三字，共四七八句，一四三四字，當時印成小册，散發民間，以爲童蒙教本。其政治目的，在培養下一代的天國臣民，其文牽强附會，狂妄不經，無異予基督教莫大的恥辱。

太平軍的首領們，以不正確的基督教教義號召愚民，起事金田，以破竹之勢定都金陵，着手建國，以政教合一的原則，教育其臣民，他們所建的國稱天國，京城稱天京，金庫稱聖庫，倉庫稱聖糧舘，法律稱天條書，王宮稱天宮，王稱天王，諭令，稱天命詔書，這種稱呼，處處都在表示政教合一的原則。

平均地權　太平天國的土地制度與經濟政策，就是共產主義，其內容爲土地公有，凡天國臣民，不分男女一律分配，但在十六歲以下者減半。剩餘財物歸公，由公家支配運用，務使天下共享，天父上主皇上帝大福。有田同耕，有飯共食，有衣共穿，有錢同使，無處不均勻，無處不飽暖。

中山先生認爲太平天國的經濟制度，是一共產的事實，其言曰：

共產主義在外國，只有言論，還沒有完全實行，在中國洪秀全時代，便實行了，洪秀全所實行的經濟制度，是共產的事實不是言論。（民族主義第四講）

太平天國定都後，動盪不安，這種經濟制度，並未完全實行。

社會政策　太平天國的社會政策，値得記敘的有下列幾點：

㈠男女一律平等，他們主張解放奴婢，禁絕娼妓，考試有女科，任職有女官，上下一體，以兄弟姊妹稱呼，而且鄉官由於民選，「令各州縣造戶册，即以鄉里公擧軍帥，旅帥議定書册」。

㈡厲行禁烟　天國曾頒佈禁烟條文，天王也發佈禁烟詔令，目的在禁食鴉片，執行禁令，非常嚴厲，軍中吸煙，處以斬罪，民間吸煙，也處以死刑。

㊂扶老安貧政策：在天國內的臣民，凡鰥寡孤獨以及幼弱不能耕田，不能當兵的人，由國家維持其生活。這三項社會政策，俱有積極的進步的傾向，頗爲可取。

尚善論吳三桂

王以亡國餘生，乞師殄寇，蒙恩眷顧。列爵分藩。迄今三十年。富貴寵榮之盛，近代人臣罕比。而末路晚節，頓效童昏，自取顚覆，僕竊爲王不解也！何者，王藉言興復明室，則曩者大兵入關，奚不聞王請立明裔，且天下大定，猶爲我計除後患，剪滅明宗。安在其爲故主效忠哉？將爲子孫謀創大業，則公主額附，曾偕至滇，其時何不遞萌反側，至遣子入侍，乃復背叛，以陷子於刑戮，可謂慈乎？王之投誠也，祖考皆膺封錫，今則墳塋毀棄，骸骨委於道路，可謂孝乎？爲人臣僕，迭事兩國而未嘗全忠於一主，可謂義乎？不忠不孝不義不慈之罪，躬自蹈之，而欲逞志角力，收服人心，猶厝薪於火而云安，結巢於幕而云固也。何乃至是，殆由所屬將弁，煽激生變耳。如即輸誠悔罪，聖朝寬大，應許自新，毋蹈公孫述，彭寵故轍，赤族湛身，爲世大僇。

清史彈詞顒琰嘉慶帝

嘉慶帝初改元白蓮教反　川陝中暨湖北草木皆兵　九年內衆教徒蔓延五省　擒巨魁荀文潤亂始敉平

天理教李文成旋興旋滅　擾京城鬨宮禁林清就擒　剿海盜李長庚中礮喪命　邱良功雪仇憤蔡牽船沉

苗民叛擾湖南週年始定　汝光間暨穎亳捻匪橫行　雖然是廿五年亂無寧歲　論宸衷也不失明順慈仁

初秉政除巨奸和坤下獄　體好生停秋讞申禁非刑　伊犂內謀屯田給牛開墾　遇凶年急民食祈雨步行

頒官箴十六章嚴整吏治　遏漏卮禁鴉片訂定章程　庚辰歲離北京木蘭秋獮　皇駕崩詔傳位次子旻寧

第十一章　曾國藩的維護歷史傳統運動（嘉慶十六年一八一一—同治三年一八六四）

第一節　曾國藩及其幕府

湘軍在中國的軍事史上，可說是一奇蹟，從創立以迄定亂，完全由書生主持。湘軍的號召，是爲維護中國歷史傳統而戰，他們擊敗了太平軍，湘軍的領袖們，便有了政治地位。循時勢的推演，滿族政權漸漸轉入漢族手中，奠定了漢族復甦的基礎。這是湘軍在歷史上的貢獻，值得稱道的。

曾國藩其人　湘軍領袖曾國藩，其面對太平軍破壞中國文化的現實，挺身而出，具有維護名教「舍我其誰」的抱負，而爲士大夫的典型。

國藩生於嘉慶十六年，比洪秀全大一歲，湖南湘鄉人，家世農業，父麟書，困苦於學，授徒自給，國藩九歲畢五經，十五歲讀周禮，史記，文選，道光十八年成進士，咸豐元年署刑部右侍郎，次年署吏部侍郎。

咸豐二年（一八五二）太平軍向湖南進軍，曾國藩奉命任江西鄉試正攷官，於太湖旅次，悉母喪，丁憂返回湘鄉，在家守制，以盡孝行，這時太平軍圍攻長沙，情勢甚急，咸豐二年十二月奕詝諭湖南巡撫張亮基曰：

丁憂侍郎曾國藩籍隸湘鄉，於湘南地方人情，自必熟悉，著該撫傳旨，令其幫同辦理本省團練，搜查土匪事宜，伊必盡心，不負委任。（東華錄咸豐二年）

這道諭令，就是曾國藩身當大任，掃蕩太平軍，維護中國歷史傳統的開始。

曾氏生於文化落後的湘鄉，家世寒素，曾從當時理學家唐鑑，吳廷棟，吳嘉賓諸氏遊，並師事之。唐鑑主張靜的修養，即在任何環境下，臨事能靜，必可轉禍爲福，轉危爲安。國藩平時即有靜坐的訓練，後與太平軍對抗，常臨危困震憾之境，皆能指揮若定，扭轉危局，便是得力於「靜」字的修養。吳廷棟主張凡事從「耐」字作起，不憚煩難，必求徹底，曾氏爲學，即本此原則，其讀書的態度是，有一句不通，不讀下句，今日不通，明日再讀，「耐」字一意的啓示，使他後來訓練軍隊，也是用穩紮穩打的步驟，使湘軍實實在在，而能够「紮硬寨打死仗」，以擊敵人。吳嘉賓教他，一個「約」字，使他治經史之學，務實際不求雅博，治軍則專就粗淺實際處着手，便是從守約的工夫得來。曾國藩個人有此能「靜」，能「耐」，能「約」的修養，畢生躬行，以他的堅固不撓意志和遠大過人的見識，貫徹到整個湘軍，無論將領和士兵，無不受他的影響，所以湘軍從堅苦奮鬪中，成爲一支不可侮的名教軍。

幕府人才濟濟 在曾國藩領導下的將領，若進士胡林翼，沈葆楨，舉人左宗棠，江忠源等人。幕府中的重要人物，計有李鴻章，李元慶，郭嵩燾，李宗羲，劉榕，許振褘，黃冕，李瀚章，李興銳，王勛，劉典，楊昌銳，全是舉人。薛福成爲副員生，羅澤南，彭玉麟爲附生。其中的江忠源，羅澤南，胡林翼，左宗棠可稱爲湘軍的四大臺柱。這些人都是庠序出身，平時即以講習理學爲務，待人接物都有很好的修養，講氣節，重行誼，承襲了先賢的美德。爲學則注重經世致用的學問，他們的文武合一的見解，如「兵事爲儒學之至精，非尋常士流所能及」，如「敬愼不敗，儒術之要領，亦兵機之善務」。矯正了當時一般文人以兵事爲武人之本務，讀書人無庸過問的迂腐的想法。他們認爲人格的修養，和軍事的成敗爲不可分離的，上馬殺敵的勇氣，和修身治己的訓練，是打成一片的。所以湘軍能够表現出百折不撓的精神，和臨陣應變的智略。尤其湘軍將領發揮的儒家精神，重廉恥尚禮義的作風，使全國的讀書人激厲仰慕，奉爲典型，蔚成風氣。由於曾國藩及其僚屬的躬行實踐的成果，使這一批書生發揮的力量，勝過百萬大軍，所向無敵。

第二節　湘軍創立與南北戰局

主辦團練　曾國藩奉令主辦團練之先，江忠源已在湘西辦團練，稱楚勇；羅澤南在湘鄉辦團練，稱湘勇。後來這兩部便成爲湘軍的核心。當時各地舉辦團練的目的，純爲建立維護家鄉的地方武力。曾國藩主辦團練的方法，注重脚踏實地的訓練，軍事教育使軍士熟練點名，操演，巡更、放哨的基本技能，精神教育則教以禁嫖，禁賭，戒游隋，謹言愼行，尊長，愛民爲戰士的道德標準。

此外，他對每個戰士都要求有殺敵的本領，有進無退；團體的訓練則使能進則同進，站則同站，登山不亂，越水不雜。所以湘軍子弟，每個人不但都是良好的戰鬭員，也都是光明磊落的好國民。曾國藩說：「練勇之道，必須晝夜從事，乃可漸幾於熟，如鷄伏卵，如爐練丹，未宜須臾稍離」。這充分表現出儒家有教無類，誨人不倦的精神。基此精神，才使湘軍成一支戡亂定難的勁旅。

當太平軍初入湖南，江忠源率楚勇扼守蓑衣渡獲捷，清廷大爲賞識，當太平軍北上，向榮部尾追其後，江忠源的楚勇因屢立戰功，令赴江南大營協辦軍務。

太平軍西征　咸豐三年六月　江忠源順江東下，至九江聞太平軍胡以晃，賴漢英率戰船千艘西征，五月再下安徽，胡以晃經略安徽，賴漢英入江西，將攻南昌，江忠源急趨南昌固守，太平軍賴漢英部攻南昌不下，江忠源被圍。七月曾國藩令羅澤南率其團練兵，由醴陵赴南昌援江忠源，號稱湘勇，此舉乃將保衛湖南地方的團練兵，派到省外，去解南昌之圍。這一次作戰，雖被太平軍的援軍石貞祥，韋俊部擊敗，然而朝廷就把保衛湖南的湘勇，一變而爲保衛湖南以外的湘軍了。

建立長江水師　湘軍在江西作戰時，太平軍有水師縱橫長江數千里之險，官軍勢常不及，賊以舟楫進犯，官軍以營壘防禦，求一戰而不可得，在作戰的需要上宜建立水師。於是江忠源乃奏請清廷，建立長江水師，清廷諭令，交曾國藩統籌辦理，此爲湘軍水師的由來。

諭曾統籌全局 咸豐三年九月，太平軍韋俊部解南昌之圍，由贛入鄂戰敗湖廣總督張亮基所部，下黃州，漢陽二府，武昌岌岌可危，清廷大爲驚恐，十月，奕訢明令湘勇調湖北作戰，當時曾國藩抱定宗旨，一定把水師的基礎鞏固，把湖南境內的土匪肅清，後方根據地不受影響，決不出動與太平軍作戰。

咸豐三年九月，太平軍再陷漢口，以兵力不足，十月初撤退黃州，以待援軍。十二月，太平軍破廬州，安徽巡撫江忠源戰死。四年正月太平軍三度入湖北，兩廣總督吳文鎔擊太平軍於黃州，兵敗戰死。六月太平軍二次攻入武昌，布政使岳興阿，按察使曹懋堅死之。太平軍溯江而上，兵指岳州，奕訢着急，連下數諭，督促曾國藩出兵，曾國藩連奉奕訢諭旨後，率水陸官兵共有萬七千人。大小戰艦二百四十艘。陸軍由塔齊布，羅澤南統率。水師由彭玉麟，楊載福統率，建旗東征。咸豐四年二月公佈討粵匪檄文曰：

討粵匪檄文 逆賊洪秀全，楊秀清稱亂以來，於今五年矣。荼毒生靈數百餘萬，蹂躪州縣五千餘里，所過之境，船隻無論大小，人民無論貧富，一概搶掠罄盡，過草不留。自唐虞三代以來，歷世聖人扶持名教，啓敍人倫，君臣父子，上下尊卑，秩然如冠履之不可倒置，粵匪竊外夷之緒，崇天主之教，自其僞君僞相，下逮兵卒賤役，皆以兄弟稱之，謂天可稱父，此外凡民之父，皆兄弟也，凡民之母，皆姊妹也。農不能自耕以納賦，士不能誦孔子之經，而別有所謂耶穌之說，新約之書，舉中國數千年禮義人倫詩書典則，一旦掃地蕩盡，豈獨我大清之變，乃開闢以來，名教之奇變，我孔子孟子之所以痛哭於九泉，凡讀書識字者，又烏可袖手不思一爲之所也？粵匪焚郴州之學宮，燬宣聖之木主，十哲兩廡，狼藉滿地。嗣是所過州縣先毀廟宇，即忠臣義士如關帝岳王之凜凜，亦皆污其宮室，賤其身首，以至佛寺道院，城隍神壇，無廟不焚，無像不滅，斯又鬼神所共憤，欲一雪此憾於冥冥之中者也……。

這篇檄文，反對太平軍破壞農村的安定，反對太平天國的共產制度，反對太平軍破壞中國之禮教，反對太平軍破壞廟宇。一二兩項投合農民的心理；三四兩項吻合士大夫的觀念。因此士大夫響應曾國藩的號召，紛紛加入湘軍，農民為農村的安定，保持土地，也紛紛加入。於是純潔的書生和淳樸的農民，才組成了湘軍。

湘軍出征先敗後勝 湘軍既出，水陸各師順流而下，陸軍接戰不利，潰於岳州。曾國藩亦敗於靖港，但水師於四月初於湘潭獲捷，九月武漢收復，奕詝聞訊大喜曰：「不意曾國藩一書生，乃能建此奇功」。當時有一位妒忌曾氏的軍機大臣祁寯藻對曰：「曾國藩以侍郎在藉，猶匹夫耳，一時崛起，從之者萬人，恐非國家之福也」。奕詝默默變色，內心不無恐惑，但在事實上又不能不用湘軍以對抗太平軍。

湖北戰場 湘軍收復武漢後奕詝諭令曾國藩以兵部侍郎銜辦理軍務。水陸兩軍沿江東下，羅澤南，塔齊布克大冶，興國，彭玉麟，楊載福克蘄州。十月太平軍秦日綱，韋俊部至半壁山，被湘軍羅澤南部戰敗，湘軍水師破橫江鐵鎖，焚敵船四千餘艘，秦韋放棄田家鎮，曾國藩，胡林翼率軍直抵九江，太平軍石達開，羅大綱來援，擊敗湘軍。湘軍水師一部入鄱陽湖，一部留長江，被羅石截為兩段。太平軍留林啓榮駐守九江，太平軍韋俊部溯江而上，五年三月三度佔領武昌，此次佔領時間約廿閱月。

江西戰場 湘軍入贛，處境相當艱苦，曾國藩奏請胡林翼為湖北巡撫。胡圖攻武漢，曾又求援於胡，胡又分兵於江西，曾令羅澤南增援湖北，此時石達開自鄂來贛，與天地會黨合流。於咸豐五年底佔領瑞州，黃州。六年正月佔領吉安，再敗湘軍於樟樹鎮，湘軍僅有南昌，廣信，饒州，贛州，南安等五郡，其餘八十餘州縣，均為太平軍所有。進逼南昌，湘軍劉長佑，曾國華，曾國荃來援，南昌情勢轉危為安，不久石達開東歸，韋昌輝主持江西戰事，與湘軍呈相持之局。

太平軍北伐失敗 咸豐三年，太平軍定都金陵後，楊秀清以預定計劃，遣丞相林鳳祥，李開芳率軍北伐。四月林鳳祥，李開芳統率北伐軍，分別由南京，揚州出發，破滁州，鳳陽，向西北陷蒙城，亳州，五月入豫。陷商邱，圍開封，不下，經中牟，由鞏縣渡黃河，攻懷慶。清援軍南下，解懷慶之圍。林李西去山西，陷垣曲，絳縣，洪洞，東走長子，潞城。八月底入直隸，陷臨洛關，任邱，柏鄉，藁城，琛州，東佔獻縣，滄州。九月北佔靜海，楊柳青，直薄天津，清兵決堤，不得前進。時科爾沁郡王僧格林沁駐兵楊村，清將勝保迎擊，遂成相持之局。

林李解京遇害 林李率軍北伐出發之後，楊秀清再遣丞相黃生才，陳世保，北上增援，由皖中六安北進正陽關，蒙城，豐縣（江蘇）金鄉，鄆城，冠縣，臨清。此時僧格林沁，勝保，迫林李北伐軍自靜海退至阜城，勝保克服臨清，太平軍大部潰散，林李放棄阜城，林鳳祥據連鎮，被僧格林沁部擊潰。咸豐五年正月被擒，至北京遇害。李開芳入恩縣，與黃生才會師高唐州，黃生才被勝保俘虜。李開芳自高唐州南走茌平，馮官屯，於咸豐五年四月被僧格林沁消滅，解京被殺。

北伐軍於咸豐三年四月出發經皖，豫，晉，冀四省，歷時五閱月。在直隸，山東流竄一年有半，至咸豐五年四月完全消滅，此後太平軍勢力，未達黃河以北。

江南北大營 當太平軍進入南京以後，湘勇未大舉離湘以前，在金陵外圍與太平軍對峙，在南，惟向榮之江南大營，在北，惟琦善之江北大營。

李秀成解天京之圍 太平軍在永安突圍北上，向榮軍由廣西尾追武漢，清命向榮爲欽差大臣，太平軍入南京後十日，向榮軍亦達南京城東廿里之孝陵街紮營。而向榮軍得張國樑部之合作，號稱勁旅。四月清廷命琦善爲欽差大臣，統直隸，陝西，黑龍江步騎軍，由河南進薄揚州，此時揚州已爲太平軍的北伐軍林鳳祥部所陷，琦善遂與大學士勝保，提督陳金綬分營揚州城外。咸豐三年太平軍退出揚州。四年二月琦善病歿，清派江寧將軍托明阿爲欽差大臣，督揚州軍務。

江北大營崩潰 當時清軍畏首畏尾，多不願戰，其軍政之腐敗，亦不能當太平軍之銳氣。咸豐五年太平軍爲解除天京的威脅，三月遣兵四路攻揚州，至六年三月江北大營崩潰。

江南大營初次瓦解 當時清軍吉爾杭阿部由上海來援，被太平軍的李秀成部擊潰。太平軍乃分兵兩路由李秀成，陳玉成統率，進攻江南大營，石達開部由皖來援，江南大營在李秀成，陳玉成，石達開三部會攻之下，遂於咸豐六年五月被擊潰，天京解圍，七月向榮死於軍中。清廷以和春繼任欽差大臣，督江南軍務，戰事告一段落。

天京政變諸王殘殺 湘軍於戰鬪中建立起來，自咸豐三年至六年（一八五三—五六）這四年來的戰果，湘軍僅控制南昌等五郡，江西局勢穩定。安徽太平軍佔着優勢，江北大營崩潰，江南大營瓦解，太平軍北伐徹底失敗，天京之圍解除，太平軍仍能固守武漢；就全局而言，天國還算有個局面。不幸咸豐六年八月天京發生政變，諸王猜忌，互相殘殺。據蔡丏因記其事曰：

> 天京旣解圍，羣臣皆置酒相賀，爭頌秀清功德，秀清益自負，賴漢英大憤，賴漢英者天后賴氏之弟也，密陳於天王曰：「東楊今跋扈肆欲，樹不逞之黨，絕君臣之禮，想亦天父所不許也。若不早圖悔無及矣」。因說天王召北翼二王，返京圖之，天王從其言。
>
> 秀清欲示富於北韋，闢府中正殿，命典錄官親主庖事，賴漢英先伏勇士萬人於東府後，羅樹瓊裹甲備接應。昌輝飾死士爲孌童，戒備以往，秦日綱從，酒酣，昌輝起白事，遽抽刀貫秀清胸，刄出於背，階下死士舉信號，漢英自後掩入，甲士斷前門，府中遂遽戰，自日中至夜半，戰方息，遂火東府，盡殺秀清家屬及其黨萬人，日綱亦死於亂軍中，昌輝醢秀清屍以爲羹，盡啜諸怨秀清者。
>
> 昌輝遂代楊氏秉朝政，達開自湖北聞變亟歸，遇昌輝於朝堂，責之曰：「東揚跋扈，不得已誅之可也，奈何食肉以爲快？且其家屬何罪，而盡殺之也」。昌輝勃然曰：「子亦黨楊氏耶？悻悻然歸，陰召其黨曰：「不去石氏，吾患未已」，達開聞之，連夜亡去，偵者以告，昌輝頓足曰：「我旣不仇石氏，石氏仇我

怨不可解矣」，遂以兵圍翼王府，殺達開母妻十餘人，天王救之不及，跋扈之狀有甚於楊。達開大憤，欲悉收皖鄂之兵圍天京，天王懼，復與東翼二府餘黨謀，殺昌輝，夷其族，傳首寧國，以謝達開。甘言召達開回，達開既至，使如楊秀清故事，輔朝政。而楊韋餘黨，跋扈終疏達開，達開危懼不自安，遂返安徽，思自皖而鄂以入川。自咸豐六年秋，北韋，翼石相繼離開江西，整肅東楊，湘軍乘機，次第恢復各州縣，太平軍遂在江西失勢。

胡林翼收復武昌 六年三月，韋俊突出武昌，羅澤南左額中彈死。胡林翼奏請李續賓代領其衆，督攻武漢，十一月收復武昌。

第三節　湘軍出征與長江激戰

咸豐六年九月石達開離天京，走安徽，一去不返。自是金田起事諸王，零落殆盡。中樞無人，天王從太平軍中選拔兩個後起之秀：一爲英王陳玉成；一爲忠王李秀成。

佞臣用事混亂朝綱 太平軍佔金陵時，秀成爲胡以晃理事，後隨胡以晃西征，秀成爲二十指揮，與十六指揮陳玉成，同時被選用。諸王內訌後，晉封玉成爲英王，秀成爲忠王，秀成專主兵事，忠貞苦撑，直至太平天國終局。天王又封李世賢爲侍王，黃文金爲堵王，楊輔清爲輔王，其餘踵起封王者約九十餘人。而朝政操於天王兄弟安王仁發，福王仁達之手。天王佞臣蒙德恩與之勾結，這三人貪婪險刻，狼狽爲奸。刑賞黜陟之事，任所欲爲，朝綱蕩然。李秀成見天國危機，上奏天王，勸其擇才而用，定制恤民，肅正朝綱，明定刑賞，仍重用翼王，不用安福二王，秀全不納其言，反被罷黜，秀成再上書奏陳，並有陳玉成等力爭，才復秀成職位，當時太平軍將領離心離德，已呈瓦解之勢，據秀成說：

此時人各有意，而心各有不敢自散者，因聞清朝將兵，凡拿是廣西之人，斬之不赦。是以各結爲團未散也，若清朝早肯赦宥廣西之人，解散久矣。（李秀成供狀）。

以上所述是楊韋慘殺後的天國政情。李秀成固有軍事天才，惜天國後輩之中，僅此一人，其擔當大任太遲，且受二洪節制。其忠心耿耿，僅能延續天國壽命，難以應付湘軍的攻勢扭轉危局了。

林翼撫鄂政績卓著　在天國政治腐敗之際，湘軍胡林翼已收復武昌，進而經營湖北，鞏固了湘軍的根據地。咸豐七年二月，曾國藩因父喪回籍守制，請開兵部侍郎缺，奕詝允之，湘軍由胡林翼負責，胡爲湖北巡撫，巡撫以上還有兩湖總督爲滿人官文。林翼納幕僚閻銘敬建議，竭力與官文合作，經營湖北。清廷對胡氏也特別信任。因此胡氏的權限專一，地位也日益穩固。其一面整飭吏治；一面擴充軍力，不僅鞏固了湘軍的後方，且增强了戰鬬的力量。

江南大營恢復　咸豐六年七月向榮死，和春繼任，督辦江南軍務，張國樑仍爲和春的股肱之將，恢復江南大營，和春倚勢提高聲望，遂參奏主持江北大營的德興阿，朝廷因將德興阿等罷黜，清廷派保勝繼任，督辦江北軍務。咸豐七年夏，張國樑部恢復瓜州，鎭江。十一月進軍秣陵關，江北大營保勝部，移軍浦口，再度圍困天京。

江南大營再潰　咸豐八年三月，李秀成謀解天京之圍，窮極生智，決定先向脆弱的江北大營進攻，秀成統兵五千，一擧擊敗保勝軍，佔領滁州，並與在安徽的陳玉成部聯繫。約定八月會攻揚州，保勝軍大敗，江北大營瓦解。

咸豐九年底，江南大營勢盛，天京附近諸要地，相繼淪陷，李秀成決定出奇兵遠攻蘇杭，斷江南大營之糧源，十年正月先派兵四出擾亂，秀成自統一軍先攻武康，繼下杭州，和春果然派兵往救，俟和春兵力分散，秀成放棄杭州，秘密退兵，杭州清軍未追。三月中旬秀成派輔王楊輔清攻秣陵，雨花台，秀成，世賢經句容攻漓化鎭。陳玉成經大勝關攻善橋。閏三月上旬東西南三路大擧進攻，江南大營因兵力分散，太平軍則以主力作戰，清軍大潰，江南大營瓦解。

太平軍席捲江南　此時太平軍在長江下游轉守爲攻，閏三月底，佔丹陽，張國樑戰死，兩江總督何桂清逃走，即下常州，和春亡，繼陷無錫，蘇州，宜興，江陰，太倉，清浦，長興，松江，嘉興等縣。一月之間，除鎮江上海外，江南悉入太平軍之手。

咸豐十一年三月，太平軍李世賢部自贛入浙，陷金華，處州，紹興，台州，寧波。九月，李秀成再圍杭州。十一月杪佔領杭州，十二年五月太平軍控制浙江全省。

石達開戮於成都　七年正月，石達開率軍自皖窺浙江，圍衢州、處州、溫州、全浙大震。達開欲獨樹一幟，別有所圖。十月由浙入閩，由閩入贛。八年正月由贛入湘；三月趨新田，圍永州。五月清廷促曾國藩再出，待六月石達開圍寶慶，曾胡調動大軍，予石達開以打擊，石解圍入黔。九年九月復入湖南道州，南入潯州。十年五月，達開部將余明善率萬人降清，朱洪新全軍被殲於桐梓；時天王召達開還天京，達開報書不還，十一年閏八月達開率殘部四萬餘入黔，由黔入滇，十二年二月由滇入川。在米糧壩渡金沙江，誤入邛部土司境，將過大渡河，前隊結筏已渡東岸，時日薄西山，達開懼清兵來襲，令已渡者返西岸，準備明日全部渡江。是夜，暴雨，大渡河水漲數丈，而東岸清軍忽至，達開遂陷絕境，力竭被縛，戮於成都，年四十三。

東南到處有啼痕　達開於太平天國諸王中深得人心，因其所行仁義，兼攻詩文，國藩頗愛其才，曾以書召之，達開報之以書曰：

滌生大帥足下：僕與足下各從事於疆場，已成敵國，忽於戎馬倉皇之際，得大君子賜以教言，得勿慕羊祜之風，不以僕爲不肖，以陸抗相待耶？今謹以區區之意，用陳左右，夫僕一庸材耳，漢族英雄，雲龍風虎，如僕者烏足以當大君子之過頌！然足下以一時之勝負，即謂天意，則謬矣。

漢高履險被危，方成大業，劉備艱難奔走，始定偏安，苟其初亦諉以天意，誰與造後來之事業？又試問兩年之間洪王收復天下之半，揮軍北上，淮揚底定，此則天意又何在乎？歷來開國元勳，皆捨命効力，西南二王之死，亦常矣。且足下之意，有爲僕所不解者，豈茅草下士，遂不足以圖大事哉？秦楚雖雄，而天命所歸乃在泗上屠狗之輩。蒙古豈弱，而大業所就，却在皇覺寺之僧徒，此足下所知也。足下固讀中國聖賢書者，春秋夏夷之辨，當亦熟聞之矣，自昔王猛輔秦猶未至彰明寇晉，許衡滅宋，死後猶不欲請謚立碑，蓋內疚神明，不無慚德，而足下喜勳名，樂戰事，猶或可爲。以虜廷七葉相傳，頌爲正統，此則僕所深爲詫異者，誠爲不料足下竟有此言也。辱承錦注，欲以名器相假，然則足下固愛我，而猶未知我也。曩者，兵抵三湘，直趨鄂岳，足下高樓廣榭，巍然無恙；凡鳥過山，未敢留刺，今幸賜教言，且慚且感。僕不知如反其道以施之，設僕等所事不成，若他日足下辱過敝廬，會能再動今日之愛情否耶？既蒙錯愛，謹以函謝。今當西征，席不暇暖，無以把晤，謹附俚詞五首，以塵清聽，足下觀之，當笑曰：「孺子其自負哉！」（錄自石達開詩鈔）

其詩之一曰：

揚鞭慷慨蒞中原，不爲仇讎不爲恩，祇覺蒼天方憒憒，莫憑赤手拯元元，
三年攬轡悲贏馬，萬衆梯山似病猿，我志未酬人已苦，東南到處有啼痕。

吾人讀其詩文，見明華夷之辨，極可敬佩，惜其拒返金陵，未能扶新朝之將傾，致失「拯元元」之志，圖割據西川，將叛兵潰，終遭殺戮，亦云悲矣。

雙方爭奪安慶　咸豐七年以後，太平軍在江西失敗，雙方爭奪安慶，李秀成佔領江浙，再潰江南大營。太平軍將領陳玉成在安徽的江北一帶負責軍事，李秀成兼領天京內外及附近各要地，馳驅長江下游的江南江北。湘軍克服武漢，胡林翼經營湖北，後方鞏固，遂東進圖皖贛。八年四月，湘軍將領李續賓克九江

遂向安慶進軍。九月，趁陳玉成東去，陷桐城，舒城，三合集。陳玉成班師應戰，斷湘軍舒城後路，與李續賓激戰八日，李秀成派兵來援，湘軍六千人陣亡，精銳喪失，遂解安慶之圍。九年五月以後，曾胡合議，併力圖皖，曾國藩認爲安慶爲攻克南京必爭之地。九年冬，曾胡遣隆多阿，鮑超在太湖潛山擊敗陳玉成。十年正月，湘軍再薄安慶。時閏三月和春傷亡，張國樑戰死，左宗棠聽說國樑戰死，便說：「天意豈有轉機乎」？或問其教，其答曰：「江南大營，將蹇兵疲，豈足付賊，得此一圖洗蕩，後來者庶可措手耳」。事實上果不出其所料。清廷於此時已不能再派欽差大臣，恢復江南大營，因此就不能不重用湘軍。咸豐十年四月，授曾國藩爲兩江總督，兼欽差大臣，節制水陸各軍，負起軍政全責。六月曾國藩移軍皖南祁門，準備進攻江南，皖省軍事由胡林翼，曾國荃負責。李秀成因安慶爲天京外圍據點，遂約陳玉成大舉西征。十一年二月，玉成自皖北西進，佔英山、黃州，武漢震驚，時有英艦自漢口東下，在黃州勸玉成勿攻漢口，玉成恐遭外人干涉，轉攻孝感，黃陂返皖。李秀成率所部經皖南浙西，入贛攻鄂南，佔據興國，通山，鄂城等地，因與玉成失去聯絡，於十一年六月爲湘軍所迫，向贛浙撤退，陳玉成在江北進軍，李秀成在江南進軍，均未動搖湘軍的後方的根據地—武漢，亦未使曾國荃放棄安慶之圍。

湘軍收復安慶 十一年四月干王洪仁玕率太平軍及捻黨，西援安慶。被隆多阿截擊。四月，玉成兩度進援，復爲隆多阿所擊潰。七月，輔王楊輔清三度增援，又爲隆多阿所敗。未久，四度增援，安慶城內太平軍出城接戰，曾國荃以兵拒之。十一年八月初一日克復安慶。太平軍一萬六千人被殲。隆多阿部收復桐城，陳玉成不得已，北退廬州，天王革其爵職。同治元年四月隆多阿克廬州，陳玉成北走壽州，被苗沛霖所執遇害。

安慶失守，陳玉成遇害，爲太平軍最嚴重的一次慘敗，不僅犧牲一員戰將，且失去天京外圍據點，這在軍事上堪稱致命的打擊。此後天國上游重鎮，悉入湘軍之手，天京儼如孤城，其時天王生活，驕奢淫逸，天國政治毫無復興改造的希望了。

第四節　湘軍決戰與天京克復

咸豐十一年冬季以後，對太平軍作戰的武力，除了湘軍外，還有淮軍與常勝軍。

咸豐十年太平軍進攻淞滬，吳中士紳到安徽請援，曾國藩奏遣李鴻章募淮軍赴滬，其密疏曰：「才大心細，勁氣內斂，可勝江蘇巡撫之任」。同治元年二月得旨許可，曾氏遂命李鴻章赴淮南招募淮勇數千人，悉仿湘軍編制與訓練，又選湘軍將領程學啓，郭松林及湘軍一部受李統率，此爲李鴻章領導淮軍的由來。同治元年（一八六二）上海紳商僱外輪十艘，並携餉銀十八萬兩，到安慶迎接援師，三月李鴻章率淮軍抵滬，與長江上游的湘軍彼此呼應，夾攻太平軍。

組織洋槍隊　咸豐十年七月，李秀成進攻上海，當時上海已成爲中外商人闔集之地，感受太平軍的直接威脅，都想設法抵禦，中國士紳肯出錢組織武力，而英法美諸國商人爲了他們的商業利益，也改變他們對太平洋的嚴守中立的態度。及李秀成進攻上海時，英法水兵助清軍固守，以軍艦攻擊太平軍，英法宣佈保衛上海，由美人華爾 Ward 統領，名曰洋槍隊，初爲五百人，一戰而得松江，軍聲大振。蘇松太道吳煦以厚餉募勇數千，此後增至四五千人。其中有歐洲人一百名，馬尼剌人二百名。

李秀成要求外人中立　十一年十二月李秀成攻陷杭州，率軍進迫上海，事先曾要求外人中立。但英法帝國主義者沒有接受。因英法兩國於咸豐十年九月十一日，已與清政府成立北京條約，已從清政府方面，取得若干商業利益，同時在太平軍的佔領區域，陷於長期的戰爭狀態，經濟破壞不堪，社會秩序，難以恢復，通商利益更無從談起。這是英法不接受中立要求，反而支持湘淮軍與太平軍作戰的基本原因。

成立常勝軍　同治元年正月，洋槍隊統領華爾，英海軍提督 Hope，法海軍提督普羅帖助淮軍戰敗李秀成軍於浦東，普羅帖戰死。二月華爾在上海西南之泗涇再敗太平軍；於是改洋槍隊為常勝軍。三月太平軍反攻，被常勝軍擊潰。四月常勝軍改守為攻，肅清上海四周。八月常勝軍一部調浙江助戰，華爾戰死慈谿，美人白齊文 Buryevine 繼任統領，常勝軍五千與淮軍克嘉定，太平軍譚紹光部反攻被擊退，旋因白齊文掠奪餉銀，被撤職，憤而秘密率西人數千，小輪一艘，駛往蘇州，投降太平軍。

常勝軍淮軍聯合攻勢 時北路淮軍李鴻章，劉銘傳自常熟攻江陰，無錫；中路程學啓自昆山攻蘇州；南路湘軍水師進向太湖，三路西進。常勝軍白齊文投降太平軍後，英人戈登 Gorden 繼任，在吳淞就職，時年三十一歲，常勝軍人數仍有五千，歐洲軍官一百五十人，槍有英製滑口槍，旋條槍，野戰砲，攻城砲，蒸汽砲艦，架浮橋士兵，戈登率此完全新式裝備之常勝軍，於同治二年四月以後，連克太倉、崑山、嘉興、吳江。當戈登攻蘇州時，李秀成派白齊文往援不利，竟異想天開，擬說服戈登，期於清朝之外，另立王國，因此不獲秀成信任，大失所望，又降戈登。

收復蘇常 十月守蘇州的太平軍中，湖南人與廣東人內訌，軍心動搖，秀成返天京，內變遂起，納王部永寬殺譚紹光以降，十月廿四日李鴻章收復蘇州。時北路湘軍亦克無錫。十一月初，淮軍攻常州。同治三年正月淮軍與常勝軍，攻佔宜興，截斷浙江太平軍的聯繫。二月太平軍東進常熟，無錫一帶，三月鴻章與戈登以全力猛攻常州，四月初六日克服常州，屠殺太平軍七千人。四月初八日鎮江馮子材克服丹陽，此時江南太平軍之據點，祇剩被湘軍圍困之金陵一點了。

左宗棠收復浙江 咸豐十一年三月左宗棠破太平軍李世賢部於贛東，四月，清廷命左宗棠幫辦曾國藩軍務，十二月又命左宗棠辦浙江軍務，授巡撫，自成一軍駐江西。同治元年正月破太平軍楊輔清於開化，率所部八千進入浙境，與李世賢對峙於金華一帶。同治二年正月間克服金華、嚴州、永康、桐廬、錢塘江上游一帶，三月授浙閩總督，八月收復富陽，左軍直薄杭州，太平軍守將陳炳文棄城北走，三年二月十四日克復杭州，同月，程學啓克復嘉興傷亡。自是浙江全部收復。

胡林翼病歿　咸豐十一年八月湘軍曾國荃部克復安慶，湖北巡撫胡林翼曾往視師，策馬登龍山瞻眄形勢，喜曰：「此處俯視安慶，如在釜底；賊雖强，不足平也」。既復馳至江濱，忽見二洋船鼓輪西上。迅如奔馬，疾如飄風。文忠變色不語。勒馬回營，中途嘔血，幾至墜馬。文忠前已得疾，自是益篤，於八月病歿軍中。

曾國荃圍天京　曾國藩派李鴻章規復江蘇，委左宗棠經略浙江，並派國荃進攻天京。同治元年二月，曾國荃自安慶向南京進攻，彭玉麟水師在江上活動，鮑超在皖南東進，隆多阿在皖北東進，三月曾國荃克巢縣，和州。四月，國荃渡江，克太平，蕪湖。五月初抵雨花臺紮營，所部近二萬人。此時陳玉成在皖北被俘，楊輔清受制於鮑超，李世賢在浙江受困於左宗棠，李秀成在蘇常間受制於常勝軍與淮軍，太平軍因兵力分散各地。曾國荃得以長驅直入，圍困天京。

秀全之輕妄　天王命李秀成回援，秀成將蘇州之事分交部下負責，秀成自回天京，秀成見湘軍在南京城下列營環攻，知天京難以保全，勸洪秀全棄天京率衆突圍別作良圖。秀全不從，且斥秀成曰：「朕奉天父皇上帝及天兄耶蘇聖旨，下凡作天下萬國主，獨一眞主，何懼之有？不用爾奏，政事不由爾理，爾欲外出，欲在京，任由於爾！朕鐵桶江山，爾不扶，有人扶，爾說無兵，朕之天兵多過於水，何懼曾妖乎」？旋南京絕糧，秀全令人民飲露充飢，說露是天食，秀成又請自擁幼主，西走江西，天王留京待援，亦不允。一心希望天父天兄降兵援救，無異坐以待斃。

天京陷落天王自殺　曾國荃於同治三年正月圍困天京，六月一日起，向天京猛攻，連續十五日，至六月十六日把外城攻破，夜間破內城。其攻城之法一用梯攻，天國之兵在城內，曾兵在城外，使用爬城戰術攻擊；一爲掘地道，從城牆外於城牆下掘地道，在太平門附近，塌廿餘丈，湘軍一湧而入，其他各部自神策門，寶聚門，水西門而入，秀成下令放火，巷戰三日，城內太平軍十萬，慘遭殺戮，但無降者；天國官員死者三千餘人，曾國荃捕獲天國烈王李萬才，方知天王洪秀全已於四月廿七日服毒自盡。

李秀成之死　天王繼承人爲幼主洪福瑱，城陷時秀成携幼主自缺口逃出，途中失散，福瑱流落江西，在石城縣被江西軍席寶田部擒斬之，太平天國亡。秀成在城北澗西村被捕，乃禁之署內，逐日排宴，待以客禮。秀成日書起事本末爲供辭，積十餘日，可數萬言。七月六日國藩宴秀成，酒罷，對之太息曰：「是誌別也」。秀成曰：「敢不惟命」。退入別室，自刎死。國藩割其鬚髮，以碟聞。城中居民，設祭而哭者數萬戶，爲之罷市。

第五節　湘軍勝利與太平軍失敗的分析

任何一樁轟轟烈烈的事業，須賴於各種條件的配合，才有成功的希望。成功不是僥倖的，失敗更非偶然。我們檢討太平天國的失敗，湘軍的勝利，不能單從某一角度來分折，而必須從整個的局勢，作一全盤的研究，才不會有偏激的論斷。

太平軍之所以興起，其發展之所以迅速，是由於當時連年水旱天災流行，會黨活動以及清廷政治腐敗，軍備廢弛，人民怨聲載道，各地災黎遍野，所以金田一呼，而四方飢民蠭起響應，進入長江，則集結達四五十萬衆，聲勢何等浩大，軍威又何其雄壯！自入金陵，太平天國的政權，祇有十餘年的時間，就被幾個儒生所撲滅！這一次大規模的反清運動失敗之後，予後人以若干惋惜之情，洪秀全的失敗，即曾國藩的勝利，玆分析其因素於後：

維道與反常　太平軍的神權號召，違背中國的傳統精神，太平軍的領袖洪秀全，楊秀清等人，都是信崇上帝的，並創立上帝會以糾合群衆，秀全並自命爲上帝的次子，代表上帝來拯救世人，恪守天條，破除偶像。除上帝稱天父外，餘皆稱兄弟，姊妹；並把此種思想灌輸給他的士兵。這種天父上帝的觀念，視父母爲兄弟姊妹，破壞人倫關係，實與中國數千年禮教的傳統思想相違，太平軍佔領地區，男的入館，女的入館，雖爲夫婦，不得同居，破壞家庭，則爲人情所不容。因此失掉人民的同情，更爲一般社會上有潛在勢力的儒生所激烈反對。所以曾國藩就以維護名教者自命，而爲終生事業的基礎。他在討粵匪檄中，歷數太平軍擾亂社會秩序，破壞中國固有的倫常，強迫人民信仰上帝，焚燬神像及宗廟；另一方面以保衛地方，號召兩湖三江人民，以名教奇變，刺激士大夫階級，以反對焚燬神佛，刺激下層群衆。於是湘淮軍的幹部人物多爲儒生，動以維道之責；湘淮軍的下級群衆爲農夫，教以維護禮俗。所以曾氏登高一呼，士大夫與鄉民即潮湧至者，其原因在此，湘軍將領與士兵，以精神教育，成爲一支有主義的軍隊，其不顧犧牲者亦在此。

團結與內訌　團結就是成功的保障，分裂就是滅亡的因素。天國諸王，互相殘殺，是太平軍致命的創傷。最初洪楊起事時均爲共同的希望而奮鬪，故能協力同心，共圖大擧。及踞金陵，爲繁華迷惑，養尊處優，專務聲色，往日倚爲心腹股肱者，今者彼此隔閡，猜忌日生。到咸豐六年，內訌由暗鬪而表面化，楊秀清，韋昌輝相繼被殺，石達開出走。此時禁令則徒立科條，軍務則全憑文告，氣脈不通，已成痲痺不仁之象。其後天王雖起用名將李秀成，然而獨木難支大厦之將傾，太平天國的瓦解，也就成了註定的命運。湘軍領袖曾國藩及其幕府，均爲純潔的書生，富有淳深的修養，嚴肅的生活，遠大的眼光，以天下爲已任的抱負，且能始終團結不渝，始底於成。

根據地的重要　太平軍的政策，只顧攻城，不顧治地，佔一城失一城，轉變而爲游擊式的活動，一直衝到南京，弄得清朝手忙脚亂，應付不及，這是太平軍的單純的軍事勝利；其失敗之要，沒有建立根據地，未能攻陷長沙，控制湖南，而予曾國藩以訓練湘軍的根據地。長江上游的武漢，也棄而不守，嗣後雖兩度攻佔，終未守住，待湘軍克復後，胡林翼營經湖北，使湘軍的根據地擴大，立於不敗之地，而天京則長期感受圍困的威脅。

戰略大異 戰略可以決定軍事的成敗，太平軍攻佔南京後，沒有集中主力，去摧毀滿清最後的堡壘—北京。因爲沒有攻下北京，清朝始終有一個發號施令的機構。在一般人民的心理上，仍舊存在一個政治中心。太平軍沒有乘清軍殘敗之際，迅速殲滅江南江北大營，早日解除對天京的直接威脅，也沒有迅速佔領長江下游，乘外人同情之際，佔領上海；其後雖派林鳳祥，李開芳北伐，陷於孤軍深入的錯誤，被清軍全部殲滅。精銳喪失，毫無所得。北伐失敗後，不再圖北伐，反而保守南京，使敵人從容佈置反攻，又犯了兵力分散的錯誤，常處於被動的地位；特別在後半期，多採取防禦戰。如李秀成守南京，不如西奪皖贛，據長江上游以號令天下，旣使有損失，猶擁兵五六十萬，尙足馳騁中原。彼等守危城，譬處籠中，以待食絕，乃必亡之道。總之，太平軍的軍事行動，始終沒有一個全盤戰略，而湘軍則不然，他們雖係地方團練但在曾國藩領導下，却穩紮穩打，鞏固後方，再向前推進，所以終獲最後勝利。

人材的比較 人材在戰鬪集團中，也是決定勝負的主要條件。湘軍與太平軍兩面軍事人材的比較，可以說相等。雙方都有戰將，湘軍有羅澤南、江忠源、駱秉章、胡林翼、左宗棠、彭玉麟、隆多阿、曾國荃、鮑超、李續賓等等；太平軍則有韋昌輝，石達開、林鳳祥、李開芳，韋俊、李秀成、陳玉成、李世賢、楊輔清等等；都能衝鋒陷陣，攻城野戰，但在政治人才方面，湘軍則優於太平軍，如駱秉章經營湖南，胡林翼經營湖北，左宗棠規復浙閩，李鴻章收復江蘇，都很有建樹。太平軍的石達開，李秀成，雖深得民心，石達開因長期流竄，未能在一地久治，表現政績；李秀成因任事太遲，又專主兵事，其政治天才在天國晚年，受二洪牽扯，未得發揮。

士氣的分析 湘軍建立新營制度，此種辦法，是淘汰老兵，因爲士兵從征日久，漸染暮氣，善良者常懷歸思，狡黠者或為會黨所誘而蓄異謀，故必須遣散老兵，招募新兵，這種新陳代謝的制度，使湘軍的士氣旺盛，鬪志堅强，故其能橫掃天下，所向無敵，這是一個最大的關鍵，而太平軍則未建立此種淘汰制度，所以出戰十多年，轉戰數千里的士兵，不無故國之思！其內心憤恨，弄得兵無鬪志，將有怨尤，使整個士氣消沉，因此就失敗於士氣旺盛的湘軍了。

常勝軍的參戰　太平軍佔領南京，因其宣傳基督教，想建立基督教王國，所以外人最初都表同情，嚴守中立；後來見太平軍的領導人物，腐敗奢侈，燒殺破壞，實與基督教精神相違，甚至稱天王為「神經錯亂者」。於是外人遂放棄同情的態度，轉而對天王不滿意，並因在太平軍的佔領區域，秩序不能恢復，破壞帝國主義者的商業利益，外人雖然對清政府不滿意，但清政府與英法締結天津北京條約，使英法在中國的商業範圍擴大，因此英法決定組織常勝軍，協助湘軍對太平軍作戰，俾早日恢復江南秩序，維護商業利益，常勝軍的參戰，則增强湘軍勝利的把握。

以上六端就是太平軍失敗，湘軍勝利的因素，其中以天王迷戀江南財富，沉溺洒色，諸王內訌，使聲勢浩大的反清運動，付諸流水，一切理想，均成泡影，此為讀史治史者深為惋惜的了。

第六節　太平天國對國民革命及其他的影響

太平天國的反清復漢運動，雖然失敗，但其歷史價值，則上承民族革命的傳統，下啓國民革命的發展，故其影響甚大。茲舉要者說明於後：

民族革命的影響　太平軍起事之際，三合會黨人，紛紛加入，故洪秀全承襲民族思想，其反清目的，雖未達到，但也獲得部份成功。太平天國以前，清廷用人，素存滿漢畛域，中樞官員雖滿漢兼用，實權則操滿人之手。地方疆吏，滿人佔十之八九，咸同以降曾國藩，左宗棠，李鴻章等湘軍將領，以消滅太平天國之功，咸掌軍政要職。當時各省督撫，多為有功的中興名臣，朝廷每有內外大事，必徵詢彼等意見，因此疆吏的權柄漸重，太平軍的目標在推翻滿清政府，這個目標，太平軍沒有做到，但清政府的軍政大權轉移於漢族之手，使漢人勢力復甦，民族革命完成一半。

湘軍推翻太平天國後，湘軍解散，多參加哥老會。太平軍瓦解以後，其餘衆多半亦參加會黨。據說江南提督楊金龍為哥老會首領，左宗棠被稱為大龍頭（即哥老會頭目）。太平天國雖然滅亡，而民族革命的勢力，反因而擴大。後來這些會黨都參加辛亥革命。洪秀全的反清復漢運動，祇削弱了滿族的政權，而中山先生的興中會，同盟會却推翻了滿清的統治。

太平天國的輔王楊輔清逃到美洲的舊金山，為美洲華僑三點會的創始者。後來蔓延甚廣，與國民革命運動關係甚大。

政治革命的影響 太平天國的政治成就不大，因洪秀全的帝王思想與階級觀念非常濃厚，自為天之驕子，其家族為特權階級，凡諸王駕出，朝中大小官員，都要迴避，或跪立道傍，否則斬首不赦，又規定上下等級的稱呼，如世子稱幼主萬歲，長女稱天長金，丞相至軍帥皆稱大人，子稱公子，女稱玉，妻稱貴嬪、貴姬，均加稱貞人。師帥至兩司馬，皆稱善人，子稱將子，女稱雪，妻稱貴嫻貴婕，均加稱夫人。這種稱呼，都是封建思想的殘存，談不上自由平等的民主觀念。但有若干部份已露出民主主義的光芒，他們規定男女一律平等，共同參加革命行列，禁奴，禁娼，開女科，任女官，上下一體，互稱兄弟姊妹，鄉官由民選舉，這些都可以表現民主政治的精神。

社會革命的影響 太平天國的經濟制度，本是一種理想的公有制度，其理論基礎，以土地與財富均為上帝所有，任何人不得而私，其經濟政策目的，務使天下共享天父之所賜，實施有田同耕，有飯同食，有衣同穿，無處不均勻，無人不飽暖，此種主張，不能說不是一種政治理想，惟因中國數千年社會傳襲，對此種經濟制度，得不到農民的擁護，更爲士大夫所反對。所以曾國藩對於此種制度，加以尖刻的攻擊：「農不能自耕以納賦，而謂田皆天主之田，商不能自賈以取息，而謂貨皆天主之貨」。……其土地政策，先分田爲九等，依照人口分田，不論男女，十六歲以上授田，十五歲以下減半。好田醜田，平均配授。人民除耕田外，還要種桑養蠶，織布縫衣，蓄養家畜，每年收穫，除自用外，餘歸國庫。如遇婚喪喜慶，均由國庫開支，這是一個共享共有，各盡所能，各取所需的社會。這個理想社會，無異於烏托邦。其天朝田畝制度的理想，似爲中山先生平均地權思想的前驅，而爲其民生主義的一部。

上海租界地的起源　太平軍與湘軍苦戰時，外人乘機在上海擴大勢力，並宣布中立。又組織洋槍隊，以維護其宣言。當時國人避難者甚多，一八六〇年頒布地規，允中國人居上海居留地，是爲上海租界繁華的起源。在上海居留地內，有訴訟事件，須公堂會審，爲領事裁判權的濫觴，以上二事，後來在其他居留地亦採行了。

私有武力的濫觴　曾國藩以舊禮教爲湘軍的精神基礎，復利用鄉土觀念，加强團結，其部下互助精神特別濃厚，此固爲湘軍之優點，而流弊亦寓其中，此種軍隊只知道有官長，不知道有主帥，更不知國家，日久天長，便成爲私有軍隊，這種精神，湘軍傳給李鴻章的淮軍，淮軍又傳給袁世凱的北洋軍，我們知道民國以來的北洋軍閥就利用私有軍隊，宰割天下，分裂河山，究其歷史根源，則爲曾國藩創立的湘軍始。

民不聊生的一般　太平軍與湘軍作戰日久，民間疾苦已深，左宗棠收復浙江後，全浙百姓方漸蘇息，後人描寫太平軍蹂躪東南時，有聞見篇四章，古節古音，不減杜少陵哀江頭之作，爰次第錄此，供君一讀。

豬換婦　朝作牧豬奴，暮作牧豬婦，販豬過桐廬，睦州婦人賤於肉，一婦賤廉一斗栗，牧豬奴牽豬入市廛，一豬賣錢十數千，將豬賣錢錢買婦。中婦少婦載滿船，篷頭垢面清淚漣，我聞此語坐長吁，就中亦有千金軀，嗟哉婦人豬不如。

屋劈柴 屋劈柴，一斧一酸辛，昔爲棟與梁，今成樵與薪。市兒詆價苦不就，行行繞遍江之濱。江風射人天作雪，飢腹雷鳴皮肉裂，江頭邏卒欺老人，奪柴炙火趨城闉。老人結舌不能語，逢人但道心中苦，明朝老人無處尋，茫茫一片江如銀。

孃煮草 龍游城頭梟鳥哭，飛入尋常小家屋，攫食不得將攫人，黃面婦人抱兒伏，兒勿驚，孃打鳥，兒飢欲食孃煮草。當食不食兒奈何？江皖居民食草多。兒不見門前昨日方離離，今朝無復東風吹。兒思食稻與食肉，兒胡不生太平時。

船養姑 月彎彎，動高柳，烏蓬搖出桐江口，隣舟有婦初駕船，亂頭粗服殊清妍，櫓聲時與歌聲連。月彎彎，照沙岸，明星耿耿夜將半。誰抱琵琶信手彈，三聲兩聲摧心肝，無窮幽怨江漫漫？或言婦本江山女，名隸江花第一部，頭亭巨艦屬官軍，兩妹亦被官軍擄，婦人無夫惟有姑，有夫陷賊音信無。富商貴冑聘不得，婦去姑老將安圖？嗚呼！婦去姑老將安圖？婦人此義羞丈夫。

浙江僻處東南，與全局關係較少，太平軍初未騷擾，自金陵被圍，欲分金陵圍軍的勢力，因此浙江被兵，百姓流離顛沛，以至慘絕人寰如此，他如江西，安徽湖北等省，三番五次的遭太平軍竄擾，其殘破淒涼景象更慘於浙江了。

蓋棺論定 洪秀全自金田起事，永安建國，金陵定都，至天京陷落，自殺身死，雖僅歷十五載，而其對滿族統治權的打擊，相當嚴重。

洪秀全及其核心組織，均爲不滿意現狀而有政治野心的人物，將白蓮天理教黨的秘密方式，組織上帝會，歛錢聚衆，並曲解基督教教義，以惑衆人。起事之後，三合會黨人，紛紛加入，聲勢益大。由桂入湘北上，由武漢沿江東征，清政府的八旗綠營兵，望風披靡，定都南京後，復遣軍北上西征，朝野震撼，若非湘淮軍之力戰，常勝軍之協助，滿洲政權之顛覆，殆屬可能之事。清朝雖未被其推翻，但經此次嚴重打擊，元氣大傷，促其式微之國運而益趨衰弱了。

論洪秀全　就其學識而言，洪秀全屢試不第，知其對中國學術修養平常；其讀勸世良言，見「聲聞全世」之句，彼則解釋爲「秀全的世界」。如此解教義，可知其對基督教一知半解。故吾人判斷，洪秀全學識膚淺，思想揉雜，觀念混淆，以此支離荒謬之學術根底，不足爲創造近代國家之基礎。

就其號召而言，其揭櫫顚覆「胡妖」，恢復千百年中夏丕基，深具民族革命的意義，然其頒佈天朝田畝制度，推行土地政策，拆散家庭，建立女館，破除迷信，拆毀廟宇，宣傳似是而非的基督教，旣破壞中國傳統文化，又違反基督教的眞精神。前者即爲曾國藩組織湘軍戡亂定難的根據，後者則爲外人改變中立態度，從事武裝干涉之由來，洪秀全的反淸號召，無可厚非，其政治設施則爲國情所不容，其破壞行爲則爲國人所痛恨！中國固然需要革命，但不需要洪秀全式的革命。

論曾國藩　洪秀全的反淸復漢運動發生之後，曾國藩的維持歷史傳統運動繼之而起，洪秀全推翻滿族政權，實現太平天國的目標，未曾達到，然而曾國藩却在運用淸朝統治的條件下，以書生與農民的聯合戰線，擊敗破壞中國歷史傳統的太平軍，不僅做到讀書人延續文明的歷史責任，且維護了中國文化的歷史傳統。

太平天國雄據江左之際，曾氏首創湘軍，書生主持，上下一體，隨變局推演的趨勢，以湘軍代替了八旗綠營的戡亂責任。湘軍將領又代替了滿族掌握軍政大權。

此後，大淸帝國的軍政實權，循勢推演操在漢族之手。使漢族在滿族統治二百餘年之後，取得政治地位，使漢族獲得復甦的機會，這是近代史上一大轉變。

當湘軍與太平軍苦戰之際，英法俄三國趁火打劫，兩度攻入北京，咸豐帝出奔熱河，英法列强有立洪秀全爲帝之謀，代淸朝而統治中國，曾氏因太平軍牽制，不得率兵北上勤王。彼時曾氏於內外交迫之際，不勝戚憂，萬一英法支持洪秀全爲帝，則中國將重演五胡亂華之禍，其前途實不堪想像。故其主張不排滿淸，竭力維護滿清統治，避免改朝換帝後的戰亂，避免外人的干涉，避免亡國的厄運，曾國藩之所以維持清朝者，惟此而已。

太平天國覆亡後，湘軍將領恃功驕恣，不滿朝廷賞賜，怨聲載道，其時曾國藩兵權在握，一夕，諸將僚佐三十餘人，忽集前廳作陳橋之想，國藩嚴肅至極，良久，命左右取紙筆，就案揮聯曰：「倚天照海花無數，流水高山心自知」。擲筆起去，一語不發，倘曾氏微萌不臣之心，則中國將戰亂相尋，爲禍益深，故其苦心孤詣，維持清朝決定遣散湘軍，恃淮軍以自重，功成身退，以全名節。彼時之士大夫，科舉出身，忠君愛國，修身力行，平亂定難，克盡臣節，堪稱典型，曾氏當之無愧，吾人論史宜明古人之思，勿毁古人之行，更不當以偏隘之見解，漠視其維護歷史傳統之苦心。

歷史教訓 洪秀全標榜天國，曾國藩維護名教，苦鬪十餘載，宜視爲中西文化激起之思想戰爭，結局洪氏失敗，曾氏勝利，吾人獲得之歷史教訓，即指出中國革命的思想路線，必須在保持中國傳統文化及擷取西方文化精華下進行，才是正確的思想路線，但這個歷史教訓，被中山先生完全接受了。

總而言之，洪秀全的事業，削弱了滿族的統治權，曾國藩的事業，轉移了滿族的統治權，洪曾火併，滿清暫獲漁利，結算全局，在滿清統治衰弱中，逐漸恢復漢族的勢力，爲後來的推翻滿清的國民革命運動，舖平了康莊大路。

壬午七月十五日夜登火輪快然有感 **大院君**

凡然寄在大輪船，刀水劍山秋月天，有夢家鄉漸漸遠，無涯宇宙輕輕前，
初生應樂庚辰世，暮境那堪壬午年，窮竟安危人莫道，神明臨質十分先。

十九曉到天津又吟

奇廠層樓又擊船，天津一境是洋天，始揚艣錯西暘後，稍冷衣衫曉月前。
江海波濤十萬里，漢唐文物幾千年。如今魔拗安危誡，不我後時不我先。

第十二章　大動亂時代的外患與內亂（道光廿三年—光緒四年 一八四三—一八七八）

洪秀全以太平天國反清，曾國藩以湘軍推翻天國，就結果而言，確使漢族在滿清政府壓迫下，獲得了復甦的機會。湘軍與太平軍火拚時代，宜稱爲漢族復甦時代。就近代史而言，算得上一次大動亂，於大動亂中不僅有外患，又發生內亂；外患是英法聯軍北侵與俄帝東進。內亂是回族反抗於西南及西北，捻黨流竄淮河與黃河，本章宜分別講述之。

第一節　英法聯軍北侵與天津條約

鴉片戰爭以後，帝國主義的鎖鍊，對於中國遂愈縛愈緊。五口通商不獨使英國勢力在中國横行，而法美諸國亦步英帝國主義的後塵，對中國進行掠奪，繼江寧條約而締結中法，中美條約，就是法美侵略中國的開始；然而帝國主義並不因此而滿足其慾望，於是在鴉片戰爭結束，十年以後，又發生英法聯合對中國的繼續侵略。

廣州開港問題　英帝國主義自江寧條約締結後，挾戰勝之威，促中國政府依據條約將福州、厦門、寧波、上海，次第開爲商港，英國派遣領事於各港管理商務。惟廣州一地，民衆又揭起反英旗幟，聲勢壯大，堅決阻止英人通商，總督徐廣縉與英人改定粵東商約，而以英人不得入城之語載於約中。英領事文翰 Bou-han 於道光廿七年（一八四七）四月簽約。廣州開放延期兩年，廣縉上奏此事，清廷封廣縉一等子爵，名琛一等男爵。廣州開埠問題，官府雖以群衆之力拖延二年，終未能根本解決。

自一八四二—一八五八年間，在廣州、厦門、上海、福州、寧波等五處，繼續不斷的發生仇殺外人事件，於是官府利用群衆的反英情緒，來暫時拖延英人的入城，粵民的反英運動雖然持續，然終不能拯救清室的腐敗與無能。

亞羅號事件　咸豐二年（一八五二）太平軍北入湖南，清廷調徐廣縉爲湖廣總督，葉名琛擢兩廣總督，旋以剿匪功拜大學士，名琛更自負，他既昧於國際情勢，又不懂外交手段，對外人傲慢自大，每接文書有時略書數字批復，有時甚至置而不理。那時文翰去職，英國政府任包冷 Sir Bowring 爲香港總督，以巴夏禮 Harry Parkes 爲廣州領事，兩人常以戰勝國的使節自居，自然不堪名琛的驕傲，因此常與名琛衝突，當時廣東貧民與農民，不斷發生叛亂與暴動，名琛下令各州縣嚴治匪亂，有通匪者許吏民格殺勿論，於是到處發生仇殺事件。前後死者十餘萬人，悍民皆從匪不敢歸，一部份竄廣西江西；一部份遁居沿海群島。英人以輪船囮而召降之，並利用這批無出路的遊民，來與官府爲仇，暴民首領關鉅，梁揖等常獻策於巴夏禮，請攻廣州。但英人鑑於粵民强悍，又以出師無名，猶疑不決。惟日夜練兵，準備一戰。那時中國一般奸商，倚仗英人庇護鴉片貿易，懸英國旗幟以圖掩護，出入各港，以圖減稅而免留難，與英商狼狽爲奸。咸豐六年九月初十日（一八五六年十月八日）有中國船亞羅號 Arrow 自厦門來廣東，桅張英幟，上載英人二，華人十三，適值水師千總梁國定巡河，見亞羅號船入，知爲奸商藉英旗掩護者，遂登艇大索，捕去華人，並置英旗於甲板上，此爲亞羅號事件。

英領巴夏禮爲亞羅號事件，向中國政府提出嚴重抗議，要求送還捕虜，並對辱旗事道歉。名琛遣一微員擬送十三人於領事船，巴夏禮認爲不滿意，是時英人意在入城通商，巴夏禮因與包冷密談，欲乘機推翻前約，請求入城，乃發出「哀的美敦」書，要求履行具狀謝罪條件，限四十八時答復，名琛見書一笑置之。竟將十三人監禁起來，但又不準備應戰。

英軍攻陷廣州　英艦因亞羅船事件攻黃埔礮臺，英領事屢請面見葉名琛皆遭嚴拒，九月二十九日（十月廿七日）英艦攻廣州城，名琛令偃旗勿與戰，英軍陷城，葉名琛遁去，英軍以兵數甚少，雖得廣州，不易佔領，加之粵民之反英甚烈，屢以暴動困擾，英軍遂退出廣州，民衆火燒英美法商館及十三洋行，英兵亦在城外縱火，焚燒沿濠居民數千家，英政府聞變，極力主戰，下議院反對，首相巴馬斯頓下令解散國會，召集新國會，結果決議對中國作戰，先遣特使向中國政府要求，改訂條約，賠償損失，否則以武力解決。

查德蘭事件　英政府乃聯合法美俄諸國進攻中國，美俄因與英衝突未允，時法國拿破崙第三執政，鑑於鴉片戰爭中，英國獲利頗鉅，願與英國合作，苦無藉口，一八五七年二月法傳教士查德蘭 Chapdelaine 在廣西西林縣被殺。

名琛迷信乩語　法國遂爲口實，與英國聯合出兵。咸豐七年九月英使額爾金 Eavl of Elgin 法使葛羅 Baron Gros 率艦來香港致書葉督，要求面議改約，否則以兵戎相見，名琛以其語狂妄不屈，額爾金催促再三，皆不覆。這時美領事亦照會葉督，請酌量賠焚館損失，並願調停，名琛亦不睬；十一月初九日英法同盟軍致哀的美敦書與名琛，限四十八時內，獻廣東城，出降。名琛置若罔聞，其時將軍、巡撫、司道等相率向名琛請示戰守之策，名琛安然若無事，向衆大聲曰：「十五日必無事矣」。名琛之父志詰，迷信扶乩，名琛篤信此術，一切軍機決策，皆取決於此。所謂過十五日必無事云者，是乩語，衆無如何！而城竟於前一日陷落。

聯軍陷廣州城　聯軍至期，不得答覆，乃於十一月十二日率軍六千登陸，攻廣州，十四日城陷，聯軍入城，掠府庫藩銀二十萬兩，巡撫柏貴被俘。

葉名琛被捕　名琛於城陷復，微服匿於左都統署圃之八角亭，領事巴夏禮率兵拘捕、被擒、囚於艦中，送至加爾各答。咸豐九年三月絕食自盡。名琛在加爾各答住鎮海樓常賦詩見志，其詩云：

鎮海樓頭月色寒，將星翻作客星單，縱云一范軍中有，怎奈諸君壁上看。向戌何心求免死，蘇卿無恙勸加餐，任他日把丹青繪，恨態愁容下筆難。零丁洋泊歎無家，雁札猶傳節度衙，海外難尋高士粟，斗邊遠泛使臣槎。心驚躍虎笳聲急，望斷慈烏日影斜，惟有春光依舊返，隔牆紅遍木棉花。

薛福成讀罷曰：「未嘗不哀其志，而憾其玩敵誤國之咎也。因爲之語曰：不戰不和，不死不守，不降不走，相臣度量，疆臣抱負，古之所無，今之罕有」。其時名琛昧於大勢，對外交涉，不知循外交途徑解決，實屬剛愎自用，辦理乖謬，大負委任。其玩敵誤國之譏，堪稱公平論斷。

合治改體 廣州陷落，英法同盟軍大佐掌市政，將柏貴釋放，復其原職，命其執行政令，廣東遂在三國合治政體下統治了三年。名琛被擄，奕詝詔革其職，將軍各司道皆避居佛山鎭。

聯軍北犯大沽 英法同盟軍陷廣州之後，遂乘勢迫清政府改訂約章，俄美亦乘火打劫，要求增改通商條約，於是四國公使會商，聯名致書清政府宰相大學士裕誠，裕誠分別照會四國公使均集於上海，得裕誠書認爲不滿，遂決定率聯軍北上。咸豐八年（一八五八）三月英艦十餘艘，法艦二艘，美艦三艘，俄艦一艘，先後抵集白河口，四月八日闖入大沽口內，攻陷礮臺。清廷大震，立派大學士桂良，尙書花沙納爲議和全權大臣，並命科爾沁親王僧格林沁馳赴天津防禦，桂良，花沙納至津，英使持擬就條約五十六款，法使所擬四十二款，聲稱不許更易一字，桂良，花沙納被迫允諾，即奏朝廷。

中英天津條約 奕詝不得已，允桂良，花沙納兩全權與額爾金，葛羅二使，於咸豐八年五月十六日（一八五八年六月廿六日），依照所提各條款簽字，中英天津條約五十六款，其要點爲：

㈠中英兩國互派公使。

㈡允許英國人民携帶護照者，得往中國內地遊歷，並允許商船航行內河。

㈢增開牛莊、登州、臺灣、潮州、瓊州五港爲通商口岸外，又長江一帶，俟粤匪平蕩後，許選擇三口通商（後開鎭江、九江、漢口三處）。

㈣英民犯罪，由英領事懲辦，中國人民欺害英國人民，由中國地方官懲辦，兩國人民爭訟事件，由中國地方官與英國領事官會同審辦。

㈤減低關稅，由兩國派員，另定新稅則。

㈥此次英商損失銀二百萬兩，英國所費軍費二百萬兩，悉由廣東督撫設法賠償後，英軍始退出廣東城。

中法天津條約　中英天津條約簽定之次日，即五月十七日（一八五八年六月廿七日）中法天津條約簽字，其主要內容爲：

㈠中法兩國互派公使。

㈡增開瓊州、潮州、臺灣、淡水、登州、江寧六口爲商埠、但江寧俟剿滅粵匪後開放。

㈢各通商口岸，准法國派領事住居，准法商携帶家眷租地建房，並准法國派兵船停船，及遊弋各通商口岸。

㈣法國教士得入內地傳教，法國人民得往中國內地遊歷。

㈤法人與法人，或法人與別國人之爭執案件，由法國領事辦理，若法人與中國人爭訟，法領事不能調停者，移請官方協力查辦。

㈥法商依貨値低昂，變更稅則。中國對他國許與特權時，法國得享有最惠國條款。

㈦此次法商損失費與法國軍事費共銀二百萬兩，悉由廣東海關賠償後，法軍始退出廣東城。

第二節　英法聯軍二次北侵與北京條約

天津條約簽字後，規定明年五月在北京交換，並批准條約。

白河衝突　英法軍艦方退出白河，四國軍艦離津返滬時，粵佛山鎭的民團與群衆仇英運動愈熾烈，甚至出示懸賞購巴夏禮首級，英人遂要求和議大臣桂良，解散廣東民團，撤粵督黃宗漢職，桂良均一一答應，此時僧格林沁到天津，構築防禦工事，有恃無恐。

咸豐九年五月廿日英公使普勒士 Bruce 與法公使波爾保隆 Bourboulon 來北京換約，抵白河，時中國守兵不許英法艦通駛，英法兵艦遂開砲轟擊砲臺，陸戰隊紛紛登岸，大沽砲臺開礮還擊。英法兵大挫，斃敵四百人，英艦隊長阿布傷足，敵艦沉沒四艦，聯軍退走。

聯軍二次北犯 英法兩國政府聞信憤激異常，於是英任額爾金為全權公使，法任葛羅為全權公使，先後調兵三萬人，對中國宣戰。咸豐十年英法聯軍先派艦隊，佔領舟山群島，繼而英法軍會議於上海，議決英以大連，法以煙臺為集合地，六月九日聯軍北上，由北塘登陸。

天津和戰 六月廿八日聯軍陷塘沽，七月初五日大沽砲臺失陷。僧格林沁下令撤退。七月初七日天津陷落。

清廷派使與英法議和，遭拒絕，改派大學士桂良與直督恒福遣使致書額爾金乞和，額爾金遣巴夏禮往直督署議和，七月十四日天津和談開始，巴夏禮要求增闢天津為商埠，增償英法軍費八百萬兩，並准英法兩使，各帶隨員入京交換天津條約，桂良皆從之，但清廷以條約過苛，又嚴旨拒絕，和談破裂。

張家灣八里橋之戰 英法聯軍乃於七月二十一日，大舉北侵，廿四日進迫北京，畿輔大震，奕詝急派怡親王載垣，兵部尚書穆蔭為欽差大臣，再籌辦和議。載垣致書聯軍乞和，不理，載垣再致書，聯軍遣巴夏禮赴通州談話，不得要領，巴夏禮歸告額爾金，下令進攻。時僧格林沁部三萬人，屯張家灣。八月初四日（九月十八日）巴夏禮為僧格林沁設計誘擒，解送北京，拘於刑部獄，聯軍與僧格林沁戰於張家灣，僧軍大敗。初七日（九月廿一日）戰於八里橋，勝保負傷墜馬，瑞麟軍潰。

蒙塵熱河 張家灣戰敗之日，奕詝下詔蒙塵熱河，懿貴妃持異議。奕詝以怡親王載垣辦理不善，改派恭親王奕訢爲全權大臣，便宜行事。八日啓駕，皇后鈕祜祿氏，懿貴妃葉赫那拉氏、怡親王載垣、鄭親王端華、尚書肅順等扈從。留恭親王奕訢主持和局，大學士周祖培，尚書陳孚恩等守城。

聯軍入京 此時恭親王住圓明園，致書聯軍乞和，聯軍堅持先放還巴夏禮及其他俘虜，否則直攻北京，欲擁洪秀全廢清室等語，奕訢不答，八月廿一日聯軍將攻北京。

去熱河之懿貴妃，主張殺巴夏禮以洩憤，恭親王謂殺之無益，影響和局，故先行釋放。二十六日額爾金致書恭親王，宣稱廿九日不開安定門，即攻城。周祖培等無戰守之力，遂如期開城，聯軍狂歡而入，恭親王私匿長辛店，無一人談及和局，聯軍致書恭親王，如於陰曆十月廿三日和談不成，即灰燼宮殿，二者請擇其一。

火燼圓明園 巴夏禮被釋放，與巴夏禮同時被押之俘虜，有五人在刑獄被殺，額爾金憤激，遂於九月初五日火燼圓明園。將輝煌壯麗之宮殿，付之一炬。此一暴行，純爲英軍所爲。英使額爾金提議以聯軍之力，欲推洪秀全爲中國皇帝。此時俄公使伊格納提業夫，願居中調停，一面勸恭親王出任和局；一面阻額爾金易帝之意。時恭親王年僅廿四歲，無外交經驗，不敢會面，俄使誓以身擔保。

中英北京條約 九月初七日開始和談，額爾金與法使葛羅要求革僧格林沁，瑞麟二人職，又請負擔在刑獄，被殺俘虜遺族撫恤金五十萬兩。恭親王一一允諾。咸豐十年九月十一日（一八六〇年十月廿四日）簽定中英北京條約九款，其要點爲：

㈠實行天津條約。
㈡增開天津爲商埠。
㈢割九龍司與英國。
㈣賠款增改爲八百萬兩，總數還清後，英國始撤分屯中國各處之兵。

中法北京條約　咸豐十年九月十二日（一八六〇年十月廿五日）簽訂中法北京條約十款，其要點爲：

㈠實行天津條約。

㈡增開天津爲商埠。

㈢准法國宣教師，在各省租買田地，建築房屋。

㈣賠款增改爲八百萬兩，總數還清後，法國始撤分屯中國各處之兵。

中英中法北京條約的簽定，淸廷完全屈服，英法聯軍趾高氣揚，退出北京。

第三節　沙俄鯨吞中國的東北邊疆

帝俄侵略黑龍江　鴉片戰爭以後，列强開始在中國擴張勢力，更刺激俄國資本主義向中國加緊掠奪。沙皇尼古拉一世 Nicholas I，亞歷山大二世 Alexander II，即利用機會，加入列强競爭。這種競爭是雙管齊下的，即一方面藉着商業活動與外交活動，乘英法等國侵略中國時機，要求與英法美諸國利益均霑；一方面藉領土接壤的關係，向中國東北邊境，進行領土的掠奪，並取得通達太平洋的港口。道光二十七年（一八四七）俄皇尼古拉一世，特派木喇福岳夫 Count Muraviev 爲西伯利亞東部總督，派兵佔領黑龍江北岸。

道光二十八年（一八四八）俄皇續派海軍中將尼維爾斯基 Nevelshky 率軍艦東來。道光廿九年五月佔領堪察加半島南端東面之彼得帕夫羅夫斯克 Petropavlovsk。

佔領庫頁島　道光卅年（一八五〇）上溯黑龍江，佔領下游南岸之地，建尼克拉維斯克 Nikolaievsk（即廟街），又佔領庫頁島。咸豐二年（一八五二）將庫頁島的多營，改建亞歷山大羅夫斯克城，並在克基湖畔之濶呑屯建馬隆斯克城。此後黑龍江江口一帶地方，與庫頁島爲俄國正式佔領。尼古拉一世頒布敕令說：「俄國旗樹立之地，決不可下」。帝俄侵略極東之時，滿清政府毫無所聞。

木喇福岳夫　咸豐四年（一八五四）俄國爲打擊土耳其在巴爾幹半島的勢力與土開戰，英法助土對俄作戰，史稱克里米戰爭 Crimean War 1854-1856。帝俄藉口防禦英法東進，而其目的在奪取東北邊疆。木喇福岳夫以外交方式通知中國之後，即於咸豐四年五六月間率軍侵入黑龍江，八月木氏返伊爾庫次克。咸豐五年四月木氏準備二次航行黑龍江，先致書清政府，爲防備英法再來攻擊，將由黑龍江運送援軍，並請派大使劃定邊界。木氏自率艦百五十艘，男女八千强行二次通航，八月十一日清廷派立界碑委員吉林恊領富呢揚阿等三人至瀾香屯，木氏提出兩項要求：㈠黑龍江江口一帶應歸俄所有。㈡以黑龍江爲兩國天然國界。富呢揚阿見其要求無理，遂提出咸豐三年俄國樞密院劃界文獻，認定黑龍江左岸爲中國領土，木氏無言以對。瀾香屯談判中止，邊界亦未堪定。一八五六年克里米戰爭結束，巴黎條約簽定，木氏返俄。咸豐六年四月又派大佐哥爾薩哥夫，三侵黑龍江。

布恬廷的詭計　咸豐七年（一八五七）英法準備侵略中國，曾聯合俄國參加，俄國派布恬廷 Putiatine 爲公使，與中國談判及通商事宜，同時致書中國流露甜言密語。

布恬廷東來，途次伊爾庫次克，與木氏會晤後至恰克圖，咨文表示美意欲取道蒙古來北京，清廷明其用心，以無特殊事故，不准由蒙古入京，布恬廷一怒之下，由黑龍江抵天津，仍請入京，直隸總督派員拒絕，乃留公文南走廣州。

布恬廷到廣州，與英法美公使聯合致書大學士裕誠，請中國派大臣至上海會議，裕誠覆文謂：「英美法三國事，由廣東總督辦理，俄國交涉事由黑龍江將軍辦理」；布恬廷祇好中止交涉，隨英法公使抵上海，靜觀時變。

瑷琿談判　咸豐七年八月，清政府特派黑龍江將軍奕山爲欽差大臣，去瑷琿會議。

咸豐八年四月，木氏獲訊，先調遣哥薩克兵萬餘，屯駐黑龍江口與海蘭泡，一切軍事準備完成後，遣使通知黑龍江將軍奕山，談判邊界，奕山遵朝旨抵瑷琿。四月十一日開始談判，木氏提出領土與通航權等無理要求。逼奕山次日答覆，奕山以尼布楚條約完全拒絕，將木氏擬就之滿俄文草約，派人送還；木氏又派人送來。十四日木氏入城迫奕山簽字，經過爭吵之後，奕山仍不肯接受，木氏憤怒大聲咆哮，舉止蠻野，將約稿收起，忿怒回船，入夜瞭望夷船，火光明亮，槍砲聲不斷。

中俄瑷琿條約 奕山在武力威脅之下，手足無措，無膽應戰，遂於咸豐八年四月十六日（一八五八年五月十七日）締結瑷琿條約。其要款為：

㈠黑龍江北岸全爲俄羅斯領地。

㈡原住精奇里江以南之中國人民，仍得永久在原地居住，歸中國官吏保護，俄人不得侵犯。

㈢自烏蘇里江至東海岸之地，作爲中俄兩國共管地。

㈣黑龍江、烏蘇里江、松花江限於中俄兩國船舶通航。

㈤只准兩國人民自由貿易。

瑷琿條約，根本推翻了尼布楚條約的原則。中國喪失了廣大的領土，斷送了黑龍江、烏蘇里江、松花江的航權，於是俄帝國主義得伸其觸角於東方，找着了通太平洋最便利的海口，俄國在東部的帝國主義經營，就在此時，奠定基礎，以後就利用英法帝國主義北侵的機會，以外交技倆，威脅利誘，企圖掠奪烏蘇里江以東的領土及其他的權益了。

布恬廷的詭詐 咸豐八年四月八日，英法同盟軍攻陷大沽、布恬廷隨英法公使北來，以調停者的姿態出現，照會中國欽差大臣桂良，花沙納，要求割讓黑龍江以北、烏蘇里江以東土地予俄，並許俄國於通商口岸與他國享同等權利，其照會表示「以助我剿滅英法，援我器械，代我操練等」利誘的言詞，切望佔有所謂「空曠」之地，又表示清政府如能將俄國的願望，予以滿足的答覆，可代向英法調停。當時清政府在英法攻陷大沽後，亦願俄人居於調停地位，故決定對俄人操「量爲恩施」的政策，事後證明，俄使之言，多不可靠，他向中國說「如果許以好處，當幫忙說合」但他對英法則鼓勵對中國作戰，從中漁利，可見其狡黠之技了。

中俄天津條約　中國全權大臣桂良，終於接受了他的敲詐，與英、法、俄三國的天津條約，俄國首先簽訂。咸豐八年五月三日（六月十三日）布恬廷與桂良，花沙納締結中俄天津條約十二條，其要點如下：

㈠除以前所定邊疆陸路通商外，允俄國得由海路至上海、寧波、福州、厦門、廣州、臺灣、瓊州七處通商，若別國再有在沿海增添口岸，准俄國一律照辦，稅則亦一律辦理。

㈡在中國商埠得設領事官，又得派兵船停泊該處，以資保護。

㈢中俄二國人民若有事故，中國官員須與俄國領事或代理員會同辦理。

㈣此後陸路通商，不受限制。

㈤准俄人入內地傳教。

㈥所有未定邊界，由二國派員秉公查勘。

㈦日後中國若有優待他國通商等事，俄國一律享有。

此約先英法簽訂，證明清政府聯俄心切，熱望其說合，並接受其器械援助，俟與英法簽訂天津條約後，清廷方知受其愚弄與欺騙。

清廷推翻前議　英法聯軍退出津沽，清廷爲挽救瑷琿條約和天津條約的損失，決定不能再割讓烏蘇里江以東予俄，朝廷的態度都很堅決。咸豐九年（一八五九）二月，俄國以換約名義派使臣彼羅夫斯基 Perofsky 來北京，以天津條約要求勘定吉林地界，清廷覆文，中俄邊界仍以尼布楚條約爲準，雙方距離甚遠，交涉無從談起。

伊格那提業夫 咸豐九年六月俄改派伊格那提業夫 Ignatieff 繼布恬廷爲公使東來，途次伊爾庫次克，晤木喇福岳夫，二人同至恰克圖，伊氏由陸路來京，木氏經略中俄共管之烏蘇里江以東地區，派探險隊偵察沿海各處，發現朝鮮境上一大海灣，命名爲大彼得灣，定灣內海參威港爲俄國太平洋海軍根據地，派軍實行佔領。

談判決裂 伊氏抵北京後，又向中國重提照會，表示友好和指責英法。清政府代表肅順的覆文，措詞亦極强硬，提醒俄使乾隆時代因俄國不講道理，中國曾三次停止互市，假如俄國蠻橫無理，中國仍可如前停止互市。

如此又往復辯論數月，情勢益形惡化。咸豐十年四月初一日（一八六〇年五月二十一日）俄使竟向清廷提出最後通牒，限三日簽覆，清廷以毫不退讓的態度，覆其照會。俄使得此覆文遂宣佈交涉決裂，憤然離京。

俄佔烏蘇里江以東 伊格那提業夫與清廷談判之時，木喇福岳夫派兵已將烏蘇里江以東强行霸佔，到處刧掠食糧，攻佔卡倫，驅逐中國官吏。

乘火打劫 伊氏離京，南去上海，對英法公使詬罵清政府不守信義，非用武力一致對付不可。英法軍決定再度北上，進發津沽，伊氏亦率俄艦四艘先英法軍北上，抵大沽照會中國稱「英法與中國有隙、願善爲說合」；清廷洞悉其奸，覆其文曰：「天朝並無失信於兩國，又何勞貴國替中國從中調處」？

恭親王密奏 英法軍抵大沽，伊氏指導英法軍北塘登陸攻陷津沽，俟聯軍侵入圓明園後，奕訢逃往熱河，恭親王奕訢走長辛店，伊氏乘機入京，以「願爲說合」勸阻英法，此時奕訢深明：「解鈴繫鈴究出一手，若不允其前往，難保不倍加作祟，因給與照覆令其前赴勸阻，設能如其所言、於撫局不無裨益，而伊曾事後如有要求，再作理論」。

中俄北京條約 此時英法亦願和議早成，奕訢依其奏文接受英法和議條件，九月中英中法北京條約成立，英法自動減少賠款一節。伊氏居功索酬；奕訢恐英法拖延不撤兵，戰事再起，遂完全答應俄方要求。待英軍撤退之後，於咸豐十年十月初二日（一八六〇十一月十四日）簽定中俄北京條約十五條，其要者如左：

㈠烏蘇里江以東爲俄國領，以西爲中國領。

㈡准二國人民隨便貿易，並不納稅。

㈢西疆未勘定之界，此後應順山嶺大河及中國常駐卡倫等處，立標爲界。

㈣俄商由恰克圖到北京，經庫倫，張家口地方，亦准爲零星貿易。

㈤俄國得於庫倫與喀什噶爾設領事。

㈥中國人亦可往俄國內地行商，亦得設領事。

㈦如兩國商人有犯罪或爭訟事件，各按本國法律治罪。

㈧中國許開喀什噶爾爲貿易地，照伊犁，塔爾巴哈臺試行貿易之例辦理。

自北京條約訂立之後，俄帝國主義者銳意經營烏蘇里江以東，黑龍江以北及海參威軍港。這樣俄帝國主義，不但在經濟上取得了與中國通商的出路，在軍事上亦足以控制東方了。此爲俄帝以乘火打刼的手段，向東方鯨呑的結果，此後我東北邊陲風雲，也就日趨緊張了。

典型的不平等條約 英法聯軍之役，英法兩次進攻，帝俄三番敲詐，計淸廷兩次乞和，簽訂七次條約、即一八五八年的中俄，中英，中法天津條約，與中俄璦琿條約，一八六〇年之中英，中法，中俄北京條約，以上七約爲不平等條約的典型，其對中國之損害，至深且鉅、析列八項如左：

北京條約）。

㈠**割地**　割九龍予英（中英北京條約）；黑龍江北岸予俄（中俄瑷琿條約）；烏蘇里江東岸予俄（中俄北京條約）。

㈡**賠款**　給英國八百萬兩（中英北京條約）。給法國八百萬兩（中法北京條約）

㈢**開放商埠**　牛莊（中英天津條約），天津（中英中法北京條約），瓊州、臺灣（中英中法中俄北京條約）；喀什噶爾、庫倫、張家口（中俄北京條約）登州、潮州（中英中法天津條約）。九江、鎭江、漢口（中英天津條約）；淡水，江寧（中法天津條約）；廣州、厦門、福州、寧波、上海（中俄天津條約）；

㈣**外人居留地**　自江寧條約開放五口通商，允許外人取得居留地後，所開放的商埠愈多，則外人的居留地亦愈多，久之，這些居留地、便成爲租界。

㈤**領事裁判權**　中英虎門條約開此惡例，天津條約後，更加具體。各國在華有了領事裁判權，居留的外人不受中國法律拘束，中國的主權，不能行使於中國境內。

㈥**外人自由傳教**　中法天津條約，允許法國天主教徒，入中國內地自由傳教，中法北京條約，更允許法國宣教士，在各省租買田地，可以自由建築，此後引起層出無窮的教案，爲列强侵略的藉口。

㈦**協定關稅**　「秉公定議」的稅則，見於江寧條約，値百抽五的稅則，見於中英虎門條約，於中法中英天津條約中，更有物品價格下落，課稅亦宜減輕的明文，關稅不能自主，遑論提倡國貨，挽回利權。

㈧**最惠國條款**　列强援英法例，享有最惠國待遇，祇此一項，中國權益，損失至鉅。

第四節　捻黨與回民的反抗

與太平軍同時起事的，在淮河以北的有捻黨，在滇，陝、甘、新疆等省的有回民，史稱「捻回之役」。

捻黨與回民的起事，也是帶民族性的反清運動，其起因與目的，也與太平軍大致相同，都是清中葉以來民變中的巨流。不過捻黨的活動，採取遊擊戰術，飄忽不定。回民的發難，祇限於局部，未能發展他們的組織和戰略，遠不及太平軍的嚴密而有力量；又沒有積極的政治主張，因而不曾建立政權，終至被清政府各個擊破，先後敗亡了。

捻軍的起滅　所謂捻者，就是一般游民燃紙捻聚黨刼掠之謂。初起於山東，復漸延於河南、湖北、安徽、江蘇、直隸諸省交界處。康熙時已有此種組織。咸豐五年捻首張洛行起事於安徽蒙城，亳縣而以雉河集（今渦縣治）爲根據地，與太平軍互爲聲援。清命僧格林沁討勦，擒殺洛行，洛行死後，其從子張總愚代領餘衆，擾湖北、河南、山東等處。僧格林沁追勦，捻軍潰走山東。曹州一役，僧格林沁陣亡，捻勢更盛。清政府乃命曾國藩勦辦，國藩以捻黨來去無定，不易消滅，因用長圍圈制法，逐漸進逼，捻勢不支，分東西突圍逃竄。一股由任柱，賴汶光統率，出入山東、河南、湖北、江蘇一帶，稱東捻。一股由張總愚率領，走陝西稱西捻。這時李鴻章繼曾國藩任勦討之責，先擊潰任住、賴汶光東捻平。西捻由陝西竄山西、直隸、犯保定，天津。同治七年（一八六八）張總愚兵敗自殺，西捻亦平。

捻軍戰法　捻黨持續十六年，蔓延十省地區，以運動戰法，抗拒清軍，其戰鬬綱領爲：①以走致敵，每與敵接戰不利，風馳而去，行動迅速，保存實力。③伺機攻隙，乘敵不意，隨時攻擊，從不攻堅攻銳，以弱制强。②鐵壁合圍，以騎兵急襲敵側，步兵正面衝鋒，包圍肉搏，殲滅敵人，捻黨不怕打，只怕圍，後來被清軍包圍，始被消滅。

回民的反抗　回民因官吏壓迫，積怨日深。所以當太平軍發難時，雲南回民首先起而響應，接着陝西，甘肅，新疆各地回民，也相繼起事。分述如后：

咸豐五年（一八六二）雲南回民首領馬得新據省城，杜文秀據大理，馬聯陞據曲靖，其中以杜文秀爲最强。雲南全省都呈混亂不安的現象。至同治十一年（一八七二）才被岑毓英平定。

同治元年（一八六二）陝西回民首領任丘率衆起事，甘肅回民也紛起響應，衆推馬化龍爲首領，招納流亡，聲勢浩大，官兵不能制，及西捻平定後，左宗棠決定三路平回的策略，到同治十二年（一八七五）始將陝，甘各地變亂掃平。

同治三年（一八六四）陝西安明西走，據烏魯木齊（今迪化）倡亂，天山北路大擾。同時，浩罕安集延首長阿古柏，亦據喀什噶爾，自稱帕夏，天山南路又亂。未幾，阿古柏兼拼烏魯木齊，陝回白彥虎亦率衆來歸，一時聲勢頗强盛。清政府命左宗棠督辦新疆軍務，分途進剿，先平北路。光緒四年（一八七八）又定南路。光緒八年（一八八二）清政府遂合拼天山南北路，改建新疆爲行省。

本章結語　反清的太平軍與衛道的湘軍作戰時期，英法聯軍兩次北侵，帝俄三度打劫，使中國遭受典型的不平等條約的束縛。同時回族的反抗，捻匪的流竄，而滿清政府又調動大軍完全鎮壓下去。在這漢族復甦時代，中國對外的損失，對內的消耗，却摧殘了漢族的復甦實力。但是這個時代，予朝野士大夫以新的啓示，這個啓示，就是「以夷技制夷人」的途徑來扭轉國運了。

清史彈詞旻寧道光帝

道光帝初改元回亂旋定　那川番又變叛命將往征　臺灣亂曾遣師征平兩次　諸猺民復倡叛此仆彼興
英吉利爲禁烟興兵犯粤　林則徐嚴戰備屢却英軍　英統將變方針移師攻浙　進錢塘陷定海政府罪林
派琦善與議和條件難認　那英軍復進薄廣州省城　和局裂陷厦門復陷鎮海　吳淞殘鎮江破和約始成
香港讓五口開主權喪盡　纔弭平那外患內亂又興　洪楊輩起廣西共謀革命　三十年御駕崩四子繼承

第十三章　慈禧太后的獨裁政治（同治元年—光緒廿年 一八六二—一八九四）

載淳—同治帝（一八六二—一八七四）載淳在位十三年病死，年十八，葬惠陵。奕訢弟醇親王奕譞子載湉入嗣奕詝，繼位。

載湉—光緒帝（一八七五—一九〇八）載湉在位三十四年病死，年三十四，葬崇陵。醇親王奕譞之孫，載灃之子溥儀，入嗣載淳，兼祧載湉，繼位。

溥儀—宣統帝（一九〇九—一九一一）年四歲繼位，改元宣統，在位三年遜位。

奕詝死，載淳六歲繼位，兩宮太后垂簾聽政，同治十一年九月載淳結婚，十二年正月親政，至十三年十二月病死。其族弟載湉四歲繼位，改元光緒，仍由兩宮聽政。光緒七年三月東太后慈安猝死。西太后慈禧獨攬政權，光緒十五年正月載湉大婚，二月親政，慈禧不肯下放政權；光緒二十四年竟干涉變法，囚載湉於瀛台，二十五年欲廢之，而立端郡王載漪之子溥儁爲大阿哥，繼載淳爲嗣。二十六年八國聯軍入京，慈禧與載湉逃難西安。廿七年十月車駕至開封，詔廢大阿哥。卅四年十月載湉與慈禧太后相繼辭去，遺詔溥儀入承大統，改元宣統。

總之，同治光緒兩朝慈禧太后控制中樞，歷四十七年之久。滿族政權亦於此近五十年中，逐漸衰落而趨於崩潰。

第一節　十月政變與兩宮垂簾聽政

政變的醞結　英法聯軍北侵，奕詝逃避熱河，皇后鈕祜祿氏，懿貴妃那拉氏及皇子載淳隨行。扈從車駕者有宗室要人怡親王載垣，鄭親王端華，戶部尙書肅順，御前大臣額駙景壽，太僕少卿焦祐瀛，禮部右侍郎杜翰，吏部左侍郎匡源，兵部尙書穆蔭等。遣弟恭親王奕訢留京，主持和局。這時，清室朝臣遂形成兩個政治中心。北京和約成立，奕詝病篤未還都。十一年七月十七日（八月二十二日）病逝熱河行宮。肅順、載垣、端華三人喜爲狹邪遊，迎合奕詝所好，故得寵信。奕詝未死前，肅順三人權勢在軍機大臣之上。其他隨駕五人，都以肅順等之馬首是瞻，於是肅順等八人，在奕詝遺詔上，同時取得贊襄政務王大臣名位。奕詝晏駕後，大政由此八人裁決，實際上爲肅順一人專擅。此時在熱河的兩宮太后，及在北京的恭親王奕訢，都對肅順不滿。在北京的御史董元醇上奏，請兩宮太后垂簾聽政，並派近支親王一二人輔政。兩宮太后諭旨照行，肅順等抗議，謂本朝無太后垂簾故事，即令軍機處駁斥，兩宮太后密詔恭親王赴熱河叩謁梓宮，始決定對付肅順之策，恭親王返北京佈置，太后於恭親王抵北京後，即傳旨回京。載垣肅順等力阻，兩宮太后不聽。九月廿三日梓宮由熱河出發，派肅順護送御櫬，先行返京，兩宮太后於次日偕載淳，間道急行回京，載垣端華扈從。此時北京方面大學士周祖培，戶部尙書沈兆霖，刑部尙書趙光四等聯名奏請兩宮太后垂簾聽政。

十月政變　十月初一日，兩宮車駕，賴侍衛榮祿保護之力，安抵北京，次日降旨曰：

皇帝宵旰焦勞，更兼口外嚴寒，以致聖體違和，竟於本年七月十七日（八月二十二日）龍馭上賓。……八月十一日（九月十五日）朕召見載垣等八人，因御史董元醇敬陳管見一摺，內稱請皇太后暫時權理朝政，俟數年後，朕能親裁庶務，再行歸政，又請於親王中簡派一二人，令其輔弼，又請在大臣中簡派一二人，充朕師傅之任。以上三端，深合朕意。雖我朝向無皇太后垂簾之儀，朕受皇考大行皇帝付托之重，惟以國計民生爲念，豈能拘守常例，此所謂事貴從權，特面諭載垣等，着照所請傳旨。該王大臣奏對時嘵嘵置辯，已無人臣之禮，擬旨時，又陽奉陰違，擅自改寫，作爲朕旨頒行，是誠何心！且載垣等，每以不敢專擅爲詞，此非專擅之實蹟乎？總因朕冲齡，皇太后不能深悉國事，任伊等欺蒙，能盡欺天下乎？此皆伊等辜負皇考深恩，若再事姑容，何以仰對在天之靈？又何以服天下公論！載垣，端華，肅順著即解任，景壽、穆蔭、匡源、杜翰、焦祐瀛著退出軍機處，派恭親王會同大學士，六部九卿，翰，詹，科將伊等應得之咎，分別輕重，按律秉公具奏。至皇太后應如何垂簾之議，一併會議具奏。（蔡丏因著肅順傳）

此諭旨由醇親王奕譞奉太后密旨擬定（奕譞妃爲慈禧之妹）。載垣，端華雖與太后同時到京，但做夢也沒有想到突生此變。此時肅順方在途中，旋在通州被捕解京。

宗人府議定罪狀　十月初二日恭親王奕訢奉特旨召見任爲議政王，另派桂良，沈兆霖，文祥，寶鋆，曾毓英爲軍機大臣，納周祖培等建議，將肅順，載垣，端華拘入宗人府議罪。宗人府會同大學士，六部九卿，翰詹，科道擬定肅順等朋比爲奸，專擅跋扈，照大逆律，凌遲處死一摺，上奏。旋諭曰：

載垣，端華著加恩賜令自盡，即派肅親王華豐，刑部尚書綿森，迅即前往宗人府空室，傳旨令其自盡…至肅順悖逆狂謬，較載垣尤甚；本應凌遲處死，以伸國法……着加恩賜改爲斬立決……。（同上）

載垣等伏誅後，兩宮太后開始垂簾聽政，前在熱河時，已決定明年改元祺祥，此時又藉口祺祥兩字，意義重複，決定改明年爲同治元年，寓兩宮太后共同聽政的意思。

罷黜恭親王　這時中央的政權，表面上操於兩宮太后和恭親王三人之手，實際上慈禧大權獨攬，奕訢與慈安徒具名份而已。同治四年（一八六五）三月，慈禧寵幸太監安德海，安竊窺政權，嫌怨奕訢，慈禧太后亦妒忌奕訢，以便藉口奕訢引用親戚，凡事徇私，內廷召對，亦多失檢之處，命其毋庸在軍機處議政，免其一切職務。後來惇親王綿愷，醇親王奕譞，通政使王拯，御使孫翼謀等上奏力爭，慈禧太后知衆人心懷不平，使令奕訢在內廷行走，仍管總理各國事務衙門。不久又令其仍在軍機大臣上行走，但不必恢復議政王名義。此後恭親王自知處境已非昔比，祇好俯首貼耳，聽命於慈禧了。慈禧拉攏奕訢的勢力，剷除肅順的勢力，今肅順等已被誅，實現兩宮聽政，接着打擊奕訢，以鞏固兩宮聽政的基礎。

第二節　兩宮暗鬥與慈禧專橫

慈安主殺安德海　慈禧寵信安德海，罷黜恭親王後，朝士多奔走安德海門下，其勢焰足埒明代之魏閹。載淳雖年幼，頗恥其母所爲，故而傾向於東太后。同治八年七月，慈禧命安德海往廣州織辦龍衣，載淳密詔山東巡撫丁寶楨就地誅之。德海出都，過德州，知州趙新即禀告寶楨，寶楨命東昌府程繩武追之，躡追三日而未敢動。復檄總兵王正起，率兵追之，及泰安，執德海。押解濟南。德海猶大言曰：「我奉皇太后命，誰敢犯徒速死耳」。寶楨具疏奏聞，慈禧聆之惶駭，莫知所措。慈安召軍機內務府大臣議之，皆云：「祖制太監不得出都門，犯者死無赦」（盖都中朝臣對安德海之不法行爲，早已敢怒而不敢言）。遂議定就地正法，並隨從太監人役等斬絞如律。安德海伏誅，慈禧心殊怏怏，無可如何！

載淳立后暗潮　同治十年（一八七一）爲了準備明年的載淳大婚典禮，由江寧蘇州織造局織辦綵綢，督撫撥銀三十萬兩。明年奉旨織辦四單所開的衣料，織値約兩百萬兩。總督無力撥此巨款，始允裁減兩單，平時傳辦之件，亦不下八九萬兩。

同治十一年載淳十八歲，將成婚親政，慈安太后選中阿魯特氏（侍郎崇綺之女）西太后看中察富氏（鳳秀之女），阿魯特氏年十九，察富氏年十四，慈禧太后以察富氏年幼，可以受其指揮，兩宮相持未決定，令載淳取決，載淳屬意阿魯特氏，同治十一年九月（一八七二）立爲后，立察富氏爲慧妃，帝於明年正月親政。慈禧太后因爲選后競爭失敗，心中大恚，乃進而干涉帝后間關係，不許帝后相親近，帝憤而獨居乾清宮，常微服出遊，親政僅一年有餘，至十三年十二月便稱患痘死了。

載淳死載湉立　關於載淳之死因，據民間傳說，多謂係侍講王慶琪，太監張得喜引出微行宿娼，感染花柳而死。官方的記載，則謂感染天花。慈禧知帝病，不爲治或云安德海之死，慈禧恨帝入骨，遂因其病，而使人鴆殺之，當時朝野議論紛紛，謂帝遽然崩駕，生死不明，然終懾於慈禧勢力，莫敢窮究。

載淳既歿，若爲同治立嗣，則同治之后爲太后，慈禧便爲太皇太后，位尊而疏，不能再攬政權，若立溥之輩份年長者也，須歸還大政；所以慈禧才堅決主張，立奕譞四歲的長子載湉嗣基，同治十年六月二十八日載湉誕於宣武門內西太平街，母葉赫那拉氏，是慈禧的妹妹。在御前會議上，慈禧宣佈載湉入嗣大統，其父奕環聞言驚昏，仆倒地上，其子載湉也從此墮入苦海。同治十三年（一八七五）十二月初五載淳逝世，初六日夜半，乃具法駕迎載湉入宮，即皇帝位，初七日始爲同治發喪。

慈安太后猝卒　自兩宮太后垂簾聽政以來，慈安對於政治生活不感興趣，除大賞罰黜陟而外，概置不問。慈禧好政權，且具精明練達之才，凡批閱奏章，裁決政務，召對大臣，皆由慈禧一人任之，惟於同治選后及安德海被誅二事，慈禧心懷憤恨，而其本身在宮中之不檢行爲，及時慮東太后揭發，遂伏殺機。光緒七年三月鈕祜祿猝卒。惲毓鼎的崇陵傳信錄，記載慈安之死，爲慈禧進毒所致。東太后死後，便完全成爲慈禧的朝廷了。

載湉親政實錄　光緒帝雖親政，而一切政事，仍須禀慈禧意旨而行。閹官李蓮英受總管太監之職，兼司太后庫金，偵報光緒帝之短，其權勢凌駕軍機大臣之上，心腹佈滿朝廷，光緒帝之處境，不難想像。如惲毓鼎所記：

上始親政，以頤和園爲頤養母后之所，間日往請安。每日章疏，閱後皆封送園中。丁酉年，毓鼎附片劾太監牛姓，在外招權納賄，請嚴懲以符祖制。牛姓者，頤和園親近小閹也，上謂翁師傅曰：此疏若爲太后見，言官禍且不測，朕當保全之。乃撤去附片，僅以正摺呈園，翁師傅後語毓鼎，感激聖慈至於流涕。

兩宮之垂簾也，帝中坐，孝貞孝欽對面坐，孝貞既崩，孝欽獨坐於後。至戊戌訓政，則太后與上並坐，若二君焉。上默不發言，有時太后肘上使言，不過一二語止矣。遷上於南海瀛臺，三面皆水，隆多冰堅結，傳聞上常携小閹踏冰出，爲門者所阻，於是有傳匠鑿冰之擧，上常至一太監屋。凡有書，取視之，閱數行擲去，長嘆曰：「朕漢獻帝不如也」。（見崇陵傳信錄）

從前面的引證，知光緒帝對朝政已無決定的權力，大權操那拉氏與李蓮英之手，所以一般朝臣多求阿附以自保地位，例如光緒十二年（一八八六）李鴻章請奕譞巡閱北洋水陸軍操演，那拉氏命寵閹李蓮英偕行。於是北洋海陸諸將，自丁汝昌，衛汝貴，葉志超，龔照璵以下，皆對李閹進奉厚贄，甚稱受業。

德菱女士居宮中 目睹宦官之愚蠢卑鄙，跋扈驕縱，破壞綱紀，紊亂朝政種種不法行爲，多流露於御香飄渺錄，瀛臺泣血記等著作之中。

第三節 慈禧太后的統治政策

兩套老辦法 慈禧太后攫取政權後，維持其統治權的政策有二：他管束滿人，控制皇族，對待皇帝后妃完全拿出祖宗的家法來制裁。皇族如不從其意旨，即交宗人府治罪，皇后皇妃如違其意，輕則斥罵，重則褫衣受杖，對待臣僚，責以君臣名份，以傳統的名教來作護符，他擺弄一個兒皇帝來做傀儡，使每一人都得在皇帝面前俯首聽命，而她是皇帝的母親，臣屬當然得尊重她的意旨。普通百姓尙知以「孝」字爲道德的最高標準，何況一國之君，當然要尊重這條金科玉律了。所以她以祖制家法，和「以孝治天下」的兩種法寶，爲所欲爲，專擅同光兩朝的朝政，近半個世紀之久。其統治的結果，加速了大淸帝國的滅亡。

政治上中心人物 洪秀全的號召，是摧毀名教的，也是動搖滿族政權的一支不可輕侮的勢力。奕訢深知搢族親貴，優遊日久，徒知享樂，不足以安天下。因此奕訢納肅順建議，起用曾國藩，胡林翼等，以漢人之力，消滅漢人的反淸運動，於是漢人在政治上的地位遂見提高。慈禧太后眼光銳敏，知滿人已無安定滿族政權的力量，所以在他掌握政權之後，仍行以漢制漢政策，任用曾國藩，李鴻章，左宗棠等人。

湘鄉曾滌生 同治三年，曾國藩雖推翻了太平天國，但是黃河流域捻亂正熾，僧格林沁追剿捻黨，在山東曹州戰死。同始四年，詔以曾國藩爲欽差大臣，馳往山東，督辦直隸，河南，山東三省軍務，以李鴻章署兩江總督，旋曾氏因病乞休，淸廷不許。五年九月詔曾國藩回任兩江總督，任李鴻章專辦剿捻事宜。六年十二月東捻平，七年六月，西捻平，七年七月，詔命曾國藩爲直隸總督，江督以馬新貽繼任。同治九年五月，天津人民毁教堂，毆斃法國領事豐大業，國藩辦理不善，朝議不滿。七月，張文祥刺殺兩江總督馬新貽，詔曾國藩三任兩江總督。十一年二月，曾氏於兩江總督任內逝世。

合肥李少荃 捻亂平定，李鴻章任湖北巡撫。同治九年，李鴻章繼曾氏爲直隸總督，直至光緒二十年九月，日軍寇遼東，貶李鴻章職，褫去黃馬掛，前後計二十五年。

湘陰左季高 同治二年，授左宗棠浙閩總督兼浙撫，浙省平定後，辭浙撫，督軍入閩。同治四年爲掃蕩太平軍餘黨，受命入粵。五年八月，詔以左宗棠爲陝甘總督。六年正月因捻黨入陝，詔左宗棠爲欽差大臣督辦陝甘軍務。光緒元年正月以左宗棠督辦新疆軍務。遠征新疆，戡定回亂。在西北地區鎭撫了十三年。光緒六年七月，因中俄伊黎問題發生，始由新疆回北京。光緒十一年中法戰起，詔以左宗棠督辦閩省軍務，八月病逝於閩。

掌握軍權 他們能够有此重要地位，而歷久不衰，是因爲他們建戡亂之功，且於戰亂之初，並非朝廷授以精兵供給大批糧餉，乃皆自行招募鄉勇，練成勁旋，就地籌糧，奏明皇帝裁決後，即由地方疆吏及領兵大員自由施行。其部將忠於主將，主將操賞罰予奪之權，保擧參奏，朝廷無不批准，所以實際上，將士幾與朝廷無關，而不知不覺間，練兵成爲疆吏當然的職權。朝廷也認爲練兵是地方疆吏的責任。

政治聲望 漢人的統兵大員，皆以功高，其位益尊，其名益顯。所以外官之權漸重，督撫中尤以曾國藩之名望最高。初恭親王爲議政王大臣，凡國內要事，多垂詢其意見，積久成風，凡遇外交上之事以及國內興革諸事，必交令疆臣覆奏，疆臣所提意見，足以左右朝廷的決策。

操財政權用人權　亂前，各省款項除賑濟外，不得動用；亂後，疆吏動用省庫，一報了事。關於用人，據曾左自稱：同治六年左宗棠奏曰：「軍興以來，各省軍營所保武職無慮十數萬員」。明年曾國藩奏曰：「統計各省軍營保至武職三品以上者，不下數萬人」。其與友人書曰：「國藩與左李動輒募勇數萬，保薦提鎭以千百計」（見左宗棠曾國藩奏文）

左指所保武官，曾指所保高級軍官，人數不爲不多。左宗棠西征時，保薦之人員尚未計算在內。其奏稱：「陝甘地苦，非多保擧，無以慰勸將士」。故其保薦尤亂，幾近十萬左右。

漢族復興　各省疆吏操軍權，政權，用人權及財政權，故而對於朝廷詔令，也可以不予執行，其地位幾乎是半獨立之王。朝廷之空虛軟弱，疆臣之權勢加重，遂形成外重內輕之局，於是滿族的統治權，更很自然的轉入漢人的手裡了。

慈禧政策的成功　就慈禧的統治而言，其政策是成功的。她對曾國藩等人，委以軍政大權，囿以崇高名位，使這批有高深的學問與完美修養的讀書人，死心蹋地的爲這位女主効力，將朝廷以外的敵人，完全由曾左李等人爲她掃蕩；其次，他對朝廷以內的滿族王公，以及皇帝后妃，則以祖宗家法爲枷鎖，將他們牢牢控制住，在她的威淫之下，使他們永無出頭之日。這樣，她便可以高枕無憂，盡情的享樂了。

第四節　慈禧太后的享樂

重修圓明園　同治初年，安德海尚未被誅時，曾授意一位滿人御使德泰，奏請修復圓明園，以爲皇太后頤養之所。並代呈內務府庫守貴祥所擬籌款章程，擬向京外各地方按畝按戶抽捐；又有廣東奸商李光照想從中圖利，賄納中貴，向內務府呈報效木植，藉此可以到各省勒索招搖，載淳也因爲他母親住在宮中，隨時干政，也很想擺脫她的拘束，於是欣然准行。但是恭親王與諸閣臣，大不爲然，李鴻藻亦和之，都說軍務方殷，瘡痍未定而遽興土木，如天下何！慈安素崇儉德，力主停修。載淳與其母雖然掃興，但此時尚有所忌憚只好作罷。

慈禧愛戲劇 光緒七年，慈安逝世，游宴土木之費自增。修造頤和園，因國庫無錢，「奕譞乃移海軍費奉之」。（見崇陵傳信錄）

慈禧除在生活上驕奢淫侈的享受外，她更酷愛戲劇，可算得一個大戲迷，提倡戲劇，培植伶人，不遺餘力，與唐明皇，乾隆帝同爲戲劇界的功臣。

四大徽班入京 先是清初諸帝，皆好戲劇，當時只有高腔（產於河北高陽，著名伶工多爲高陽人）皮黃未興。後來乾隆帝巡江南，始召三慶，四喜，春臺，和春四大徽班入京，供奉內廷，是爲皮黃北來之始。未幾高崑衰微，皮黃日盛。乾隆以後諸帝，皆嗜梨園曲。

那拉氏喜陂黃 慈安在時，喜觀武劇，慈禧喜崑曲陂黃，所以伶人如譚鑫培，楊小樓，金秀山等人漸次被召入宮演戲。光緒一生鬱鬱寡歡，慈禧觀劇，光緒必侍側，因此對戲劇的領悟，亦極深刻，據傳說光緒善鼓板，在宮中曾爲孫菊仙時小福操教子一劇，不知確否？慈禧有時亦著戲衣，與李蓮英聯袂歌舞。因此光宣前名伶輩出，王公大臣貝子貝勒，皆精音律，其中以溥侗（紅豆館主）爲首屈一指。

南府年耗鉅金 清初本有南府之設，即闢吳駙馬府（吳三桂子）之一部（後設北平私立藝文中學），招青年伶工，從師習藝。南府學生約八十名，待遇甚優，月給糧餉及服裝等費，皆由宮女脂粉項下開支，供奉伶工，人數亦相等；按例每月初一，十五各演一天，佛日令節，宴集廷臣，都要演戲。載湉與慈禧誕辰各演九天，群臣皆賞聽戲，可謂盛極一時。慈禧爲南府開支及伶工賞賜，不惜年毫鉅資。後來民間愛平劇，則受宮中影響，歷久不衰。

晚年尤喜觀連營寨，且令後宮及頤和園之戲臺，一律懸白綾帳幔，桌圍椅帔用白色，衆認不祥，數年後，慈禧光緒相繼而亡，兩宮掛孝，假靈堂竟成爲眞靈堂了。

本章結論　奕詝歿，慈禧聯合恭親王奕訢，發動十月政變，打擊肅順派，繼而寵信安德海，罷黜恭親王，以固兩宮聽政的基礎。安德海之伏誅，深服慈安太后之明斷，尤佩丁寶楨之敢於執法，其膽量誠有過人之處。載淳立后，不聽慈禧而從慈安，母子遂成閒隙，且縱帝放蕩，釀成淫毒，得病以後，不愼重愛護，以致深沉不起，母子之間，不無遺憾，謀立載湉，重擅政權之心已明，慈禧毒死慈安，慈禧大權得以獨攬，任所欲爲，以家法控制帝后，重用曾左掃蕩捻黨，戡定國亂，始見其高明，其統治政策之成功，呂武以後，應推此人。

清史彈詞奕詝咸豐帝

咸豐帝紹箕裘乃文乃武　初元改遭世亂太平軍興　全州陷由廣西侵入湘境　曾國藩未終制在籍練軍
失武漢下九江並陷安慶　陸建瀛爲眷屬獻出金陵　上尊號洪天王南京正位　設官階立制度革故鼎新
定新曆編新軍兼開科選　論規模也宏遠惜不同心　正位後未北征諸王先亂　韋昌輝矯洪命殺楊秀清
曾胡向左彭楊乘機克復　李鴻章曾國荃效死清廷　皖湘鄂並江南捻匪又起　袁甲三張捷伐曾立功勳
廣東省虐洋商聯軍膺至　葉名琛被擄去辱國辱身　第一次陷大沽天津定約　圓明園被焚燬二次約成
劃邊界俄羅斯蠶食上國　璦琿城訂條約損失非輕　清政府當是時內外交迫　皇駕崩將寶位傳與載淳

第十四章 强兵的救國方案—興辦洋務（同治三年—光緒廿一年 一八六四—一八九五）

西法模仿　自太平軍瓦解至中日戰爭失敗，其間共三十年（一八六四—一八九五），這三十年歷史的進程，是新舊時代的分野，舊文化的揚棄，新技術的吸收，便是這一時期顯着的特徵，此時已開始使用機器，製造槍砲輪船，以西法代替人工紡紗，織布，採礦，交通運輸事業，也使用機器代替人力畜力；新式裝甲船也代替了蓬筏。這些新興事業出現於中國社會，使中國社會經濟開始變化。這種變化西方稱爲產業革命，中國則稱爲洋務運動。其實是經濟上的一種救國方案。

禦侮圖存　湘軍克服南京後，就當時整個局勢而言，祇有江南太平軍的殘餘勢力，和北方的捻回擾亂外，大體上全國秩序，由戰亂進入太平。那時，慈禧太后總攬大權，信任幾個湘軍將領如曾國藩，左宗棠，李鴻章等，他們鑒於列强虎視眈眈，掠奪邊疆，國難日趨嚴重，才主張竭立學習夷技，講求洋務，禦侮圖存，護得慈禧，奕訢，文祥的支持，始有洋務舉辦或得謂西法模仿，就其歷史的意義而言，宜稱爲中國的產業革命。

中國產業革命的萌芽時代，起於一八六五年創設江南製造局起，終於北洋艦隊沉船於大東溝之役。這三十年產業革命的成就，雖部份的付諸流水，但是中國產業革命的基礎是奠定了。

曾國藩倡洋務，當時士大夫有很多持反對意見的；而朝廷內的奕訢，文祥則支持之，朝外的曾國藩，李鴻章等，在衆議紛紜之下，向禦侮圖存的目標前進，毅然模仿西法，吸收西學。本章從朝野士大夫對洋務的爭辯，曾左李諸氏舉辦新興事業的實施情況，吸收西學的政策與目的，洋務不得順利開展的內外因素，以及對社會的變亂諸端，分別叙述於後：

第一節　西法模仿的爭辯

魏源的制夷論　鴉片戰後，淸朝的閉關政策，自給自足的經濟藩籬，被帝國主義軟性的商品，硬性的大砲所衝破；而朝野上下，一切如故，未因外患而有所改變，僅有少數卓識之士，深感帝國的國防重要，如魏源撰海國圖志，其序文中曰：「是書何以作？爲以夷制夷而作，爲以夷款夷而作，爲師夷之長技以制夷而作」。

徐繼畬著瀛寰誌略，內叙各國風土形勢；何秋濤著朔方備乘，內記考察東北邊疆要地。以上三書，在當時尙不爲人注意，不過，魏源的「師夷之長技以制夷」之見，則爲西法模仿的濫觴。

文祥統籌洋務　咸豐十年，英法聯軍二次攻入北京，滿人右侍郎文祥與恭親王奕訢鑒外患日深，爲應付國難，需統籌洋務。

同年十二月設總理各國事務衙門，派奕訢，大學士桂良，文祥主管。以崇厚管理牛莊、天津、登州三口通商事務；以江蘇巡撫薛煥辦理上海通商事務。詔准八旗子弟學習外國語言。此一措施，可以證明已知淸廷知道夷務重要，須設官專辦，且須學習外國語文，閱讀外國報紙，始能通夷情。然而當時不知學習夷技，以制夷人的士大夫，大有人在。

李鴻章師夷動機　太平軍湘軍相持於長江下游，淮軍藉常勝軍之助，贏得戰爭的勝利。在實際的經驗裡，李鴻章認識了西人開花大礮之堅，遂主張採用夷技，使用西洋武器，這便是李鴻章「師夷人之長技以制夷人」的動機。且深信只有模仿西人的船堅礮利，就能使「西人即可斂手」。轉危爲安，轉弱爲强。

倭仁反師夷論　李鴻章自承他的洋務見解，如病方亟，不得不治標。一八六五年八月。其奏設江南製造局，仍以「製造槍礮，藉充軍用爲主」。此種見解，固屬偏隘，李鴻章還知道學夷技以制夷人，懂得一點洋務，與李鴻章同時的士大夫，還有連一點洋務，也不懂的，甚而澈底反對。例如同治六年正月，北京同文館選朝臣子弟學習外國語文，自然科學，以及造船製造等方法，當時有一位滿藉大臣倭仁，堅決反對「師夷」，這確代表當時士大夫的輿論。於是士林自重之士，皆輕蔑學洋文，讀洋書的人，恥與為伍。同文館招生，學習天文，算學滿漢正途出身之五品以下，京內外各官都裹足不前。此後同文館所收習外國語文的學生，多半是想以翻譯通事為謀生之道，非有遠大抱負之士。

三千餘年一大變局　同治十一年清廷擬將同治五年設立的福建造船廠，以經費困難，成效不大為辭停辦，李鴻章竭力反對停止造船，其見解，確比當時一般士大夫高明，因他已認識時代在變，為「三千年一大變局」並有應變的智慧；其他士大夫囿於章句之學，昧於大勢，生活於五里霧中，只知空口喊着攘夷，而不去想有效的攘夷辦法，還反對學洋文，讀洋書，豈不知不學洋文，就不明夷夷情，不讀洋書，就不知夷技，不明夷情夷技，就不能驅逐洋人出境，不能制夷，如何能做到禦侮以圖存？

社會頑固實例　李鴻章之遠見卓識非一般人所能了解，舉一實例，以說明當時社會之頑固愚陋，民氣之鬱塞壅遏，據郭嵩燾記載：

竊謂中國之人心有萬不可解者：一聞修造鐵路電報，痛心疾首，群起阻難，至有以見洋機器為公憤者；曾頡剛（即曾紀澤）以家諱乘南京輪船至長沙，官紳起而大譁，數年不息。……（見郭嵩燾政李鴻章書）

郭嵩燾因為喜談洋務，勸大家不要空喊攘夷，一班守舊的士大夫，大肆攻擊，國內幾無容身之地。後清朝派他出使英倫，仍舊受人參劾，回國時不敢回北京，當時反對模仿西法者氣焰之盛，可想而知。

第二節　興辦洋務的進展

因人因地制宜　曾國藩，左宗棠與李鴻章，他們三個人是戡亂的功臣，洋務的倡導者。他們的意見，被朝廷重視。同時他們三人在太平天國滅亡以後，曾李兩人只在直隸，江蘇輪流做總督，左宗棠在福建任總督，因此洋務發展，也多在這三省地區。因爲李鴻章曾任湖北巡撫，所以在湖北也有洋務舉辦。後來左宗棠調任陝西總督，福建總督由沈寶楨繼任，所以福建的洋務，仍能繼續維持。

曾左李諸氏倡導洋務運動，力求自强爲已任，兢兢於未雨綢繆之謀，雖在守舊派反對之下，不得放手去做。但是他們的目標正大，是「富國强兵禦侮圖存」，因此獲得恭親王奕訢的支持，故在他們任職的地區內，得以順利進行。

安慶洋器廠　曾李二氏認爲中國有槍礮與輪船，中國就可以制服夷人，於是他們最先創辦的爲軍事工業，顯然是列强壓迫中國的一種反應。因受列强的武力壓迫，首先感到需要的是設廠建造輪船與槍礮。同治二年（一八六三）曾國藩在安慶設立試造洋器工廠，這是中國最早的工廠，不過成績不佳。

兵工廠機械局　據軍用工業專家李伯斧的調查，中國自同治三年至光緒十六年，相繼設立，金陵，上海，四川，新城，廣東，漢陽，開封等地兵工廠，製造子彈，槍械，機器，動力機，無煙火藥等產品。李鴻章、丁寶楨奏請分別在天津、濟南設機械局以製造新武器。張之洞奏請設立漢冶萍公司，鍊鐵，製造槍砲彈藥。

西法採煤　新式礦業之創興，以代替舊法開採之小規模礦業。光緒四年（一八七八）留美學生唐景聲請直隸總督李鴻章創辦唐山開平煤礦，聘英人爲技師長，以官商資本銀二十七萬兩（光緒八年增至百廿萬兩）設開平礦務局於天津、爲中國以西法開鑛之嚆矢。

招商局　同治五年清廷以閩浙總督左宗棠之請，在閩設立船廠，試造輪船。同治十一年（一八六一）李鴻章見沿海及通商口岸，盡爲外國輪船勢力，乃創設輪船招商局。

修築鐵路電話　光緒四年唐景聲建議直督李鴻章，築鐵路以便運輸。光緒七年修唐山至胥各莊間鐵路十公里，初用馬繼改用小機關車。十二年改築軌寬四尺八寸半，爲開平煤礦之鐵路。十三年李鴻章又募集股本，敷設由天津經大沽至灤州之古冶線，長三百十一里，稱爲商路。十六年又延長古冶線至關外，長三百九十四里，稱爲官路，共長七百零五里，卅二年工竟通車，即今之北寧路。光緒十五年銘傳奏辦蘆溝橋至漢口間之鐵道，廿二年成立鐵路總公司，二十三年開始建築，卅二年通車。

光緒六年李鴻章奏請設南北洋電報線，光緒九年又上疏請展接山海關等地電線。

北洋艦隊　光緒十年，法越事起，朝議建海軍，十一年八月立海軍衙門於北京，以奕譞總理海軍事務，奕劻，李鴻章會同辦理。向英德定購鐵甲快船，先後來華，只有七艘。

北洋艦隊的創立，滿族新貴不知爲何物。光緒十二年李鴻章請奕譞檢閱北洋水陸兩軍會操，十四年十一月立海軍經制，北洋海軍始正式成軍。

興辦輕工業　自同治四年至光緒十五年，曾左李諸氏所倡辦者爲軍用工業，與軍用工業有關係的礦業，以及與軍事有關的輪船，鐵路，電報等交通事業。到光緒十五年以後，才開始發展輕工業，首先奏請者，爲置辦鐵廠機器，以爲發展輕工業的根本。中日戰後，中國的紡織工業突飛猛進，其他輕工業亦在日新月異之中。

近代化的基礎　總之，太平軍瓦解以後，至中日戰爭以前，曾李等倡導西法模仿，推進洋務，在多方面的阻撓之下，三十年的成就，中國社會有了機械，輪船、火車、電報、槍礮、海軍、兵工廠，機械廠，織布廠等新式工業，使中國朝着近代化的途徑前進，奠定產業革命的基礎。然在另一方面，中國舊社會的一切，也在遽變之中。

第三節　吸收西法的政策與目標

三大政策 模仿西法當然需要充份的西方智識，曾李二氏爲了模仿西法，遂決定三種政策，大量吸收西學：一爲創辦學校；二爲翻譯西書；三爲派遣幼童出洋留學。

曾李二氏模仿西法重點，在輪船槍礮的製造、所以他們辦學校，也辦武學校，譯書也繙譯與軍工有關的書，派遣留學生，也規定學習製造輪船槍礮的技能。還有一點我們要注意的，就是他們創辦的新學校，成立譯書機構，多在他們所創辦的機器局或製造局內，附屬辦理。因爲他們辦學校所訓練的學生，與翻譯的資料，都與他們的機械局，製造局的業務有關。他們決定吸收西學政策，是配合西法模仿的。

新式學校 吸收西學的政策，推行三十年亦有若干成就。同治元年京師有同文舘之設立，專門訓練翻譯人才，以便吸收西方學術。

翻譯西書 中國翻譯西書，遠在明清之際，咸豐年間，海寧李善蘭與英人艾約瑟相接，譯歐幾里得幾何原本後九卷（前九卷已爲明徐光啓，利馬竇所譯，全書共十八卷）與重學。同治元年總理衙門設同文館於北京，時有江蘇馮桂芳倡議，在上海廣州亦應仿設，李鴻章納其議，於上海敬業書院地址，建廣方言館，學習西文，翻譯西書。

廣方言館於同治九年，移江南製造局內，自北京同文館，上海廣方言館設立以後，翻譯外國書籍，風氣大盛。

出洋留學 西法模仿，需要人才，人才也不是創立學校，就可以大批培養出來的；因爲各種新興事業，需要大量人才，並且是需才殷切。爲了補就人才恐慌，曾李二氏於同治十五年五月，奏請遣聰穎子弟，出洋留學，同治十二年沈葆楨督辦福建船政局，又請派學生出洋學習。

前後二批學生出國，約有一五八人。第一批去美國，第二批去歐洲，同治九年，曾國藩奏請派幼童出洋留學，議成，派丁日昌募集學生，同治十年適陳蘭彬出使美國，遂命容閎率學生同行。以區諤良爲監督，容增祥副之，學生即唐紹儀，梁誠、梁敬彥，容駭，歐陽庚，侯良登，詹天佑、鄭蘭生等，此爲第一期中國留美學生。各生初到時，清政府在康尼克特卡省 Connecticut 之哈佛埠 Hartford 購置一室，爲留學生寄宿舍。

光緒六年，南豐吳惠言爲監督，其人好示威，一如往日之學司，接任之後，即招各生到華盛頓使署中教訓，各生謁見時，均不行跪拜禮，監督僚友金某大怒，謂各生適亦忘本，目無師長，固無論其學難期成材，即成亦不能爲中國用，具奏請將留學裁撤，署中各員均竊非之，但無敢言者，獨江蘇同知容閎力爭無效，卒至光緒七年，遂將留學生一律撤回。（留美中國學生會小史）

中國創辦新式學校，翻譯西書，與出國留學三事，爲吸收西方學術的政策，開始於西法模仿時代，甲午以後，風氣大開，迄今仍熾。

第四節　興辦洋務的缺點及其影響

洋務運動，前後三十年間，經曾左李張諸氏之竭力倡導，規模得以粗具，古老的中國社會微露出新興氣象，此一時期，新式海軍與裝備，製造局，造船局，鐵路，礦務、學校、電訊先後興建起來。但李鴻章一手促成的西法模仿，成績竟大半毀於甲午一役，檢討其缺點有四：

舊勢力的梗阻　開明的士大夫主張講求洋務，採用西法以夷技制夷人，這一派以李鴻章爲代表；相反的保守的士大夫根本鄙視洋務，極力排斥西法，主張唯古是尙，非古不談，才算是文明之國，禮儀之邦，這種守舊思想，阻礙洋務的推行，使模仿西法的人，不能放手去做，這是西法不能盡量模仿的內在因素。

列强掠奪的加緊　在李鴻章推行新政期內，帝國主義正掠奪中國的邊疆，如日侵琉球，法侵安南，英侵緬甸，俄侵伊犁，使清廷應付不暇，未能以全力從事洋務，這是西法不能盡力模仿的外在因素。

新政人物的偏狹　李鴻章主持洋務的時間最久，舉辦的洋務最多，因其見解偏狹，又專注意軍事工業的建設，而疏忽了國計民生方面的發展。所以梁啓超在李鴻章傳中說：「知有兵事而不知有民政，知有外交而不知內務，知有朝廷而不知有國民，知有洋務而不知有國務」。李鴻章的見解，固然偏狹，但在當時一般士大夫中，已經算是有見識，有眼光的人了。他雖然僅知道這一點洋務，可是當時朝臣中，還有些根本在否認洋務的；所以說梁啓超對李鴻章批評是不公道的。

黑暗勢力腐蝕洋務　創辦洋務的經費不能運用自如，多爲皇室挪用，創辦任何一種事業，欲保障其成功，須注意二點：一爲經費充足；二爲人事健全，二者缺一不可，曾李倡導新興工業，中日戰爭以前，多爲官辦，因國庫空虛，經費不足；如有餘額，皇室隨意挪用。光緒十四年詔修頤和園以爲太后歸政後頤養之所；光緒十五年以後，未增造一艦，影響新海軍的發展。次爲人事，一般官吏都認爲新興工業爲肥差美缺，主持之官吏，皆乘機中飽，貪汚風氣腐蝕了新興事業，尤以北洋爲甚，後來的海軍衙門，無異成爲宮庭的侍從室了。

中國產業革命進行三十年，其影響，使中國社會呈現的變化有四：

大都市的興起　曾左李諸氏爲了創辦洋務的方便，把新式的機器廠、製造廠、造船廠等等，都設在沿海沿江的通商口岸。後來創辦新式學校，設立招商局，電報局、礦務局等新興事業，也都設在通商口岸，這些口岸地方，原爲商業發達區域，又因設立工廠，工業發達，設立學校，文化發達，於是商埠附近的農村人口，漸向工商業發達的地區集中，如今日之上海，天津、福州、廣州、南京、漢口等地，便成爲工商業繁榮，文化發達的近代都市了。

農民變成工人　中國以農立國，農民佔中國人口的絕大多數，因爲新式工業的興起，農民漸漸放棄田園工作投入新式工廠，以勞力換取工資，維持生活，於是農民轉而爲勞動者。

新型大夫出現　曾李爲了模仿西法的開展，期望有顯著的成效，特選各省聰穎子弟，赴美國及歐洲留學，這些留學生學成歸國，參加新式工業，成了工程師，參加軍隊，成了陸海軍軍官，參加軍事教育的，成了教官，也有只通外國語文，留在使館當翻譯的，也有在都市裡充通事的；這便是買辦階級的前身。這些工程師，海陸軍軍官，翻譯、通事、則爲新型士大夫，所謂洋秀才，洋舉人，這是中國社會出現的新知識份子。

資本主義傾向　西法模仿只倡導了三十年，新工廠，新機器，新海軍，新陸軍，新鐵路，新礦業，新學校以及新的士大夫統統出現了。雖然範圍不大，創辦不多，但是給中國社會播下了變化的種子，俟中日戰後，列强資本主義的勢力侵入，官商合辦的工業漸多，使中國各部門才發生了劇烈的變動，呈現資本主義的傾向。

本章結論　李鴻章統帥淮軍與太平軍作戰。克復太倉，實借戈登大砲之力，程方忠逼紥崑山城下該逆死拒不出，中隔大河，無法攻打，仍須使用開花大礮或可得手（見李鴻章致曾國荃書）在實際的戰爭經驗上，始認識夷技之長，始生以夷技制夷人之念，積此一念而倡導洋務，以圖强兵救國，其見解雖屬偏隘，然在彼時頑固士大夫群中，仍爲翹楚者也。其興辦洋務，固部份的毀於甲午一役，但中國近代化的開始，確始於興辦洋務，曾李二公爲中國近代化之功臣，宜也。

九月初吉在保定府　**大院君**

牆外戒嚴牆內連，悄然獨坐意悠然，家鄉雲外三千里，鴻雁霜邊九月天。
處世無能依作佛，終身變通乃成仙。休論富貴平生事，那識今來困此年。

九月初二在保定

愁中烏鵲夕陽鳴，入夜更看燈火明，烹飪甕鹽豈有味，登盤重肉終無羹，
孤城依枕艱辛夢，鎭日守心華甲兵，新月漸生客懷甚，何時行李抵王城。

第十五章　帝國主義的環攻與分割（同治元年—光緒廿五年 一八六三—一八九九）

道光咸豐年間，英法帝國主義掠奪中國東南沿海，而俄帝掠奪中國東北邊疆。同治光緒年間，國際帝國主義，各別的向中國的邊疆掠奪，形成環攻的態勢，法侵安南，俄侵新疆，英侵滇緬，日侵琉球朝鮮，幾在同一時期，加緊攫取中國的藩屬與邊陲，使清政府應付不暇，一再舉辦洋務，又遭受摧殘，中日戰後帝國主義列強，乘機實行其分割中國之計劃，先劃定勢力範圍，繼而強租港灣，借地築路，奪取礦權，使中國的國際地位，一落千丈，陷於「次殖民地」的深淵之中。

第一節　法侵安南與中法戰爭

法國經營安南　中法戰爭是由於安南問題而起，為明瞭這次戰爭的根由，必須把法人經營安南的始末，略加敘述之。

安南自阮光平得國，稱為新阮，舊阮的後裔阮福映逃往暹羅。後來阮福映借助於法人。乾隆五十二年（一七八七）商訂法越同盟條約，一名維薩條約，許事成後，割化南島以為報酬，但這是草約，並未正式簽字，嘉慶七年阮福映滅掉新阮，統一安南，恢復了越南的王位，福映不便履踐前約，及英法聯軍之後，法國以要求履行前約未遂，出兵攻越南，越南不敵，於同治元年（一八六二）六月五日締結西貢條約（割康道爾羣島及邊和，定祥，嘉定三州地），割地賠款請和，法國在越南的地位由此確定。

同治十三年（一八七三）法人要求通航紅河（即富良江）被安南拒絕，憤而攻陷河內，旋法人恐激起安南人的反感，急改用懷柔政策，揚言退還侵地，安南人大悅，於同治十三年（一八七〇）三月十五日訂西貢法安親善條約，約中有「法國承認越南爲獨立國」條款。消息傳來，清政府即提出抗議，但因當時國內多故，未能採積極行動。未幾，越南也漸知親善條約的危險，就遣使向中國乞援，同時並利用劉永福的黑旗軍，（黑旗軍以所用軍旗著稱，其領袖劉永福原名義，廣西博白人，本是太平軍的部將，亡命後改用是名）攻擊法軍，光緒九年（一八八三）法軍大舉進攻，陷越南首都順化，旋於光緒九年八月廿三日迫訂順化條約，又割永嘉，安江，和仙三洲地，至是下交趾六州，全爲法有，且於約中有「越南自認爲法國保護國」一款，這樣，越南與中國的關係更形疏遠了。

中法戰爭　清政府得知法越締結順化條約，似不可再忍，遂一面向法國抗議，否認上項條約；一面命劉永福經略安南，並派岑毓英等率大軍增援，中法戰爭，一觸即發。

光緒十年，法軍進攻我諒山駐軍，慘敗而退，旋即分兵大舉進犯。海軍方面，法將孤拔 Courbet 率艦犯臺灣及福建沿海，爲劉銘傳所敗，轉攻浙江鎭海，亦被擊退，孤拔傷而退，後病死於澎湖。陸軍方面，法軍以破竹之勢，攻陷諒山，進逼鎭南關。廣西提督馮子材兼程赴援，迭破法軍，收復諒山，劉永福，岑英毓等亦屢建戰功，安南各地民衆，也起來武裝響應，法軍進退狼狽，急欲媾和，暗託英人出面調停，清政府糊塗，竟於前方軍事勝利之際，與法國進行和平談判了。

天津條約及其影響　光緒十一年四月廿七日（一八八五年六月九日）李鴻章奉命赴天津，與法使巴特納會議，訂立天津條約，其要點爲：

㈠中國承認越南爲法國保護國。
㈡中國擇勞開以上，諒山以北之二處爲商埠。
㈢中國於南方各省建築鐵道時，聘用法人。

至此法國經營安南的目的，已完全達到。光緒十三年，清政府又和法國締結中越界務專約和商務續約，關於界務的，法國承認東京灣沿海的龍宅島爲中國領土。關於商務的，㈠開廣西龍州（今龍津縣）和雲南蒙自，蠻耗爲商埠，㈡異日中國或西南地區與他國結通商條約時，法國得享受他國所獲得一切利益。總括說來，天津條約使我國喪失了二千餘年的屬國安南，我國西南的藩籬，從此破壞，商務續約使法國勢力，伸入我國西南各省，日後法國自定廣西雲南爲其勢力範圍的張本。

第二節　英侵緬甸與暹羅獨立

緬甸的滅亡　緬甸向爲我國的藩屬，自英人兼併印度以後，英緬接觸。乾隆年間緬王孟雲征服阿剌干，阿剌干人多逃入印度，緬兵追擊，因而引起了英緬衝突。道光年間阿薩密內亂，緬人佔領其地，英人援助阿薩密，遣軍攻緬甸，緬人恐懼，割阿剌干等地向英求和。咸豐初年緬甸發生政變，英兵乘機據仰光，緬人又割擺州請和，緬甸因屢受英人壓迫，想藉法人之力以抗英，光緒十年（一八八四）緬甸和法結攻守同盟條約，割湄公河東岸給法國。英人先發制人，便於次年發兵直逼緬甸新都曼德勒，緬王被擒，英國遂併有緬甸。清政府向英抗議無效，不得已於光緒十二年，中國承認緬甸有最高宗主權，英國許緬甸照例入貢，但使節祇限於緬甸種族，緬甸從此滅亡。英人既得緬甸，中英二國滇緬分界問題續有談判，光緒二十年（一八九四）中英締結滇緬界務條約：關於界務的：永昌，騰越（今騰衝縣）邊外隙地歸於英國，木邦科于，孟連，江洪三地，歸於中國，但孟連，江洪二地，若不先與英國議定，不得讓與他國。關於商務的：㈠中國設領事於仰光，英國設領事於雲南蠻允。光緒二十三年，中英又訂滇緬界務商務條款，其要點：㈠孟連，江洪二地不得割讓他國。㈡英國註蠻允領事改爲駐騰越或順寧，並得在思茅設領。㈢雲南如修鐵路，須與緬甸鐵道相連接。㈣增開梧州，三水，江根墟爲商埠。㈤許英人航行香港，三水，梧州間，沿途江門，甘竹灘肇慶，德慶四處。均許上下客貨。㈥木邦科于割屬英國。後來英人又迭佔我片馬，片馬在雲南保山縣西北，爲緬人入川，滇，藏等地最捷的要道。江心坡（江心坡土名叫苦憂，又叫星厤），在片馬西北，位於邁立開江和恩梅開江中間。南接尖高山，北連西康，西界緬甸，是我國舊星厤長官司地，實爲我國西南的屏障，班洪在雲南瀾滄縣邊境，有世界著名的金銀等礦產，屢經交涉，終無結果。直到民國三十年（一九四一），中英共同對日作戰時，英政府才以和平合作精神，和中國開誠商討，雙方才派員重行劃定滇緬的新國界。

暹羅的獨立 暹羅本爲暹與羅斛二國，元末始合拼爲暹羅斛國，明初其王遣使人員，太祖封他爲暹羅王，始稱暹羅。終明之世，暹羅對中國的朝貢，從未斷絕，至清乾隆時仍入貢受封，爲我國藩屬之一。及法併安南，英併緬甸後，暹羅就介入兩大國之間，屢受侵淩。英法雙方爲避免衝突起見，於光緒十九年（一八九三）成立協約，許暹羅獨立，並片面廢止入貢我國的舊例，暹羅便由此脫離我國而獨立。

藏邊藩屬的分離 在印，藏間有尼泊爾，不丹和哲孟雄三小國，都曾入貢我國，爲西藏的屏藩。自英人席捲印度後，這三國的地位，也就發生動搖。

尼泊爾 尼泊爾即廓爾喀。嘉慶二十一年（一八一六）尼泊爾因受英法攻擊，乞援中國，清政府置之不理，尼泊爾遂附英國，但對中國朝貢，迄民國成立後，亦未廢絕。

哲孟雄 哲孟雄一名錫金，爲印藏交通要津。道光中葉英人置政務官以監督其政治。光緒十六年（一八九〇）清政府和英訂印藏條約，內有哲孟雄由「英國一國保護督理」一款，至是哲孟雄遂爲英國保護國。

不丹 不丹一作布丹，本名布魯克巴。其民好刼掠，常侵印度，都爲英人擊潰。宣統二年（一九一〇）英與不丹訂約，以不丹外交歸英指導，於是不丹無異爲英國的保護國了。

第三節 俄侵伊犂與伊犂條約

西北邊疆的喪失　自恰克圖條約成立後，帝俄的勢力已達到我國的西北邊疆，所有中亞來朝貢中國的國家，也都次第附俄（布魯特於道光時併入俄，布哈爾於同治十二年（一八七三）爲俄保護，浩罕光緒二年（一八七六）爲俄所滅）。同治十年（一八七一）回變中，帝俄以維持邊境治安爲辭，出兵佔據伊犂，聲明待我國平定新疆後，即行交還，光緒初年新疆完全平定，淸政府遂派崇厚赴俄，交涉歸還伊犂事件。光緒五年八月十八日（一八七九十月二日）與俄訂立伊犂條約。其要點如下：

㈠俄國歸還伊犂，由我國償佔領費五百萬盧布。

㈡伊犂南境，帖克斯河流域，盡讓俄國。

㈢除喀什噶爾及庫倫外，再許俄在嘉峪關，科布多、哈密、土魯番，烏魯木齊及庫車各地設立領事。

㈣蒙古及天山南北路，俄國貨物進出，槪行免稅。

依據此約，伊犂以南的廣大地域，都被俄人掠奪而去，我國祇收回伊犂一座空城罷了。這約文送到北京，輿論大譁，深責崇厚愚昧，不懂外交，於是再派曾紀澤赴俄折衝。光緒七年（一八八一）正月廿六日與俄改訂伊犂條約。其要點如下：

㈠俄國交還伊犂，我國賠償占領費九百萬盧布。

㈡自伊犂西部別珍島山沿霍爾果斯河，過伊犂河南至烏宗島山爲兩國分界處，東屬中國，西屬俄國，照原約收回伊犂以南即帖克斯河流域，廣二百餘里，長四百餘里之土地。

㈢准俄國在嘉峪關及土魯番設立領事。

㈣蒙古各盟均許俄人貿易，照舊不納稅，並許俄商在天山南北路各城貿易，暫不納稅。

這次改訂條約，除爭回帖克斯河流域之土地外，其他損失也不亞於原約，自此約訂立後，帝俄的勢力，便深入蒙古和新疆，西北的風雲也緊急起來了。

第四節　日侵朝鮮與中日戰爭

戰前的中日交涉　日本自明治維新以後，頗重通商利益，步西洋各國之後，也要求與我國增進通商關係。同治十年（一八七一），遣伊達宗城和柳原前光爲正副專使，來與我國修好，締結通商條約，規定日本得在我國各港口設立領事，這是中、日近代正式交涉的開始。恰巧就在這時發生了臺灣事件。原來這一年，有琉球船遇颶風飄至臺灣，爲生番刼殺五十四人，生還十二人，日本得訊後：一面封琉球爲藩王，照會各國公使，謂琉球已屬日本；一面決定出兵臺灣，奪爲屬地。但日本知臺灣係中國領土，不便直接行動。同治十二年，日政府派副島種臣爲大使，偕柳原前光來華，表面上以換約爲名，實則探聽清政府對於臺灣的態度。副島等以臺灣事件，向我國總理衙門提出質問。清政府答以琉球爲我國屬國，無須日本過問，臺灣生番，係化外之民，未便窮治等語。副島等歸報，日政府遂於同治十三年四月出兵臺灣。清政府要求日本撤兵，日本不允，兩國勢將開戰，英人恐中日開戰，有礙商務，從中竭力調停，遂於同治十三年締結中日和約，載明中國承認日本此次出兵臺灣，係保民義擧，並由我國賠償日本兵費銀四十萬兩。這樣，中國便無形中，承認琉球是日本的屬地。光緒五年（一八七九）日本竟廢琉球王，設冲繩縣爲其直屬領土。數百年來稱臣納貢的琉球，就這樣輕輕的斷送了。

朝鮮問題　日本向外發展的政策，分南進北進兩條路，南進的橋樑是臺灣，北進的橋樑是朝鮮，目的在中國大陸，要打通這兩條道路，才能向中國侵略，所以它攫奪臺灣不成，就轉而侵略朝鮮。

朝鮮本爲我國藩屬，同治初年，國王李熙即位，其父李昰應攝政，號大院君，力持鎖國政策，嚴禁外國通商，這在日本當然不肯輕易放過的。光緒元年（一八七五）日本便派軍艦在朝鮮江華島附近測量，朝鮮守兵見了，當然發砲轟擊，日艦也便還砲應戰，毁其砲臺，日本政府認爲有機可乘，遂遣使赴朝鮮，次年强迫朝鮮訂立江華條約，約中「承認朝鮮是獨立自主的國家」，其意在使朝鮮脫離中國的隸屬關係，以便日本着手侵略。

獨立黨之亂與中日衝突 李熙年長親政，昏庸無才，其妃閔氏當權，閔族多居要職，久掌朝政的大院君，對此種局面，當然不能容忍，因於光緒八年（一八八二）六月鼓動兵變，襲擊王宮，屠殺閔族要人，並焚燬日本使館，我國聞變，立遣丁汝昌，吳長慶率兵至朝鮮平定亂事，執大院君以歸，長慶留駐朝鮮。同時日本也派兵前往，事定之後日本復迫朝鮮政府，於光緒八年九月締結濟物浦條約，「允許日本駐兵漢城，保護使館」，從此中日兩國，都有軍隊駐在漢城，形成對峙之勢，經此變亂之後，朝鮮國分新舊兩黨，水火不容，舊黨稱事上黨以金允植，閔泳翊等爲首領，親中國。新黨稱開化黨，以洪英植、金玉均、朴泳孝等首領，親日本。光緒十年（一八八四）日本駐鮮公使竹添進一郎嗾使新黨爲亂，攻殺舊黨，我國駐漢城軍隊迅速戡定亂事，舊黨重握政權。光緒十一年日本派伊藤博文來中國，要求協議朝鮮事務，清政府命李鴻章爲全權大臣，與伊藤傳文訂天津條約，雙方都撤退朝鮮的駐軍，約定，將來朝鮮有事，一國出兵，應先知照締約國，事定仍即退回。從此朝鮮變成中日共同的保護國了。

東學黨之亂 朝鮮在李熙的時代，政務不修，國勢衰敗。光緒二十年朝鮮南部有所謂東學黨。東學黨爲民間半宗教性的秘密會社，舊稱天道，以明人倫，誅汚吏，匡粃政，救生靈爲宗旨，創始人爲崔濟愚、崔福成，所謂東學，就是以儒、釋、道爲基礎的中國之學，而竭力排斥耶教，澄清聖道，逐滅夷倭，濟世安民。光緒二十年三月東學黨人發難於全羅道，揚言直搗王京，朝廷乞師，中國遣軍東渡，日本亦派兵入韓東學黨人聞中日大軍至，黨人星散，亂平。

中國依約要求日本撤兵，日本不但拒絕，反而要求改革朝鮮內政。如中國不同意，日本獨自迫韓進行，此一表示日本決心用兵，當時駐漢城各國使節調停無效，中日局勢轉緊。

戰爭的經過　在交涉嚴重之際，我國朝野，大都主戰，獨李鴻章深知不可開戰，希望和平解決。孰知日本故意挑戰，六月廿二日突襲我海上運輸船高陞號，六月廿三日又攻擊我牙山駐軍。清政府至此，勢已無可再忍，遂於光緒二十年七月一日下詔宣戰。同日日本亦對中國宣戰，戰事既起，日本分海陸兩路，大舉進攻，玆略述戰況如下：

陸戰　日軍初攻牙山，葉志超以孤軍無援，退至平壤，始與中國援軍卅五營會合。日軍統帥野津道貫知中國軍隊據險守平壤，遂實行包圍戰略，三路進攻，八月十七日平壤陷落。是役，左寶貴力戰殉國，（左寶貴字冠廷，山東費縣人，諡忠壯，與陣亡艦長鄧世昌二人號稱海陸雙忠）。日本軍乘勝兩路挺進：一路渡鴨綠江、佔九連、安東、鳳凰城、十月二十二日岫岩失守；一路窺金州，陷大連，十月廿四日旅順陷落，中國以重兵扼守山海關至錦州一帶，遼東半島全爲日軍占領。

海戰　自平壤失陷後，海上亦發生大戰，海軍提督丁汝昌統率北洋艦隊，當時參加作戰的有定遠、鎭遠、經遠、來遠、致遠、揚威、超勇、濟遠、平遠、廣甲、廣乙、廣丙等十二艘。另有水雷艇六艘。八月十五日與伊東祐亨指揮的日艦激戰於黃海海面，是役我軍致遠艦長鄧世昌（鄧世昌字正卿，廣東番禺人，諡壯節）陣亡，北洋艦隊或沉或傷，潰敗不復成軍，退守威海衛。日艦跟縱追擊，陷山東榮城，直攻威海衛。中國海軍提督丁汝昌飲藥自殺，道員牛昶炳密不宣佈，假提督名擬降書，於汝昌自盡之日，送日海軍司令官伊東投降，北洋艦隊全歸毀滅。日艦又南下陷澎湖，逼臺灣。

締結馬關條約　中國陸，海軍相繼戰敗，別無精練的軍隊或强有力的軍隊可以作戰，勝負之局已定。清政府始主和，派李鴻章爲全權大使，赴日本講和。光緒二十一年三月廿三日（一八九五年四月十一日）締結馬關條約。其要點如下：

㈠中國承認朝鮮爲完全獨立自主國。

㈡割讓遼東半島，臺灣及澎湖群島與日本。
㈢賠償日本軍費二萬萬兩。
㈣開蘇州、杭州、沙市、重慶為通商口岸。
㈤日本人民得在我國各通商口岸，自由從事工業製造。

戰後的餘波 馬關條約締結，發生兩大反響；一是由於遼東半島的割讓，引起了俄、法、德三國的干涉一是由於臺灣的割讓，激成臺灣獨立運動，茲分述如后：

三國干涉退還遼東 原來帝俄經營東亞，取得海參威後，因該港並非不凍港，意本未滿，久思在東三省沿海覓一良港，以為東方海軍根據地，現見日本獨佔遼東，對俄頗為不利，故決定出而干涉。其時俄法同盟，在一八九三以前的外交協商及軍事協定，而是用以對抗德奧意同盟的。法國與俄採取一致行動，而德國欲乘機聯俄以疏法俄間感情，同時尤想逞志於東方，於是三國一致聯合，向日本提出抗議，要求退還遼東與中國。日本以大戰初罷，元氣未復，祇好屈從三國的請求，由中國出銀三千萬兩，作為交換條件，將遼東半島歸還中國。

臺灣獨立 臺人聞知清政府割讓臺灣，群情激昂，名士邱逢甲等倡議獨立，建臺灣為民主國。公推巡撫唐景崧為大總統，立法制，設官職，儼然有開國氣象，未幾，日軍大至，臺北失陷，景崧出走；旋日軍攻臺灣南部，劉永福苦戰數月，卒因糧盡援絕，不敵內渡，臺灣遂失。

戰敗的影響 甲午之戰，中國一敗塗地，滿族統治中國二百五十年，累積而成的衰風敝習，遂暴露於天下。日本軍閥對中國之蔑視，對亞洲之雄心，即由此而起，西方帝國主義國家對中國亦加緊侵略，使中國轉入半殖民地的地位。中國國民經濟生活，每況愈下。此次失敗，對中國民族的生存發展影響甚鉅，比較重大者有四：

列强積極侵略 列强對中國的爭奪，不遺餘力，馬關條約割遼東半島與日，經俄德法三國干涉，迫日本退還遼東，俄法以仗義歸遼，索報殊奢，而中國復乖於應付，此後列强便以瓜分與機會均等二大原則，來破壞中國的主權獨立。所謂勢力範圍的劃定，沿海港灣的租界，開礦，築路權的攫取等等，使中國陷於次殖民地的地位。各帝國主義國家，各在劃定的勢力範圍內，修築鐵路，開闢礦山，建設工廠，設立銀行，財政借款，組織航運公司，加緊對中國經濟的掠奪，操縱中國財政金融的命脈，造成中國經濟發展的不平衡。而形成軍閥割據的經濟基礎，增加國民革命運動的阻碍。

日本獨步東亞 鴉片戰前，日本不敢與中國抗衡，中英鴉片之戰，開五口通商，英法聯軍之役，英法俄美並爲有約之國，日本不得與，及伊藤博文來華，謁李鴻章於天津，李氏卑視日本，其貴倨之態，伊藤不能堪，不敢與較；此次日本戰勝，南攫取臺澎，北使朝鮮獨立，日本旣得南進的橋樑，北進的跳板，於是兩路分進，成爲日後侵略中國，禍亂亞洲的戎首。就歷史而言，中日戰爭則爲日本進行獨佔侵略中國的開端。

打擊民族工業 中國民族資本，自中日戰後，由軍需工業轉向國民經濟，開始經營交通業，銀行業與以紡織爲中心的輕工業，多半集中於沿江，沿海各地。各資本主義國家，在馬關條約以後，援最惠國條款，擴大工商業於中國內地。在中國各通商口岸，設廠製造各種工業品，減低各種稅率，由百分之五減至百分之二五。使中國的工商業無法振興，國民經濟生活無法改進。於是中國新興的民族工業，在帝國主義雄厚資本的壓迫下，反而成爲國際資本主義的附庸。

掀起政治運動 中日戰後，中國國際地位，一落千丈，中國社會危機，愈益加深，滿清政府隨着李鴻章等所謂中興功臣的失勢，由短期的中興局面，轉入沒落的途程。爲保疆土而延國命，遂發生民族覺醒的維新改革運動和國民革命運動。這兩大政治運動並流而下，維新運動失敗，拯救中國祇有國民革命一途了。

第五節　帝國主義對中國的分割

中俄密約　俄國之邀德法二國，干涉還遼，意在排除日本勢力，伸入大陸，更不許其插足於東三省。清廷不察，却認帝俄爲唯一的友邦，遂定親俄的傾向。光緒二十二年四月廿四日（一八九六年五月廿六日）俄皇尼古拉二世 Nicholas II 舉行加冕典禮，俄使喀西尼 Cassini 示意，希望我國派頭等大員去作代表，我國乃派李鴻章爲慶賀加冕特使，於是鴻章有俄京之行。這時俄人深知鴻章的心理，想聯俄制日，沙俄財政大臣威德 Witte 盡力籠絡鴻章，極言日本之可怕，可惡，謂非兩國同盟，中國決不能單獨抵禦日本。此一說法，正中鴻章之意，鴻章遂和威德於光緒廿二年四月廿二日（一八九六年六月三日）締結中俄密約。其要點爲：㈠日本如侵佔俄國，中國或朝鮮土地，中俄兩國應協同抵禦。㈡許俄國於黑龍江，吉林地方接造鐵路，直達海參威（後即根據此約築有東清鐵路，即現在的中長鐵路），由中國交華俄銀行承辦密約簽訂後，並未正式公佈，同年中國和帝俄訂華俄道勝銀行契約，給該銀行以收稅、鑄幣、築路和敷設電線等權和契約成立後，又與該銀行訂東省鐵路公司合同，許東清鐵路歸該銀行建築，並予鐵路公司以採礦及設置警察權。鐵路公司所經營的事業，範圍既如此擴大，於是道勝銀行成爲帝俄侵略中國的總機關。

借地築路　中日戰後，清政府的弱點畢露無遺，這便加強了列強對我國的侵略，同時也造成了列強間的衝突，最重要的，是表現於鐵路投資競爭。甲午以後，清政府擬興築京漢鐵路（即今平漢鐵路），因資本缺乏，不得不籌借。這時，俄、法乘機嗾使比利時出面，和中國訂立合同，承造保定至漢口一段，實則是華俄道勝銀行出資，而由法人暗中資助。同年道勝銀行，又借款承修正太鐵路，這樣帝俄在中國的勢力日益膨脹，英人見了眼紅，急向清政府要求，取得浦信（浦口—信陽）、津鎭（天津—鎭江）、廣九（廣州—九龍）、蘇杭甬（即今滬杭甬）、滬寧（即今京滬）及山海關外各路，伸入俄國各路權以爲抵制。但津浦鐵路，伸入德國勢力範圍，出山海關外各路，伸入俄國勢力範圍，英和德、俄便發生了衝突，後來英德協議，津浦鐵路北段由德築，南端由英築。英俄締約，規定長江流域爲英國的築路範圍，長城以北爲俄國的築路範圍。這樣，築路權的爭奪，才告平息。

港灣的租借　列強在我國的競爭，除爭奪築路權外，又用威脅的手段，强迫我國出租沿海一帶的良港，作進一步的侵略的根據地，茲述其經過於下：

德租膠州灣　德國於三國迫日還遼後，以爲對我有功，曾向我要求代索遼東的報酬，我國未允。光緒二十三年（一八九七）十月，山東曹州鉅野縣，匪盜戕德教士二名，德國便藉口實，派軍艦强租膠州灣。清政府懼其威迫，於廿四年（一八九八）二月十四日和德國訂膠澳租借條約，將膠州灣租借給德國，以九十九年爲期，並許山東全省鐵路建築權及開礦權，從此山東一省成爲德國的勢力範圍。

俄租旅順大連　俄人見膠州灣被德奪去，就以危及東三省爲辭，因派艦隊佔據旅順口，於光緒廿四年三月三日迫我國訂立旅順大連租約，將旅順、大連租給俄國，以二十五年爲期，並許俄國在東三省南部有建築鐵路權。即長春至大連的一段。

法租廣州灣　法人見德、俄先後租得港灣，以要求均勢爲辭，即和我國成立「海南島及兩廣、雲南不得讓與他國」的條約，並取得滇越鐵路的承修權；但法人仍表不滿，藉口武官教士被殺事件，派兵艦佔領廣州灣。光緒二十五年（一八九九）十月十四日，强迫我國訂廣州灣租借條約，將廣州灣租借法國，以九十九年爲期。從此我國西南滇桂二省成了法國的勢力範圍。

英租威海衛九龍　當俄艦佔領旅順時，英國即和我國訂立「長江沿岸各省土地不得租借或割據與他國」的條約，及俄租旅順、大連，英人又藉口維持均勢，要求清政府於光緒廿四年五月十二日締結威海衛租借條約，租期與俄租旅順大連同。及法租廣州灣，英人以危害香港爲藉口，又於廿四年五月十八日租得九龍半島全部，租期和法租廣州灣同。

此外日本也於光緒二十四年要求，「中國永不將福建沿海一帶，割讓或租借與他國」，清政府也答應它的要求。義大利也曾於光緒二十五年，向清政府要求租借浙江的三門灣，但爲清政府所拒絕。

勢力範圍的劃定 列强租借港灣時，爲圖保持和擴充勢力起見，往往多方要挾，或逼迫中國承認，或不向中國磋商而逕相協議，各自畫定了所謂「勢力範圍」。照當時的情形，大概東三省和蒙古是俄國的勢力範圍。山東是德國的勢力範圍，長江流域各省是英國的勢力範圍，福建是日本的勢力範圍。廣東、廣西和雲南三省是法國的勢力範圍。列强對待中國，竟和十九世紀初葉處置非洲的情況一樣，幾成瓜分的局面。

門戶開放宣言 列强在中國畫定勢力範圍後，明爭暗鬬，彼此間蘊藏著無限的危機。這時置身局外的美國，眼見英俄諸國壟斷權利，對於各國商業發展，頗爲不利，遂於一八九九年九月，光緒二十五年八月十一日由國務卿海約翰 John Hay 向英、俄、德、法、日等國發表開放中國門戶宣言，主張一面打破各國在劃定的勢力範圍內，壟斷的局面，以期獲得工商業的均等地位，一面維持各國的勢力範圍內的中國主權，將各國所劃定的勢力範圍，改爲利益範圍。各國深恐引起兵端，均表示贊同，我國遂在列强均勢之下，維持獨立。

本章結論 鴉片戰爭爲帝國主義第一次對中國的侵略，英法聯軍爲第二次對中國的侵略，日法英俄諸帝國主義的掠奪，形成環攻的形勢，此爲第三次對中國的侵略。中國的藩屬，琉球爲日本所併，安南爲法所吞，緬甸爲英所佔，藩屬已喪失殆盡，西陲允俄人出入，西南允英法擴張，內地允英法遊歷，獨日本僅得琉球，眼見俄英法侵略中國所得利益甚多，新興的日本便積極的經略朝鮮，乃發生中日戰爭，中國失敗後列强加緊分割，租港築路，劃定勢力範圍，競爭劇烈。美國的門戶開放政策，在情勢上由列强單獨角逐，一變而爲緩和的利益均霑，在事實上更擴大列强對中國的掠奪。於列强中又增加一個美帝國主義，絲毫沒有減輕列强對中國分割的危機。中國人民因排外運動，而掀起的八國聯軍入京之禍，就是有力的說明。

第十六章　維新的救國方案—戊戌變法（光緒廿年—廿四年 一八九四—一八九八）

甲午戰前，創辦的洋務，是專門學習夷技，製造槍砲輪船，改革軍需工業，目的在强兵禦侮，這是維新運動的一部份。同光時代，朝着這方面努力三十年，結果，被日本戰敗，喪權辱國。這次給朝野卓識之士，以深切的啓示。此時始認爲祇憑拿着外國的武器，不改革政治，加强組織，改造風氣，還是不能應付列强的侵略，達到富國强兵的期望。因此，在慘痛的教訓之下，遂釀成維新與革命的兩種政治運動。所謂維新運動是在舊制度下，因時修改；所謂革命運動，是推翻舊制度，犧牲創造。甲午戰役，維新較革命容易進行，因當時環境，具備了維新的條件。

第一節　維新運動的社會背景

新知識的流播　自上海開放爲通商口岸以來，傳教士李提摩太於光緒十四年（一八八八）創立廣學會於上海，其目的在啓發中國自强，其手段在翻譯新書，發行雜誌，於是新知識得以流播海內，大開中國風氣，啓迪中國士大夫的思想，使其有覺醒，紛起組織各種學會，據梁啓超記載：

自光緒二十一年（一八九五）强學會開設後，繼之者則爲湖北的質學會；廣西之聖學會；湖南之南學會；地圖公會；明達學會；廣東之粵學會；蘇州之蘇學會；上海之不纏足會；農學會；醫學會；譯書會；蒙學會；北京之知恥會；經濟學會；陝西之味經學會；其餘小學會尚不計其數；蓋合衆人之力以研究實學、實中國開明之一大機鍵會也。（梁啓超：戊戌政變記）

因爲有外國人創辦廣學會，中國人亦紛紛組織各種學會，吸收新知識，傳播新思想，這不僅是中國士大夫的一大進步，而且是中國社會思想轉變的關鍵。

維新思想的基地　甲午戰前的西法模仿，屬於經濟維新，進行三十年，始知經濟維新仍不足持，才從經濟維新進入政治維新，中國士大夫首先有此覺醒者，以廣東，湖南二省的士人爲最多，就全國普遍錮塞而論，粵湘二省，確爲風氣大開的省區，維新人物，產生於粵，際會講學於湘，於是粵湘，遂爲維新運動的基地。

士大夫的共鳴　中國政治上的人物，都是科舉出身的文人，守舊的固然勢力很大，但進步的也不在少數。如果不打倒皇帝，只倡導變法圖强，革新政治，容易激動士大夫的共鳴，來支持維新運動，據梁啓超列舉贊成維新運動的士大夫計有：禮部尙書李端棻，禮部右侍郎徐致遠，翰林院編修徐仁鑄，湖南巡撫陳寶箴，吏部主事陳三立，戶部左侍郎張蔭桓，禮部侍郎銜張百熙，詹事府少詹事王錫蕃，湖南按察使董遵憲，翰林院侍讀學士文廷式，禮部主事王熙，翰林院編修江標，督辦農工商局滿人端方，吳懋鼎，福建船政總辦徐建寅，御史宋伯魯，工部員外郎李岳瑞，刑部主事張元濟，翰林院庶吉士熊希齡，工部主事康有爲，舉人梁啓超，軍機章京譚嗣同，候補主事康廣仁，御史楊深秀，內閣侍讀楊銳，內閣中書林旭，刑部主事劉光第。

載湉的睿智　甲午慘敗以後，列强沉沉逐逐，國事日非，朝政不振，非變法無以圖存，載湉亦已有此認識，其雖上受制於慈禧，下被壅於群臣。但其變法圖强之心甚堅。據惲毓鼎云：「甲午遼東喪師，上憤外難日迫，國勢阽危，銳欲革新庶政致富强，環顧樞輔大臣，皆庸懦玩愒，牢不可破，無足與謀天下大計者。南海康有爲，甲午一再上書，上固必識之」。（見崇陵傳信錄）

日本維新的刺激　日本明治維新，事事取法西洋，而能顧慮國情民俗，從事多方面的改革，如改革軍隊，改革司法，改革教育，模仿郵政，改用西曆，男人剪髮等甚至在新興的改革事業上，盡量聘請外國技師，顧問數達二百人。待遇優厚，年俸總額幾佔政府經常預算四十分之一。明治推行其改革方案，步步脚踏實地。不過三十年政治上了軌道，經濟日趨繁榮，軍隊訓練成功，教育普及，社會安定，人口驟增，國力增强。居然戰勝中國，這不僅提高了日本的國際地位，且提醒了中國朝野的維新份子，以明治維新的實例，向光緒帝條陳，遂促成中國的維新運動。

以上諸種內外因素，即爲維新運動的社會背景。所以南海康有爲一再上書，言變法圖强，卒得載湉的採納，士大夫的支持，才發生政治上禦侮圖存的維新運動—戊戌變法。

第二節　維新運動的領導者—康有為

康有爲其人其學　咸豐八年（一八五八）有爲生於廣東南海縣（世稱南海先生），世爲粵名門，曾祖式鵬，通理學，稱醇儒；祖父贊修，專攻程朱之學，粵人宗仰；從祖國器官廣西巡撫，父達初早世，母勞氏，生二子，長即有爲，次稱廣仁，幼年受教其祖，七歲能屬文，鄉人視爲神童，開口輒據聖人之言，故戲之爲「聖人」，後稱「康聖人」。十八歲受業於朱次琦門下，歷時六載。次琦號九江，粵中大儒，湛深經術，以經世致用爲主，其學得之於次琦。次琦卒，其理學史學，已有相當根底，喜言通三統。張三世。三統者。謂夏商周三代不同。當隨時因革也。三世者。謂據亂世，升平世，太平世，愈改而愈進也。所著孔子改制考。教人讀古書。不當求諸章句訓詁名物制度之末。當求其義理。所謂義理。乃在古人創法立制之精意也。有爲言孔子託古改制。而所以學孔子者，亦必出託古改制。孔子之託古改制。見其義於春秋。而有爲之託古改制，別託其說於禮運。以春秋三世之義說禮運。謂升平世爲小康。太平世爲大同。衍其條理大同書。（蔡丏因：康有爲傳）。

大同書主變法　大同書，爲南海的理想政治，其理論之超卓新穎，究有其獨到之處，南海以之，發揮其改造社會理論主張破壞現實，如國家主義，家族制度，財產私有制度，皆在破壞之例。在六十年前，南海有此主張，堪稱思想界之怪傑了。光緒十四年，南海出西樵山，北上京師，兩次託國子監祭酒盛昱，以通尚書翁同龢，上書陳時局艱危，請變法圖自強，乞代奏，同龢不肯，且曰：「語太訐直，無益，祇生釁耳」。決覆謝之。有爲在京無所發舒，乃南歸西樵山，道經上海，香港，購置江南製造局及廣學會所譯各書，讀之，則「別有所悟，能舉一反三，因小以知大，自是其學力中，別開境界」。（梁啓超：康南海傳）康有爲在西樵山建萬木草堂，開始講學，梁啓超即於此時受業於其門下。

第三節　康有為的政治活動

公車上書　光緒廿年，再遊京師，五月二日有爲呈獻新學僞經考與同龢，並上書言變法。同龢閱書，驚詫不已，謂：「其說經家第一野狐也」。（翁同龢日記）不上奏。有爲住京師上斜街，仍名其宅爲萬木草堂。「僕從十餘人，夾陛侍立，如王公貴人，賓客車馬塡咽，爭以望其丰釆爲幸。」廿一年，中國敗於日本，馬關談和，會公車（乘公家的車子入京會試的人稱公車）至京會試者數千人，有爲其名高望重，議論縱橫，乃號召十六省入京公車，計六〇四人，由康南海領銜上書，乞及時變法。陳富國、養民、教士、治兵之法，與求人才而愼左右，通下情而圖自強之道。同年有爲成進士。

四次上書變法　光緒廿二年，組識强學會於京師，設分會於上海。廿三年德國强佔膠州灣，同年十二月有爲又上書言變法之不可緩，摘其言曰：「伏願皇上因膠州之變，下發憤之詔。先罪己以勵人心，次明恥以激士氣。集群材咨問以廣聖德，求天下上書以通下情。明定國是，與海內外更始。自茲國事付國會議行，紆尊降貴，延見臣庶。盡革舊俗，一意維新。大召天下才俊，議籌變法之方；採擇萬國律例，定憲法公私之分。大校天下官吏賢否，其疲老不才者皆令冠帶退休。分遣親王大臣及俊才出洋；其未遊歷外國者不得官任政。統算地產人工，以籌歲計算；察閱萬國得失，以求進步改良。罷去舊制，以濟時宜；大借洋款，以舉庶政。旨詔一下，天下雷動；士氣奮躍，海內聳望。然後破資格以勵人材，厚奉祿以養廉恥。停捐汰冗員，專職司以正官職。變科舉，廣學校，譯西書以成人材。懸清秩功牌，以獎新藝新器之能。創農政商學，以爲阜財富民之本。改定地方新法，推行保民仁政；若衛生、濟貧、潔監獄、免酷刑、修道路、設巡捕、整市場、鑄鈔幣、創郵船、徙貧民、開礦學、保民險、重煙稅，罷釐征；以鐵路爲通，以兵船爲護。夫如是則庶政盡擧，民心知戴。（轉錄梁啓超著：戊戌政變記第一篇第一章）

全局之改革方案　前書所陳變法，條目繁多，頗具膽識之論。廿四年正月再上書，才提出統籌全局之改革方案。制度局爲專司新政籌劃之機構，爲改革方案之實施，南海主張，設立十二局，以分其事，這十二局：一曰法律局；二曰度支局；三曰學校局；四曰農局；五曰工局；六曰商局；七曰鐵路局；八曰郵政局；九曰礦務局；十曰游會局；十一曰陸軍局；十二曰海軍局，這十二分局，似與行政機關相當，較清政府原有的六部，完善得多，各局所司，都有詳細規定。

召開保國會　有爲戊戌正月上書之後，爲實現其政治主張，於三月廿七日又開會於京師粵東會舘，揭櫫爲保國家之政權土地，保人民種族之自立，保聖權之不失等三十條爲宗旨。赴會者二百人左右，有爲發表演説，激昂沉痛，其辭曰：「我中國四萬萬人無貴無賤，當今日在覆屋之下，漏舟之中，薪火之上，如籠中之鳥，牢中之囚。爲奴隸，爲牛馬，爲犬羊，聽人驅使，聽人劊宰。此四千年中，二十朝未有之奇變。加以聖教式微，種族淪亡，奇慘大痛，眞有不能言者也」。（摘錄康有爲保國會演説辭）

不久，開第二次會議於崧雲草堂，開第三次會於貴州會舘；有爲如此活動，聲勢日大，守舊份子如江西洪嘉，浙江孫灝等，著文駁議，輾轉傳聞，一唱百和，謗議大興，時御史文悌上疏糾劾有爲，謂保國會宗旨「在保中國，不保大清」，詆毀甚厲，此有爲戊戌失敗之張本也。

第四節　載湉新政的實施

戊戌正月上書後，有爲詣總署，高睨大談，立制度，行新政、練民兵、開鐵路、借外債諸論。載湉索康有爲所進書，同龢對曰：「與康有爲不往來」。上問何也？對以「此人居心叵測」。曰：「前此何以不說」？對曰：「近見其孔子改制考知之」。（見翁同龢日記光緒廿四年四月七日）

載湉銳意變法 翌日載湉又問康書，同龢乃通知張蔭桓具封上奏，載湉閱之感憤，並將有爲前後上書及俄皇政變記呈慈禧；載湉革新庶政心切，於光緒廿四年戊戌四月廿三日，下詔改革舊制，詔書出同龢手。慈禧廿七日下詔斥攬權狂悖，罷黜歸常熟。朝中人事有變，內閣大學士張百熙、徐靖遠疏薦有爲，有爲以日本改制維新之說進。載湉讀之，淚承於睫曰：「吾中國幾何不爲波蘭之續也」！是時二品以上大員進退，須得慈禧同意，載湉不得自專。故康有爲僅以工部主事充總理衙門章京。

四新參 上納有爲言，擢內閣候補侍讀楊銳、刑部候補主事劉光第、內閣候補中書林旭、江蘇候補知府譚嗣同四人，均着賞四品卿銜，在軍機章京上行走，參預新政，時稱「四新參」。

維新法令 康有爲的全盤計劃，載湉部份的接收了。自光緒廿四年四月二十三日詔定國是，決然維新。到八月六日慈禧太后復垂簾聽政止，爲時百餘日，在教育、經濟、政治及軍事各方面，都有新政進行，據清史稿所載：

二十四年戊戌（一八九八）四月廿三日詔定國是，廿四日詔各省立商務局。……二十七日罷翁同龢，選派宗室王公出洋遊歷……召王文韶來京，裁督辦軍務處。廿八日召見工部主事康有爲，命充總理各國事務衙門章京……五月（初一日）詔陸軍改練洋操……其軍械槍砲，各省機器局酌定格式，精求製造。……初五日詔自下科始，鄉會歲科各試，改試策論。……初八日趣盛宣懷蘆漢鐵路刻日興工，並開辦粵漢粵滬各路……。十二日詔以經濟歲舉，歸併正科歲科試，悉改策論，勿待來年。……十三日詔立京師大學堂，命孫家鼐管理，賞舉人梁啓超六品銜，辦理譯書局。……

十六日詔興農學……廿三日詔改置各省屬書院兼習中西學校，以省書院爲高等學，郡書院爲中等學，州縣書院爲小學，其地方義學社亦如之。……廿三日命三品以上京堂各省撫學政，舉堪與經濟特科者；頒士民著書，製器，暨創與新政獎勵章程，命中外舉製造，駕駛，聲光，化電人材。……六月初一日詔改定科學新章。……初七日詔張之洞著勸學篇，令直省刊布。命康有爲督辦官報。……十五日設礦物鐵路總局於京師，王文韶張蔭桓專理之。十八日湖南設製造槍砲兩廠。……廿三日諭南北大臣籌辦水師，及路礦學堂。……七月初三日，詔停新進士朝考，並罷試詩賦。……初五日詔於京師設農工商總局，以端方，徐建寅，吳懋鼎等督理，並加三品卿銜；命出使大臣設僑民學堂於英美日本各國。……十四日詔裁詹事府，通政司，大理，光祿，太僕，鴻臚諸寺，歸併其事於內閣禮兵刑部兼理之。……廿日賞內閣侍讀楊銳，中書林旭，刑部主事劉光第，江蘇知府譚嗣同並加四品卿銜參預新政。八月初一日命戶部編定歲出入表頒行之。……初六日皇太后復垂簾於便殿訓政。（清史稿德宗本記二）

禮部主事王照，疏請德宗遊歷東西洋，禮部尚書懷塔布，許應騤不爲代奏，載湉聞之震怒，革禮部六堂官職，破格起用王錫蕃、徐致靖爲左右侍郎，舉朝知上意所在，借此以立威。懷塔布之母是慈禧的長親，哭訴於慈禧謂「盡除滿人」，慈禧遂不滿載湉所爲。

戊戌七月，楊銳、劉光第、林旭、譚嗣同四卿入軍機處，銳意改革，憤德宗受制，頗有不平語，上以手詔答之。

第五節　戊戌政變的真相

守舊派陰謀　四月廿四日以後，新政着着進行，七月罷黜六堂官，（爲尚書懷塔布、許應騤、禮部侍郎曾廣漢、堃岫、溥頲，徐會涵）新擢四參政。一般守舊派不安，力謀對抗，懷塔布去天津謀於舊黨李盛鐸，李即奏請帝奉太后諭令去天津閱兵，乘帝詣津時，以兵廢帝奏上，太后允諾，遂下詔九月天津閱兵。詔下，廢帝之風說，甚囂塵上，載湉自知帝位不保，乃召見楊銳，有爲等，謀籌對策，這時維新派多數主張拉攏袁世凱，以袁久使朝鮮，深悉外情，曾參加强學會，且贊成變法，毀望袁世凱制服榮祿，策定，請帝恩結袁氏，八月一日帝召見袁氏，以候補兵部侍郎專主兵事，調袁進京，開直隸按察史缺。翌日再召見，初三日夜，譚嗣同訪袁，請其與維新黨合作，袁氏佯爲應允，離京抵津，榮祿即乘專車來京，請太后訓政，政變遂發。

戊戌政變 光緒廿四年四月廿三日至八月初六日間的百日維新，終因舊派反對而宣告失敗，八月六日守舊派擁太后臨朝廢止新政，恢復舊制。幽囚載湉於瀛臺，對外則稱其患病，瀛臺在大內南海之中央，四面環水，一面架橋，以通出入。臺上有房舍十餘間，初囚載湉之時，曾有親信太監六人，圖逃脫事洩，六太監被捕。

嗣同酬聖主 八月初二日載湉手諭有爲迅速外出不可延緩，八月初五日有爲離京，初六日下詔逮捕時，他已在船上南航香港。八月初，某日，譚嗣同與梁啓超會晤，嗣同從容與啓超曰：「昔欲救皇上，旣無可救，今欲救君，亦無可救，吾惟待死期耳」，竟日不出，以待捕者，捕者不至，則檢所著書及詩文辭稿本校册，家書一篋，以付啓超曰：「不有行者無以圖將來，不有死者無以酬聖主」，遂相與一抱而別。（見蔡丏因著譚嗣同傳）

時有日本志士數人，勸其東遊，嗣同不納，再三鼓勵，嗣同曰：「變法無不從流血而成，中國未聞有因變法而流血者，此國之所以不昌也，有之，請自嗣同始」。卒不去，竟被捕入獄，題詩於獄壁曰：

望門投止（宿）思張儉，忍死須臾待杜根，我自横刀向天笑，去留肝膽兩崑崙（指王五與胡七）。

維新六君子 譚嗣同，湖南瀏陽人，江蘇候補知府。七月，德宗特擢四品卿銜，軍機章京，參與新政，八月十三日斬於京師菜市口，春秋三十有四。與嗣同同時而遭殺戮者：爲康廣仁，康有爲之弟、山西楊深秀、四川楊銳、福建林旭、四川劉光第，以上六人，世稱維新六君子。守舊派將彼等殺害之後，尤感不快，對其他維新要人，或以罷黜歸田，如陳三立，或被逐邊陲，如李端棻，或永不錄用，如陳寶箴，或下獄永禁，如徐致靖，或沒收財產，如王熙，或革職留任，如張百熙等等計二十二人，其中有變法維新之發動人康有爲，梁啓超以僥倖逃脫，未遭殺身之禍。

慈禧推翻載湉所施行之一切新政。八月十一日，恢復載湉所已裁汰之詹事府等衙門及各省冗員。同日，禁止士民上書。同日廢官報局，同日，停止各省府州縣立中，小學校。八月廿四日，復八股取士之制。同日罷經濟特科；特科分內政外交兵學工學理財格致六門，教育方面的新政，以此爲最重要；至是全罷。同日廢農工商總局。同日，命各督省撫查禁全國報舘，嚴拿各報舘主筆。八月廿六日，禁立會社，拿辦社員。（見梁啓超：戊戌政變記）

第六節　維新失敗的原因及其影響

舊勢力的中心慈禧太后　慈禧自同治元年起至光緒廿四年止，已有卅七年的政治地位，其黨羽佈滿朝廷，其勢力深入各部門。光緒十五年載湉親政，朝中大事，仍不得專擅，大權仍在慈禧手中，同時慈禧太后已知載湉英明，與己不利，政權不肯放手。又派閹宦監視左右，繼而發生忌恨心理，欲除而後快。慈禧對光緒帝的態度，正好爲頑固的守舊黨所利用。

舊勢力的實力派榮祿　咸豐十一年冬，兩宮太后由熱河回鑾，榮祿護駕。一路之上，殷勤備至，平安抵京。榮祿已於此時，獲得慈禧的信賴，此後三十年間，慈禧一再提拔，榮祿自然竭誠擁護。光緒廿三年榮祿上疏，請再練兵團，以維大局。疏入議行。廿四年四月授大學士，管理戶部事務，旋署直隸總督，五月授文淵閣大學士，補授直隸總督，北洋大臣兼辦通商事務。八月命爲軍機大臣，管理兵部事務，仍節制北洋各軍。統率董福祥之甘勇，聶士成之武毅軍，袁世凱之新建軍，聶士成駐蘆臺，大沽、塘沽、董福祥駐薊、通州、袁世凱駐小站，如此佈置，可以說對外，也可以說爲慈禧保鏢。這一支北洋軍隊，由榮祿統率，無異在慈禧手裏。對外不足，對付維新黨則有餘。再看載湉，雖做了皇帝，手無兵權，沒有保駕的武力。當時維新黨也有此種感覺，在政變醞釀之際，才開始拉攏袁世凱，請袁站在維新黨的一邊，而袁爲榮祿的黨羽，要求其圍頤和園，這是維新黨在當時惟一的指望，結果反而因此壞事了。

士大夫的攻擊　朝野的士大夫階級，都是科舉出身的文人，他們對於變法一事，分贊成與反對兩派，贊成的是主張通經致用的人，這種人在士大夫群中比較少，反對維新的人比較多。但反對維新的士大夫，也有兩個基本不同之點：一從變法的學說上反對；一從改革政治方案上反對。

康有爲的維新學說，以春秋公羊傳爲理論基礎，一般衛道自任的人，視爲詆毀聖訓的邪說，康之政治改革，裁撤許多衙門，原來在這些衙門裏服務的，都是經生的文人，都是經過十年寒窗，三度考試得到的；他們認爲是他們終身的飯碗，康有爲提倡維新，結果使他們沒有飯吃，對他們沒有一個維持的辦法，他們爲了生活，異常恐懼。俟改革詔下群情大駭，謂帝大背祖宗遺訓，皆赴寧壽宮請太后保全，收回成命。

改革科舉，考試策論，不知有千千萬萬準備科舉的人，都大失所望了。政治改革與教育改革，掀起普遍的對維新變法的不滿。

以上爲各方面反對維新運動的勢力，他們立場不同，目標一致，易於結合，才將維新運動消滅。

維新失敗的影響　歷史上任何一事，無論其成功或失敗，對後世都發生影響，影響有大有小，有好有壞，戊戌新政失敗，其對後世的影響有四：

政府日趨昏庸　守舊派的聯合陣線，將維新派消滅，打擊得走死逃亡，慈禧重掌政權，舊派勢力抬頭，志得意滿，他們對內主張廢帝，對外採取排外政策，卒惹起滔天大禍，帝國主義成群結隊攻入北京，即庚子之變，和辛丑之恥。

滿漢感情惡化　自滿族入主中原，就在中外一家的政策下，拉攏漢人，壓迫漢人，直到太平天國以後，起用漢人平亂，漢族勢力得以復甦，雖未能推誠重用，滿漢感情漸趨好轉，維新運動是漢人倡導的，滿人則謂皇上私意漢人，偏憎滿人，政變後被殺戮者多爲漢人。此後滿人恐懼漢人，排除中樞，漢人亦愈恨滿人。此一問題，直到清帝退位時，才得以解決。

提出疑古精神　康有爲解釋孔子學說，具有一種疑古精神，所以朱一新論康南海詆毀古人不已，進而疑經疑聖，則其效可覩矣。這種可覩的「效」，即在晚清學術思想界播下疑古精神的種子，到民國初年遂掀起破壞中國古史的狂瀾。

加緊革命運動　中山先生在甲午戰時，已知清政府改造無望，故於光緒廿年（一八九四年）組織興中會，計劃革命，決定推翻滿清政府。但康梁等仍想以維新運動，改革政府，結果失敗。由此更證明清政府無可救藥，非以革命的救國方案來推翻滿清，無法救中國；於是中山先生於一九〇〇年惠州之役失敗後，奔走海外，加緊從事革命運動了。

本章結論：甲午戰敗，中國國際地位一落千丈，此時有識之士不革故鼎新，難望轉危爲安，移弱爲强，維新黨力主改造清室，銳意更新，原無可厚非，以事論事，未免欲速不達，且圍圓却后之謀，名不正，言不順，慈禧究非武曌，維新黨人之力，寧及五王，乃欲冒天下之不韙，以載湉作孤注，其爲計不亦太疏乎？慈禧三次臨朝，否定新政一切措施，不顧物議，倒行逆施若此，亦新黨過於操切，激之所致，密謀被發，全局推翻，幸而康梁亡命海邦，六君子不幸，殺身燕市，自危不足，且危及主上，危及全國，操切之害，以至於此，筆者謂如無實力而倡導改革者必敗，此歷史教訓也，唯執事者不可不察耳。

第十七章　扶清滅洋運動與八國聯合進軍（光緒廿五年－廿七年 一八九九－一九〇一）

甲午戰後，帝國主義以軍艦强佔港灣，以外交密議要求築路開礦，劃定勢力範圍，以教會勢力欺壓人民。代表帝國主義的軍艦，公使，教士如此貪婪無厭，侵凌不已，使中國政府與人民，忍無可忍，遂掀起扶清滅洋運動。就歷史意義而言，宜稱爲反帝國主義運動，帝國主義爲維持在華的既得權益，藉口戡平拳亂，遂乘機興兵渡海，成群結隊，再進行一次敲詐，逼成辛丑和約。這一場風波雖告平息，但帝國主義對中國的壓迫，愈來愈兇，直到清末而未已。

第一節　守舊政府的陰謀

廢帝建儲　戊戌政變後，慈禧重掌政權，守舊派勢力抬頭，氣焰萬丈，欲剷除維新派勢力而後快。守舊派以慈禧太后爲中心，其黨羽爲榮祿、載漪、載勳、剛毅、徐桐、崇綺、啓秀、趙舒翹、徐承煜、王培佑等。慈禧心恨載湉，有廢之之意，遂與榮祿謀，榮祿建議曰：「上春秋已盛，無皇子，不如擇宗室近支子，建爲大阿哥，爲上嗣，並祧穆宗，育之宮中，待承大統」。（見崇陵傳信錄）

慈禧廢帝意決，遂於十二月廿四日召集近支貝勒御前大臣，內務府大臣，南上二書房翰林，部院尙書，三十餘人於儀鑾殿。慈禧以光緒帝與南方奸人同謀害我爲辭，決意廢之，納大學士徐桐建議封爲昏德公。王公大臣三十人中，祇有軍機大臣孫家鼐請太后勿行廢立事，太后以「我們家人會議家務事」駁斥之，旋至勤政殿，俟皇帝入殿，即宣佈選擇嗣子事，皇帝曰：「太后所說極是，我亦同意。」光緒廿五年十二月廿五日，光緒帝硃筆上諭，立端郡王載漪之子溥儁爲帝位繼承人，其於諭文中表示「不獨甘心引退」，且又「再四懇求始蒙慨允」而不得已不感謝慈母之恩。那拉氏貪戀政權，不顧朝野反對，以其一念之私，不惜逼帝退位，亦云狠矣。

廷臣無意見 對於廢帝建儲一事，慈禧依榮祿的陰謀而行，對廷臣的反對意見，毫無顧及；惟有疆臣的意見，與外人的態度，多少還得顧及。兩江總督劉坤一電陳反對意見，慈禧召其入京陛見，留京以消其異意，俟明年事定，仍命其返兩江總督任所。兩廣總督李鴻章爲一典型官僚，對廢帝建儲之事，不表示意見。惟英國公使聞廢帝之訊，乃向總理衙門忠告：

萬一皇帝有意外之變，影響所及，歐西各國，將予中國以不利。

公使不理睬 建儲之事，爲國家大典，按禮節各國駐京使節都當朝賀，而立溥儁爲皇位繼承人之日，端郡王載漪令人通知公使入賀，慈禧載漪以公使入賀與否，來考驗外人對廢帝的態度，來賀則爲贊成，否則反對。建儲之日，外國公使置若罔聞。自此以後，慈禧領導的守舊派，對於外國人更加仇視，而尤以慈禧載漪爲甚。慈禧以公使不入賀，藐視其一國之尊，且須顧及各國態度，王位授受無期，陰謀不得實現，心願不得以償，故痛恨外人；載漪因其子不得承襲王統，以異日帝父之尊，不得早日統攬大權，故亦深恨外人。兩人仇視外人的動機不同，而仇視外人的心理一致，借外力以圖報復的心理更一致。至於政府中舊守之王公大臣，都迎合太后端郡王旨意而隨波逐瀾。廢帝建儲外人不同意，這才是清廷仇殺外人的動機。

第二節　扶清滅洋運動的猖獗

失業者衆 鴉片戰爭以來，清政府在若干不平等條約壓迫之下，在沿江沿海開放數十處通商口岸，帝國主義的經濟勢力侵入，破壞了中國的手工業，增加了失業的群衆。鴉片戰爭以還，對內對外，連年用兵，每次戰亂之後，兵勇潰卒，年有增加，公私方面，都無安插之策，又增加許多失業群衆。自光緒嗣基以降，北方各省，天災河決，無歲無之，於是農村破壞，若干農民脫離田地而流離失所。於是工人，兵卒與農民結合而爲廣大的失業群衆。這個天災人禍的環境，就是義和拳發展的溫床。失業的群衆，就成了義和拳的基本隊伍。

教徒欺人　自天津，北京條約締結後，外國教會勢力，普遍於都邑與農村，教士，教徒在不平等條約保障下，欺壓平民，凡關於教徒與平民爭訟，教士不問教徒是非曲直，一概予以援助。甚而顚倒是非，訴於其駐京公使，公使更不辯青紅皂白，直向總理衙門交涉，而總理衙門只有請中央下令地方官，加以保護，地方官雖明知教徒理屈，也祇好判決勝訴。於是地方奸民，以教會爲護身符，而欺壓平民益甚。

義和拳源流考　義和拳源於白蓮教，爲元末韓山童所創，以燒香惑衆爲事。明末之徐鴻儒，嘉慶時之李文成、林清，以此號召抗清復明，清兵剿撫，嚴加禁止。其教遂分爲天理與八卦，義和拳則爲八卦教之一支派。

由魯入冀　一般平民屢受教民欺壓，乃相率加入義和拳以爲抵制，所以華北一帶失業群衆亦紛紛加入，大肆活動，聲勢浩蕩，揭櫫扶清滅洋旗幟。山東巡撫李秉衡，視爲義民不加剿討。光緒廿五年毓賢任巡撫，更明剿暗助，且與義和拳頭目李中來，過從甚密，改義和拳爲義和團，其勢益熾。時德法公使以毓賢有資拳民嫌疑，詰責總理衙門，要求撤換毓賢。清廷命袁世凱爲山東巡撫，袁入魯包剿七次，才將義和團驅逐出境，流竄直隸，直隸總督裕祿，以朝廷有庇護義和團之意，故亦聽其蔓延。

毓賢入京宣傳　光緒廿五年四月，清廷命端郡王載漪訓練虎神營，頗着成效，太后甚喜。且其爲異日的皇帝之父，爲當時政府之顯要人物，與大學士剛毅，徐桐最佔優勢。毓賢係德公使要求，奉調入京，面陳山東義和團義勇實情，謂拳匪皆爲義民，且有神術可用，今國勢日衰，民志不伸，若再殺拳民，不啻自翦羽翼。並介紹拳民首領李中來，與端王見面，端郡王深信毓賢建議，遂決定利用義和團以抵拒外人。

剛毅視察報告　載漪以義和團爲扶清滅洋的義民，乃商諸太后，請利用拳民，不可坐失良機。榮祿持異議，慈禧乃命刑部尚書趙舒翹，大學士剛毅親去觀察，剛毅三月四日回京覆命說：在涿州時，觀其操練，口噴白沫，甚覺奇異，初不甚信，後有人以槍擊之，連放數次，拳民毫無所傷，此次試驗，即在縣衙門大院內行之，觀者極衆（景善記述拳變日記）

趙舒翹回京亦深信拳民「歸玉皇保佑，刀劍所不能傷」。剛、趙二人既將視察之情形奏明太后，並請太后信任義和團，用爲軍隊，以抗外人，由端郡王統領之。總管太監李蓮英亦以義和團神奇，述於太后，唯北洋陸軍統領榮祿力言義和團無用，勸太后勿信。慶王奕劻「亦譏義和團不值一笑」。太后問其意，竟揣太后意之所向，不以實對，而稱「義和團可用，可以保衛國家」。

拳民猖獗京畿　五月十二日義和團焚京津鐵道，聶士成部痛剿，斃拳民四百八十人。端郡王怒斥士成過激，調其駐蘆台。

命董福祥甘軍入京，因其部殺戮外人，公使要求須駐京五十里以外，故其深恨外人，端郡王欲利用之。十三日召甘軍駐京城，福祥上殿彈劾榮祿，言於五日內毀滅使館，爲榮祿從中阻撓。十四日罷慶王奕劻，廖福恒繼總理大臣職，以端郡王載漪，啓秀，徐桐，溥興接代，於是外交大權亦落於排外派之手。此時政權統一，正規軍與義和團合流，禍亂益熾。

杉山彬遇害　十五日日本公使館書記官杉山彬出京師，在永定門外的馬家埠，被董福祥部下殺之於道，裂其屍，十六日榮祿勸太后許洋人一律出城，若攻使館，是違國際公約。十七日義和團焚右安門教民住宅，老幼婦女皆殺之。十八日京中洋房皆燒成平地，一夜火光四起，三時許，燒法國教堂，其中教民數百人，無論男女老幼，皆被焚死，臭味難聞。慈禧在南海的西小山上，曾遙望焚燒順治門法國教堂的火光。二十日，焚正陽門民居四千餘家，火掩城闕，三日不滅。因義和團放火燒大柵欄外國藥店，遂致燃燒甚廣，附近一帶，可憐焦土。義和團自謂有法術，絕不殃及居民，今竟如此。

第三節　御前會議與下詔宣戰

御前會議　廿日朝廷知事態擴大，召王公六部九卿等於儀鸞殿開御前會議，商討剿撫義和團問題，此時載漪設邸壇，晨夕必拜。王公大臣宅，亦多設壇教拳，篤信拳民忠勇，有扭轉國運之力。太后謂拳民可恃，群臣議論紛紜，廿日之御前會議，未得要領，最後僅決定：一面勸阻洋人入京；一面安撫亂民。廿一日召開二次御前會議，戰和兩派辯論激烈，太后示宣戰意，且一再要求臣下共赴國難。最後派徐用儀，聯元，立山往使館，諭以利害。廿三日，又集群臣開三次御前會議。時內閣大學士聯元，太常寺卿袁昶，兵部尙書徐用儀，戶部尙書立山，吏部左侍郎許景澄等，冒死痛陳拳匪應剿，然排外派跋扈專橫，太后決定宣戰。

克林德被殺　廿三日總理衙門通知，各國使臣廿四小時內出京，德使克林德 Barorvon Hettler 乘轎赴總理衙門有所要求，途經東單牌樓，載漪伺於道，令所部虎神營士兵安海，狙擊斃命。慶王聞訊，神色驚慌，端郡王、徐桐、崇綺聞之大喜，謂「我國自此强矣」。剛毅則謂：「殺一兩個洋兒子算什麼大事，不日即將各使館掃滅淨盡，現殺一個公使，什麼要緊」。但慶王竟見則反是，認爲殺死外國公使，事關重要，以前所殺外人，不過是宣教的，今係使臣，必動各國之怒。

下詔宣戰　這時端王一心主戰，爲火上加油，激起太后盛怒，乃擬一僞照會稱：「洋人索大沽砲台請太后歸政」由榮祿奏報，太后聞之怒極……乃於五月廿四日召第四次御前會議，太后曰：「他們怎麼敢干涉我的大權，此能忍，孰不能忍，外國人無理至此，予誓必報之」。太后盛怒下，無論何人不能勸諫，雖榮祿亦無能爲力矣。又曰：「拼死一戰，强於受他們的欺侮」。啓秀遂由鞋中取出所擬宣戰之諭，進呈御覽，太后曰：「很好，我的意思就是這樣」。光緒廿五年五月廿四日（一九〇〇年六月廿日）頒宣戰詔，雖爲德宗諭旨，慈禧實主其謀。

第四節　華北騷亂與聯軍進攻

五月廿四日太后下詔宣戰，端郡王一面鼓動義和團，圍攻使館；一面排除異己，慘殺五大臣，飛揚跋扈，狂妄一時。

拳民圍攻使館　時京師裏的拳民，由莊親王載勛，大學士剛毅統率，褒爲義民，月賜太倉粟廿萬石，在虎坊橋湖廣會館發米。義民精神振奮，以紅帕包頭，身跨腰刀，手持鋼叉，遊行街道，莫敢誰何？拳民手裏拿着引魂幡，混天旗，雷火扇，陰陽瓶，九連環，如意鈎，火碑，飛劍，謂之八寶法物。端郡王即令拿着這樣武器的拳民，協助董福祥的甘軍，圍攻使館，而甘軍先焚翰林院，希望火勢延燒使館，拳民巫步披髮升屋而蹺者數萬。剛毅，趙舒翹方坐樓，張羽旗，毅曰：「使館破，洋人無蹤矣，自是當太平」。舒翹起爲壽曰：「自康有爲倡亂悖逆，喜事之徒，雲和而響應，公幸起而芟夷之」。使館工兵僅四百人，甘軍因無大砲，攻之月餘不下，甘軍傷亡無慮三千，拳民亦有損失。因不得志於使館，乃往攻西什庫法國教堂，拳民死數百未攻入，而載漪爲拳民論功，自稱九千歲。

鼓勵拳民　莊王載勛鼓勵拳民殺教民，大街小巷張貼佈告曰：「如有活捉一男洋人者，賞銀五十兩，捉一女洋者，賞銀四十兩，捉一小孩者，賞銀三十兩，均須活捉。」如此獎勵之下，一夜之間，教民死於莊邸門外者九百餘人。此後拳民任所欲爲，慘殺無辜。端郡王領導拳民攻使館，焚教堂，殺教民，尙感不足，後來竟鬧到宮中。

錮禁大臣立威　載漪、載勛、剛毅等乘京師混亂，攻使館不利，欲殺戮大臣，以示鎭壓，遂將反對攻使館的五大臣立山、許景澄、袁昶、徐用儀、聯元等均在盲目的排外，狂妄的暴政下被監禁起來了。

排外運動擴大 廿六年五月以來，北京爲排外之中心，戰爭只限於京津鐵道線，因政府大權操縱在排外派手中，山西巡撫毓賢亦爲排外人物，奏報山西教會事。六月朔太后密令遇洋人即殺之，勿使漏網，以此旨通諭各省，意在擴大排外運動，袁昶竟將通諭各省諭旨中的「殺」字，完全改爲「保護」兩字，以山西的端方，河南的裕長及蒙古各處所奉諭旨不同，此爲山西對教民殺戮最慘的由來，其次爲直隸。

至於各地殺戮教士的方式，有的居地被攻，刀砍棍擊，有的以火燒死，有的亂刀砍死，甚至對女教士，「百般侮辱，割其二乳」，如此慘殺，實由恨外人一念而生。何以如此的痛恨外人，則爲數十年受外人的壓迫所致。

東南獨立 當御前會議連日集會之際，討論攻使館問題時張之洞，劉坤一均有電奏到京，極力攻擊拳民，在劉電中言「苟禦外侮，則臣當立即帶兵北上，若屠戮使館中孤立之數洋人，則不願以堂堂中國之兵隊，作此用也」。太后聞之，心頗不懌。太后硃批大意謂：「南北相倚，不可歧貳，該督當粵寇之亂，久歷兵間，自必深明此義」；又引左傳「脣亡齒寒」以爲言。

坤一致電榮祿，請其設法禁阻。榮祿於下詔宣戰後，電袁世凱轉致江南各督，「時局至此無可如何，沿江沿海，勢必戒嚴，尙希密爲布置，並各盡全心」。袁世凱獲電轉致，於是兩廣總督李鴻章，兩江總督劉坤一，湖廣總督張之洞，閩浙總督許應騤，互相協議，共同認爲三月廿四日以後上諭，爲排外派所奏請，視爲僞令，相約不奉行。山東巡撫袁世凱，令其駐直隸所部歸山東，任保護外僑及剿討拳匪之務。東南四督以正式公文通知上海領事團稱：「無論北京成如何局勢，本省內之和平秩序與外人條約上之權利，保護不怠」。領事團亦承認東南爲中立地帶。於是東南各省儼然成爲半獨立狀態。不受排外政府法令所約束。江南傳教士安之若素，而列強亦未蹂躪長江流域，人民安居樂業，戰時無異平時，虐待外人之舉，尙不能免，然眞正排外團體，終未發現。魯、粵、江、鄂四督撫頗能盡力保持東南沿海沿江地方秩序，故袁世凱對其部下說：「此次變亂，各督撫中若無我輩四人搘住，國事尚可問乎」？

拳民破壞京畿 廿六年四月，拳民活動於天津京畿，到處設壇練拳，廿九日焚長辛店，蘆溝橋；卅日（五月廿八日）破壞豐台車站，北京保定間交通斷絕。保定以北各地教士，在官軍保護之下，紛紛逃至北京。於是各國公使均致電天津諸領事，派水兵來京保護使館。五月四日外兵來京四五八人。

聯軍入京被阻 五月十二日，拳民破壞京津鐵道，焚楊村車站，京津交通截斷，駐津各領事爲保護北京公使安全，於五月十四日（六月十日）英海軍中將西摩爾率德法俄英美奧義日八國陸戰隊二、〇六六名來京，被拳民阻於楊村廊房間。二十二日董福祥甘軍攻楊村聯軍，西摩爾腹背受敵；五月卅日（六月廿六日）被迫撤退，大沽各國海軍將校計議，遣聯軍八百餘人於大沽登陸，向砲台前面攻擊。廿一日（六月十七日）大沽砲台陷落。

聯軍增援 西摩爾率陸戰隊向天津撤退，軍次北倉南倉間，遭遇聶士成軍，西摩爾陸戰隊據西沽砲台閉城門，聶軍攻擊，不應戰。大沽聯軍四千增援，聶軍且戰且退，增援聯軍亦入西沽。六月一日，聯軍佔天津機械局，焚火藥庫，西沽聯軍全部進入天津紫竹林。此時聯軍遂準備進攻天津。

日本願出兵 拳變發生後，日本外務大臣青木周藏，派駐倫敦日使向英表示，予日本相當條件，願意出兵與英國採取一致行動。五月廿六日西摩爾聯軍在楊村被圍，英政府爲援救西摩爾請日本出兵，青木因英國敦請出兵，而日本以軍費浩大，故意拖延，於是英政府照會日本，願負擔日本軍費，日本遂出兵。

此次日本出兵，一爲保護僑民；一爲參與列强均勢，且由英國負擔軍費，可謂一擧三得，師出有名。日軍一師團，由福島安正司令官統率，五月廿七日（六月廿三日）抵大沽，六月三日（六月廿九日）抵天津。

中國軍容 在天津的中國軍隊，有聶士成的武衛前軍廿營，馬玉崑的武衛左軍十五營，天津鎭總兵羅榮光部三千，直督裕祿部二千，兵力雄厚，聯軍屢遭聶馬兩部襲擊，不敢發動攻勢。俟六月中旬，各國增援的軍隊，次第到達，總數約有一萬四千人。

天津陷落 六月十六日（七月十二日）各國將領軍事會議，福島提出進攻天津，六月十七日下攻擊令，日軍爲攻南門之主力，冒彈雨前進，抵城下，以火藥破城，英法美兵乘機入天津，分守天津四門，沿淀河前進之俄德兵，尙未至水師營，而水師營砲台已爲日軍佔領。

拳民乘聶士成軍與聯軍激戰之時，殺士成家屬，掠其家財，士成聞報，轉攻拳民，此時聶部前後受敵，與聯軍激戰於八里台，中彈死。馬玉崑代之，敗於紫竹林，所部死三千，六月十八日（七月十四日）天津陷落。

天津陷落後，裕祿走北倉，提督宋慶部，馬玉崑部，總兵何永勝部，分守北倉楊村間，裕祿駐楊村。

聯軍攻京師 六月下旬，各國軍隊陸續由大沽登陸，約一萬八千人。七月一日（七月廿七日）聯軍將領在天津連開三次軍事會議，決定七月九日（八月四日）由天津出發，向北京推進。七月二日長江巡視李秉衡來京，主戰，言拳民可用，當以兵法部勒之，旋派其幫辦武衛軍務，指揮義和拳作戰。七月九日（八月四日）聯軍沿白河西岸前進，左右夾擊，官軍進退失措，稍抗即潰。

十一日北倉陷落，次日聯軍攻楊村，馬玉崑部力戰三晝夜，潰不成軍，裕祿自戕死。榮祿奏報，太后泣問計於左右，以新誅袁昶，等五大臣故，無敢言者。

十三日聯軍在楊村會議，福島提議長驅直犯京師，各國將校贊成，即下令沿白河前進，犯西河務，李秉衡率拳民三千，各持八寶法物，同官軍張春發，陳澤霖、萬本華、夏辛酉四軍應戰。張萬兩軍敗於西河務，死者逾半，陳夏兩軍潰退武淸，李秉衡走通州，聯軍佔西河務，繼佔張家灣，十七日破通州，聯軍獲軍米五萬石，火藥無算，李秉衡自殺。是日殺徐用儀，立山，聯元，袁昶，許景澄等五大臣。詔辭忸怩無佐證，載漪以報私怨而已。秉衡自殺之報傳京，朝廷大驚，時駐京之端郡王虎神營，董福祥武衛後軍，榮祿武衛中軍，馬玉崑武衛右軍及其他殘餘部隊，約萬人任京師防禦，莊王，剛毅率拳民分置城內外。

聯軍入京 俄軍於十九日夜攻東便門，日軍於廿日礮攻朝陽門與東直門，先破東直門，繼破朝陽門，日軍潮湧而入，一支進使館，一支據皇城，佔東安，地安，西安三門。廿日美軍攻廣渠門，董福祥戰敗於廣渠門外，縱兵大掠而西。教民啓廣渠門，英軍不戰入城。廿一日俄美兩軍由東便門攀城而入，法軍亦同日入城。

廿一日天未明，兩宮倉遑乘輿西奔。聯軍入城後，各國將校協議，由朝陽門向西劃一橫線，橫線以北，爲日本軍管區，橫線以南，以正陽門爲中心，以東爲俄法軍管區，以西爲英美軍管區，各自維持其區內秩序。

京師慘狀聯軍搶劫 八國貔貅入京前後，京師內外混戰，罄筆難書，城破之日，守兵陣亡者橫屍二千餘具，創傷呻吟者無算。文武官員投井自盡，舉家自殺，投河自縊，闔門自經者，不可勝計。棄家逃匿者而家財被散兵搶刼一空，大街小巷，屍體狼籍雜陳，目不忍睹。出城逃難亦有被土匪殺害者，拳民死於荒郊赭衣紅巾，入望皆是。宮城附近拳民漏網者，執迷不悟，仍在散布謠言以惑衆，聯軍各在其城內軍管區內，借搜查拳匪爲名，按戶光顧，有金銀寶物，盡行掠奪而去。俄法軍佔領區內，宮殿林立，內藏珍貴寶物，搶刼一空，引起英日將官不滿，日本刼戶部金銀，佔領紫禁三門，亦起各國紛議，各國公使雖開會多次討論，陽奉陰違，執行無效。於是皇城內多年收藏之國寶，散失殆盡，悉入八國將校之手，而爲今日各國博物館內之珍藏。此種强盜行爲，出於文明國家，所謂文明國家與野蠻部落，何異？聯軍入京，預料和局一時不易實現，遂遣軍四出活動。肅清京師一帶殘匪殘軍，此時聯軍統帥德人瓦德西 Welderses 抵京。

第五節　帝國主義的衝突與協議

列强間的衝突　當聯軍沿白河直搗北京時，俄帝乘機四路向東北進軍，大有蓆捲東北之勢，實現其囊括東北之計劃。更想進據關內外鐵道，越過長城線衝入華北，俄帝此種企圖，極爲明顯，遂激起英帝國主義的憤怒，遣軍急佔山海關，遏止俄軍南下。聯軍入京後，不僅英俄發生衝突，英法、俄日，以及美日與德國，都在發生衝突。英國要獨佔長江流域的勢力範圍，法國不滿，法國想乘機衝破長江流域，向中國北部伸張勢力；一方侵入雲南，危害英國既得利益、英法衝突情形，據瓦德西說：法國官兵甚至有一次結隊穿過大街，高呼「打倒英人」。英國爲獨佔長江流域的勢力範圍，德國便不以取得山東的勢範圍爲滿足，亦欲揷足長江流域。

德國既得山東的勢力範圍，美日兩國不滿。俄軍囊括東北，日本感受威脅，遂派兵入朝鮮，以示對抗。

重申門戶開放政策　美國因其在華沒有勢力範圍，故其反對任何國家獨佔勢力範圍，堅持門戶開放政策，國務卿海約翰於一九〇〇年七月發表聲明說：

美國政府之政策，在尋求中國困難之解決，此種解決將維持中國領土行政之完整，且爲全世界保障在中華帝國所有各部份平等公正經商之原則。因之，維持中國領土行政之完整，遂爲美國之政策。

帝國主義相互間都在發生利益衝突，而各以勢力範圍瓜分中國之說，遂甚囂塵上，終因列强利益相互衝突，不易實現。

俄帝僞示友好　北京陷落後不久，俄政府突向各國聲明，以爲中國皇帝旣不在京城，則公使無駐北京之理，將命俄國駐北京公使，協同俄國軍隊退返天津，俟中國政府恢復實力，與列國開談判時，俄國當與列國一致，關於此事希望各國政府，共表同情。俄帝聲明，旨在表示中國政府在聯軍壓迫之下，唯俄政府對中國舊政府的友好態度，企圖異日的報償。俄帝此一聲明，未獲各國支持，所提撤兵問題，自行取消。

英反對瓜分　聯軍入京後，公使會議之前，各國輿論，多謂瓜分中國之時機已熟，而俄帝十八萬大軍佔領東北，當時英國為維護廣大的勢力範圍之既得利益，反對瓜分之論，若中國被瓜分，列強必加緊爭奪，危害英國利益必大，同時英國正有事於南非，無力抗拒俄帝的武力。因此英國欲勾結德國，在歐洲以制俄，瓦德西出任聯軍統帥，贏得英國支持者在此。

英德協定　德國亦欲與英國勾結，英德在互相利用下，遂於一九〇〇年十月十六日成立英德楊子協定 Anglo-German Yuntze Agreement 其條款為：

㈠凡英德二國勢力可及之中國領土，相約守此主義。

㈡英德二國政府，維持中國領土不變更之政策。

㈢列國中若有利用現時事變，冀獲中國領土內利益之時，英德二國，得協商對付之。

英德協約成立，德國放棄中立態度，站在英國一邊。

公使協議媾和案　各國為和議順利進行，先開八國公使會議，提出共同之媾和案，開會之日，各國公使意見紛紜，莫衷一是，恰於此時，英德突然公佈，英德協約，意在左右公使會議，統一各國意見，公使會議，以法國議和案為議題中心，自閏八月中旬始至九月下旬止，歷四十餘日，各帝國主義者始獲得協議。

第六節　北京和談與辛丑和約

副島迎奕劻　京師淪陷，帝室西奔，政府文武官員，有的扈從，有的亡命。巍巍古城，任列國兵卒，燒殺搶刼，姦淫擄掠，居民惶惶，雞犬不寧，日本陸軍將領副島，鑒於大局必須以和議了結，其與漢正白旗參將中島珍有舊交，遣人持日軍旗囑中島珍來會副島，烏珍告以帝室蒙塵，慶親王奕劻扈從宣化府。副島囑其速迎慶親王奕劻返京，與各國公使進行和議。否則，不知戰局演變，依於胡底。中烏珍派遣章京樸壽赴宣化，迎慶親王奕劻返京。太后即諭：「慶親王奕劻，大學士李鴻章，有便宜行事之權」。閏八月十七日，李全權鴻章由粵入京，人心稍安，時八國公使會議之媾和案，已達成協議，由西班牙公使以公使會議主席名義，照會我全權代表。

和談開始 十一月初二日，各國公使會於西班牙公使館，由西班牙公使將媾和大綱提交我全權大臣，全權大臣當即電奏西安，初七日批准。十八日諭旨派慶親王奕劻，大學士李鴻章爲全權大臣，頒給勅書。十一月廿六日開始談判，與會國家有俄、美、德、法、英、日、奧、意、西、比、荷十一國，西班牙公使爲議長。談判中最難解決者有二：一爲元兇懲處問題，一爲賠償軍費問題。

元兇懲處問題 元兇如何懲處經數度談判未獲協議，時清廷已下令懲兇，列國認爲不經各國承認，自行處罰爲不當。此時統帥瓦德西頒佈遠征西安之令，各國軍隊集中北京待命，我全權將聯軍措施電奏西安。光緒廿七年三，四，七月三道諭旨（見辛丑和約第二條）各國公使無異議，元兇處罰問題，遂告解決。至於地方元兇，計裕祿等五十四人，分別懲處，列強借懲處元兇名義，消滅了地方性的反帝國主義勢力。

賠款問題 其次爲賠款問題，較懲處元兇問題，尤難解決。因要求賠償的有十國，各國損失情形不同，要求賠償數額之多寡，賠償之標準，賠償之方法，均不易確定。而中國在拳變前後，財政紊亂，將以何項財源，爲賠款之擔保，又以何項方法，管理擔保之財源，以及賠款期限等問題，各國便開會討論多次，不得要領。美國主張以中國能負擔爲準，限於四千萬鎊以內，約合中國白銀四萬萬兩，名義上以各國損失總額爲準，實際按中國人口總數，無論男女老幼每人擔負一兩賠款。當時假定中國人口有四萬萬五千萬人，遂定賠款額爲四萬萬五千萬兩。依各國要求賠償之比例分配之。俄帝出兵最多，分配獨佔多數，德法次之，英美又次之，日意更次，此賠款分三十九年償還，年加利息四釐，本利總額超過九萬萬八千二百二十三萬八千一百五十兩。

奕劻李鴻章兩全權看到此賠款公文，相顧失色，以其額數過鉅也。其覆文曰：「償金以三十年還清，由稅務司經理。但請酌減，並請增加海關關稅」。各國公使會議，不但不減少數額，且擬將償金四萬萬五千萬兩，週年加息四釐，通知奕、李。奕、李不得已，奏請西安，上諭竟准之。

償還辦法　關於償還辦法，經公使會議決定，確定英國提出之債券交付案，第三條規定。由中國政府，按償金應納額，發行定期公債券，交付列國。以海關稅，內地稅及鹽稅三項收入，充償金來源，但許海關稅增加五釐。

辛丑和約　懲元兇，賠償二大問題解決後，其他無大爭議，北京和談遂成。光緒廿七年歲次辛丑，七月廿五日（西一九〇一年九月七日）和約簽字，稱辛丑和約。其主要條款如左：

①德公使被害一事，中國皇帝欽派醇親王載灃爲頭等專使，往德國表歉意，於遇害處建坊一座。

②端郡王載漪，輔國公載瀾，加恩禁錮新疆，永不赦免。莊親王載勛，英年，趙舒翹賜自盡，毓賢、啓秀、徐承煜均正法。剛毅、徐桐、李秉衡進奪原官革職；徐用儀、立山、許景澄、聯元、袁昶均復原官；董福祥革職；各省地方獲咎官吏，依本年三月十一日，四月十七日，七月初六日各上諭，所定各罪案懲辦。又虐殺虐待外人之城市府縣，均停止文武考試五年。

③日本書記官被戕一事，由中國皇帝簡派戶部侍郎那桐爲專使，往日本表惋惜之意。

④外國墳墓被汚瀆挖掘之處，由中國政府給費建立滌垢雪侮碑坊。

⑤中國政府，允准二年之內，兵器彈藥，與製造兵器彈藥之材料，禁止入口。

⑥中國皇帝允付諸國償款，海關銀四百五十兆兩。

⑦中國政府劃清各國使館境界，使館區域內，全歸公使管理，不准中國人居住。各國得置衛兵保護使館區域。

⑧中國政府允將大沽砲臺及有礙北京至海濱間交通之各砲臺，一律削平。

⑨中國政府承認各國佔領黃村、廊坊、楊村、天津、軍糧城、塘沽、蘆臺、唐山、昌黎、灤州、秦皇島、山海關等處，以保北京至海濱無斷絕交通之虞。

⑩中國政府對於各府廳州縣，二年之內，頒布永禁排外，停止考試，懲辦犯罪人罪案等上諭。

⑪中國政府承認各國襄辦白河兼黃浦江二水路之改善辦法。

⑫中國政府，將總理各國事務衙門，改爲外務部，班列六部之首。又更定各國欽差大臣，謁見皇帝禮節。

第七節　辛丑和約的危害

義和團的扶清滅洋運動，招致八國聯軍入京之禍。帝室西奔，京師陷落，拳民的八寶法物，到底抵不住洋人的裂底砲，禦侮無用，排外無功，東南半壁仍保持獨立狀態，不予北上勤王。政府的武衛軍全部潰敗，失去作戰能力。清政府只有忍痛接收帝國主義的敲詐，簽署不平等的辛丑和約了。

主權破壞　俄軍十八萬佔領東北，迫英德接近，成立協定，主張保全中國領土，清除瓜分之說。因此，辛丑和約中，才沒有要求割讓領土之事。不過，辛丑和約給中國主權上的危害太大了。例如第五條規定：「禁止兵器彈藥入口」，無異是控制中國的自衛能力。第八條規定：「拆毀大沽砲臺」，就是破壞中國的防禦工事，第九條規定：「在京津，津榆間各要地駐屯武裝部隊」，喪權辱國，莫此爲甚。第七條規定，「在北京的使館區域，許外國駐兵，不准中國人民居住」，其侵害主權，無以復加。第十條規定，「停止考試五年」，干涉中國行政。以上諸端，都是破壞主權的條款。

利權外溢　條約第六條規定：「中國賠款四萬萬五千萬兩，分三十九年償還，年加利息四釐，計總額超過九萬萬八千二百二十三萬八千一百五十兩」；這筆鉅額款項，完全由中國人民全體負擔，敲詐得可謂普遍之至，各帝國主義國家，復利用中國官吏的昏庸，每年支付賠款，照各國金額計算，不以海關銀兩計算。每年付賠款外，仍須付額外津貼三百萬兩。付款如遇銀價跌落，中國遭受的損失更大，以上則屬於利權外溢的損失。

政府威信掃地　庚子以前，外國公使駐京，可視爲各國駐外使臣，專司外交事務，庚子以後，各國公使，組成一個公使團，干涉中國內政，成爲政府的太上政府，直接打擊清政府，使政府的威信，在人民面前掃地以盡。

國際地位低落　自江寧條約，天津條約，北京條約，馬關條約簽定以來，列强在華享受領事裁判權，關稅協定權、內河航行權、割地、賠款、開闢商埠、租界地、租借港灣、築路權、開礦權、勢力範圍、最惠國條款、都在條約中有根據、此次辛丑和約，又明文規定有駐兵權，消弭國家武力，破壞國防設備。

本章結論：慈禧囚載湉，立大阿哥，故端王用事，故拳民亂起。拳民係白蓮餘孽，荒誕虛妄，以慈禧之明智，獨見不及此，榮祿諫阻，亦當幡然悔悟，何以執迷不悟？蓋一念之誤，恨載湉也，再一念之誤，立大阿哥憎外人不賀也，愛憎交縈，利令智昏，復有端王播弄，開古今未有之奇禍。中東之役，以一敵一尙且全軍覆歿，八國聯兵，即對八國宣戰，反欲以一服八耶？彼時外人未與我尋釁，而我乃焚教堂，戕教士，甚至圍攻使館，殺害公使，野蠻已極，無一合理，徵諸史乘，未聞有此荒謬者。聶馬二將以讎匪而致敗，徐袁二卿以忠諫而致禍，丹心未泯，碧血長埋，誰爲爲之？以至於此！東南督撫，不奉朝命，徒令華北開戰，致陷孤危，惟東南大局，賴以保全，其功不下曾左，故謂清之亡，實皆滿人致之，漢人爲尤焉。

辛丑以後，滿族統治權動搖，乃倡導立憲運動，以圖掙扎。帝國主義加緊壓迫，海內有識之士，謂維新已遲，立憲無望，只有從事革命一途，方能挽狂瀾於既倒，扶大厦之將傾。

贈李中堂　　副島蒼海

保定天津識少荃，黑頭宰相赫威權，橫濱今日重相見，皓首蓬婆兩可憐。

重贈李中堂

世間論説百不同，協戮只應圖大公，天降英雄無彼此，勿疑心事有西東。

懷少荃

淝水唯見百里流，誰知對岸我肥州，合肥相同須回首，聲息相聞渾自由。

清史彈詞載淳同治帝

同治帝方幼冲兩宮聽政　曾國藩深任用節制諸軍　先遣派李鴻章赴援上海　專責成曾國荃克復江寧
更命那左宗棠平定兩浙　太平軍當此際如扇撲螢　事勢急洪天王仰藥自盡　江西軍伺要隘擒洪福瑱
自此後太平軍踪跡淨盡　諸捻匪與回亂相繼戡平　清政府內顧憂到此終結　論起來同治帝也算中興
內亂靖對外交猶有遺憾　俄羅斯竟乘隙據伊犁城　雲南境殺英人土人排外　焚教堂斃教士案起天津
大婚後乾清宮終歲獨宿　致起居多不律宿娼微行　受瘡毒出天花遽然殂逝　廟堂中及草野議論紛紜
那拉氏立幼君貪圖干政　遂徑行將載湉繼統爲君

第十八章 大清帝國的沒落（光緒廿七年—宣統三年 一九〇一—一九一一）

第一節 政治維新的徒勞

帝后離京西奔 光緒廿六年七月十七日通州陷落，兩宮即有蒙塵之意。十九日夜，俄軍攻東便門，日軍攻朝鮮門，東直門，百官皆遁，百姓出城，二十日晨慈禧挈帝出神武門，由地安門，德勝門，向萬壽山啓行西奔。兩宮車駕至頤和園小坐，即走昌平，暮至貫石，廿二日至岔道，廿三日至懷來，逃難三日，衣食兩缺。廿四日駐沙河，地方官奉進不絕，抵宣化派榮祿等十一人爲留京辦事大臣，八月初二日，抵大同，十七日抵太原，以撫署爲行宮，命護理直隸總督廷雍剿辦拳匪。閏八月八日啓鑾，西去長安，命總兵何乘鰲挑選散卒，編標成軍。諭馬玉崑派弁兵，偵探畿甸軍情，按日具報。命奕劻遣官致祭宗廟社稷，東西陵寢，九月四日抵西安，以北院爲行宮。

慈禧內心之咎 咸豐十年，慈禧隨咸豐帝逃難熱河，那時她未握政柄，內心無愧，與此次蒙塵，不可同日而語。因她自同治元年起，至光緒廿六年止，她曾掌握近四十年的政權，因在心理上痛恨外人，乃利用義和團排外，結果闖出聯軍入京之禍；迫得她倉皇西奔，駐蹕宣化府，先下罪己詔。風塵僕僕，冀晉道上。駐蹕西安時，憶途中所受之艱苦，起居飲食之不便，莫不深予慈禧以刺激，恒語侍臣曰：「吾不意，乃爲帝所笑」。至太原，帝稍發舒，一日召載漪，剛毅痛呵之。欲正其罪，西后曰：「我先發，敵將要其重者」。帝曰：「論國法，彼罪不赦，烏論敵何如」！漪等亟稽顙，時王文韶同入，慈禧曰：「王文韶老臣，更事久，且帝所信，爾謂如何」？文韶知旨，婉解之。

這幕史劇，知道慈禧的氣燄，已不若北京時之盛了，對於載湉內心不無羞慚之感。

詔議變法 守舊派得了這次慘痛的教訓，屈服苛刻的和議條件之後，始乃轉念政治上之積弊，軍事上之腐敗，知道非變法不足以收拾人心，乃於和談期間，廿六年十二月十日詔議變法。詔告臣下下諭旨，剴切時弊，頒於奇恥之後，深信「欲求振作，須議更張，法西學之本源，而興國事，詔告臣下，於二月之內，條陳變法，擇善而行」。光緒廿七年三月再下諭旨，重申變法決心。三月詔設政務處爲籌辦新政的機構，派慶親王奕劻、李鴻章、榮祿、崑岡、王文韶、鹿傳霖爲督辦政務大臣，劉坤一，張之洞爲參預大臣，彼等爲新政府的主持人物，似乎要眞的維新了。

慈禧納疆臣疏奏 六七月間，劉坤一，張之洞二人連上三疏，第一疏論育才興學，主張參考古今，會通文武。第二疏論立國富强之道，必需多方面整頓變通。第三疏陳說採行西法，列十一項建議。綜合三疏所陳，較戊戌新政範圍廣大，條目繁多，上聞，慈禧太后懿旨督辦政務處，審議施行。

帝后回鑾 廿七年七月，辛丑和約簽訂，八月中旬，聯軍次第撤退。廿四日兩宮取道河南回鑾，據王鏡航記之曰：

自西安啓鑾，九月二日至潼關，九日至靈寶。十一日至觀音堂，十七日至洛陽，十九日詣龍門。廿六日全權大臣，北洋大臣，直隸總督便宜行事大學士李鴻章死於北京邸第，李鴻章遺摺上聞，兩宮震悼，謚文忠。以王文韶爲全權大臣，以袁世凱爲北洋大臣，直隸總督，廿九日至鄭州，十月二日至開封，廿日廢大阿哥，十一月四日自開封渡黃河，駐新店，五日至延津，十一日至彰德，十二日至磁州，廿一日至正定，廿四日由保定乘火輪車入京，各國洋人兵官，帶領軍隊，在正陽門左右迎駕，行舉手之禮。（王鏡航著庚辛之際月表）

自知親政無功 回鑾前後，舊派翻然改圖，主張變法維新。實際仍踏着戊戌新政的路線前進。自光緒廿七年至卅一年的五年間，就內政改革而言，裁撤河東河道總督缺、雲南、湖北、廣東三省巡撫缺，併詹事府於翰林院，裁汰各衙門胥吏差役，停止捐納實官，改各國總理事務衙門為外務部，增設督辦政務處、練兵處、巡察部、學部，併路礦衙門，改設商部。就軍政改革而言，裁各省綠營防勇四分之一，精選若干營充常備軍。命各省籌設武備學堂，命奕劻管理練兵處，鐵良，袁世凱主練京旗兵。就教育改革而言，廿七年八月令各省書院改設大學堂，各州府改設中學堂，各縣改設小學堂，頒布學堂章程，學部奏定忠君、尊孔、尚文、尚武與尚實為教育宗旨。由學堂畢業的學生，授貢生、舉人、進士等名位。鄉會試辦武科，廢八股，改試策論。三年後，即卅一年停止鄉會試，各省選派留學生出國游學，由出使大臣監督辦理。凡授職修撰，編修，皆入京師大學堂分門肄業，復開經濟特科。就社會改革而言，十二月詔許滿漢通婚，婦女放足，與嚴禁鴉片。

新政實施，所得成效，並不甚多，朝廷亦知之，如卅一年諭曰：

方今時局艱難，百端待理，朝廷已下明詔，力圖變法，銳意振興。數年以來，規模雖具，而實效未彰。總由承辦人員向無講求，未能洞達原委。似此因循敷衍，何由起衰弱，而救顛危（文獻通考憲政考一）

第二節　日俄戰爭與列強掠奪

東亞新形勢　庚子以後，列強在我國對立的關係更錯綜複雜。其中重要國家為英、俄、日、法、德五國。美國却並不要在我國占領土地，祇求取得商業上的利益，維持其門戶開放政策。惟這五國都各為自身利益打算，有時彼此聯合，有時互相猜忌，使東亞國際形勢日趨緊張。先講拳變以後的東亞局勢，次言日俄戰爭，再述英、日、俄三國對中國邊疆的掠奪。

俄軍佔東北　帝俄自租借旅順大連後，即進而謀奪東三省，所以在義和團變亂未發生以前，就派遣艦隊東進，有所策動。及庚子拳亂爆發，奉天方面，有少數軍民起而響應，也作仇教排外的運動，於是俄軍便認爲口實，舉兵南下。節節進逼攻陷齊齊哈爾，南趨吉林，連陷長春，吉林等地，又轉入奉天，鐵嶺、遼陽、奉天諸城，相繼不守。俄軍藉保護東清鐵路爲名，實行占領東北三省。當北京和議開始之際，帝俄逼我與訂密約，意在置東三省於其保護下，旋因英美諸國的質問，和我國各省疆臣的反對，淸政府才聲明密約作廢。但是帝俄勢力的東進，已引起其他列强的不安，而想聯合起來對付它了。

英德協定失效 英國在東亞的勢力，素來和帝俄衝突，帝俄在中國東北擴張勢力，已使英國不安，何況俄人的勢力侵入中亞細亞和西藏，英國的寶庫印度更受威脅。於是英國想聯德以制俄，在光緒廿六年和德國成立協定，相約不在中國獲得領土利益，並維持中國領土的不變更協定。此協定發表後，美、德、日諸國都表示贊同，獨俄帝主張此協定的效力，僅限於英德二國的勢力範圍，不適用於東三省。而德國因與東三省關係較淺，所以在帝俄提出異議時，德即轉變態度，承認帝俄的主張，英德協定宣告失效。

英日同盟成立 英人鑒於德國的不足恃，知道防禦帝俄，非在東亞方面覓一關係較深的國家，以爲己助不可。這時，日本看見帝俄勢力的膨脹，它所受的威脅較英人爲甚，所以也很想尋求與國，以爲抵制。英日兩國，以利害相同，遂於光緒二十七年十二月廿一日（一九〇二年一月卅日）締結英日同盟條約，英日第一次訂盟後，於光緒三十一年（一九〇五年八月），及宣統三年（一九一一年七月）續訂兩次，藉保持中韓二國獨立爲名，以防禦帝俄勢力的伸張，於是東亞的均勢暫得賴以維持。

俄法協約擴大 俄，法兩國，爲了對抗德，奧，意三國同盟起見，早經締結同盟，其作用本祇限於歐洲方面。英日同盟成立後，俄法兩國同樣感覺不安，也就在一九〇一年三月四日聯合發表宣言稱：「中國如因第三者侵害時，兩國得協力防禦」。這分明是把俄法同盟的效用擴大及於東亞，意在對抗英日同盟。

由上所述，可知列强間的衝突，已到了極尖銳的地步。

日俄戰爭的起因 日俄戰爭是列强侵略野心衝突的結果，日俄侵略了中國的領土，而中國却嚴守中立，結果是中國損失最大。所以這次戰爭中國雖沒有參加，實際上也是列强侵略中國戰爭之一。先述戰爭的起因。次述戰爭的經過，結果與影響。計戰爭起因有三：

三國干涉還遼　依照馬關條約的規定，遼東半島已歸日本，俄人嫉妒，乃聯合德法出面干涉，脅迫日本退還遼東，日俄仇恨由此結成。

兩國勢力衝突　俄人自出面干涉强迫日本還遼後，自己却在中國取得東三省的築路權，後又强迫租借旅大，使東三省盡歸其勢力範圍；不但如此，更進一步窺視朝鮮，使日本經營朝鮮的政策大受威脅。朝鮮和東三省本是日本垂涎已久的地方，自然不願俄人染指。於是日俄兩國決裂，戰爭又不可避免。

俄軍延期不撤　當義和團暴亂時，俄人乘機進兵占領東三省。事平以後，中俄兩國締結撤兵條約，規定俄軍分期撤退。但到第二次撤兵時，帝俄不但不遵約撤兵，反增兵旅順和朝鮮，這更激起日人的嫉視。這時，日本雖痛恨帝俄，但還不敢輕啓釁端，遂和帝俄直接交涉，且向帝俄提出劃分雙方在朝鮮，東三省的利益。兩國都有侵略野心，所以幾經談判，不得結果，而俄軍延期不撤。帝俄反陰集軍隊於朝鮮邊境，於是日本先發制人，二月八日偷襲旅順和仁川俄艦，光緒二十九年十二月廿五日（一九〇四年二月十日）對俄宣戰。

戰爭的經過和結果　日俄兩國既開戰，中國遼河以東之地，却做了他們的戰場。淸政府無法干涉，祇得宣告中立諭曰：「日俄兩國失和用兵，朝廷軫念彼此均係友邦應按局外中立例辦理，着各省將軍督撫，通飭所屬文武並曉諭軍民人等，一體欽遵，以篤邦交而維大局，勿得疏誤，特此通諭知之」，戰端一開始，日本海軍先擊沉俄艦二艘於朝鮮的仁川港，並以死士封鎖旅順港，俄太平洋艦隊再爲日艦擊沉七艘。於是俄國太平洋艦隊失其作戰能力。至於陸戰方面，日軍冒彈雨築橋渡鴨綠江，攻佔九連，鳳凰等城，斷俄軍後援，日軍四月佔金州，六月佔海城，再乘勝攻遼陽，八月轉戰奉天，俄軍敗北。這時俄國波羅的海艦隊東來艾全被擊沉，於對馬海峽。至是俄國戰鬪力已窮，不能再戰。旋經美國調停，遂於光緒三十年八月初七日（一九〇五年九月五日）和日本締結朴資茅斯條約 Portmouth 其要點如后：

㈠俄國承認日本在朝鮮有各種卓越利益和監督保護之權。

㈡俄國將旅順，大連租借權讓與日本。

㈢俄國將長春旅順間的鐵路，及其支線並附屬利益，和財產讓與日本。

㈣俄國將庫頁島南半部，割讓與日本。

由於這一條約，帝俄確承認日本獨佔朝鮮的利益，又承認日本的勢力，可以伸入東三省南部。而中國對於朝鮮和東三省的處理，反無權過問。日俄戰爭原為兩國衝突而起，至此帝俄失敗，而日本侵略的目的，則已達到了。

戰爭的影響　這次戰爭影響很深遠。最重要的有下列幾項：

㈠朝鮮的滅亡　日俄戰後，日本實行監督朝鮮的內政和外交，更解散其軍隊而代以日軍，至宣統二年（一九一〇）正式併吞朝鮮，朝鮮遂亡。

㈡東三省的危機　根據朴資茅斯條約，俄國把已經得自中國的權利轉讓日本，日本勢力便侵入遼東，便接着更威脅清政府，簽訂條約，確定日本在東三省的優越地位，預伏民國二十年（一九三一）「九一八事件」的禍根。

㈢日本侵略野心的擴大　這次戰爭日本得英國同盟的幫助，獲得空前勝利，於是日本在國際上的地位，突然增高，儼然以東亞盟主自居，野心勃勃，更積極從事大陸的侵略。

㈣重視黷武主義　日本勝俄，日本黷武主義者，氣燄萬丈，國家導教軍人，崇拜武力，養成好戰心理。

㈤提高國人覺醒　日俄交戰於中國境內，中國朝野頗受刺激，清政府始悟世局之非，已知非維新不足以禦侮，始派大臣，出洋考察，繼頒預備立憲詔令，其時留日學生數千人，深知清廷不足恃，決心以革命方式，拯救中國。

日侵東北　日俄戰後，俄國不過放棄了在東亞一部份權利，而却使中國吃了大虧。原來當日俄訂約時，約中有將俄國在東三省南部的利益轉讓日本的規定，所以和議成立後，日本就强迫中國訂立所謂滿洲善後條約，承認日俄媾和條約中，俄讓與日本的各項權利，同時又締結滿洲善後條約及附約，其要點如下：㈠開奉天省的鳳凰城，遼陽，新民屯，鐵嶺，通江子，法庫門，吉林省的長春，吉林，哈爾濱，寧古塔，琿春，三姓，及黑龍江省的齊齊哈爾，海拉爾，璦琿，滿洲里等十六處爲商埠。㈡安東，奉天間的軍用鐵路（即今之安瀋鐵路）由日本繼續經營。

俄侵蒙古　日俄戰後，清廷重視邊政，宣統元年，施新政於內外蒙古，以蒙古之財，辦蒙古之事。宣統二年派三多任庫倫辦事大臣，設立若干新政機關，大批新兵入蒙，勒索難免，嫌隙遂生。朴資茅斯條約簽訂，帝俄失去南滿的利益，染指外蒙之心益急，其駐科布多領事，隨時鼓動蒙古王公叛華親俄。宣統三年六月，蒙古杭達親王居然赴俄乞援。上書俄皇曰：「大俄羅斯人民至高無上，察罕沙皇帝，乃强而有力，仁愛絕倫，保佑黃種者，其自身即道德之化身，倘吾人能自相援助，吾人將不失過去之地位，而黃種亦將永享和平，據吾人經驗，弱國如得强大國家之援助，轉弱爲强。古人云：强者當助弱小，至尊之沙皇，祈鑒吾人誠意，賜予矜憐，吾人之哀求保護，實如大旱之望雲霓，謹上禮物，聊表寸心」。俄帝遂乘機干涉中國的蒙古政治，七月五日俄使向中國抗議，反對中國在外蒙古駐兵，移民，如不停止，將採取行動。其時粤漢鐵路風潮嚴重，清廷覆俄，緩辦外蒙新政。

俄帝覬覦外蒙，似顧慮日本態度。一九〇七年七月成立日俄協約，相約互相尊重權利。一九一〇年七月成立二次日俄協約，一九一一年七月六日，又與日本成立第三次協約，擴大日俄在東北勢力範圍的界限，達內外蒙古邊境。且分內蒙爲東西兩部，東部屬日，西部屬俄，互相尊重彼此特殊地位。俄國此舉，說明想獨佔外蒙，不能不將東蒙予日，以爭取日本對俄侵外蒙的諒解。

外蒙宣佈獨立 日俄三次協約成立不久，八月十九日辛亥革命爆發，俄帝乘機煽動外蒙庫倫活佛哲布尊丹巴，驅逐庫倫大臣三多及其護軍，十一月初九日宣佈獨立，成立大蒙古帝國，活佛僭稱帝號。十一月十二日，帝俄照會清政府，表示願助中國解決外蒙問題，但須接受下列條件：①中國在外蒙不駐兵，不移民，不干涉內政。②俄國承認中國在外蒙的宗主權。③並承認俄國有自貝加爾湖至庫倫築鐵路之權。時俄軍駐庫五千，俄帝盡奪華商市場。外蒙獨立之後，活佛又策動其各部獨立，祇有烏里雅蘇臺，呼倫貝爾，唐努烏梁海三部響應。俄帝照會，旨在掩飾其導演傀儡政府的責任，其侵略行動，則爲無法掩飾的事實。俄照會達北京之時，因清帝行將遜位，置之不理。民國成立袁大總統勸外蒙活佛，取消獨立，結果無效。

英侵西藏 光緒廿七年正月中俄二次密約成立，光緒卅年英乘日俄之戰，進軍拉薩，帝俄間諜德爾智出奔青海，達賴去庫倫，於是駐後藏之班禪額爾德尼出任和局。光緒卅年七月廿八日簽訂英藏拉薩條約，其主要條款如下：

①西藏加開江孜，噶大克，亞東三處爲商埠。

②西藏賠償英軍費五十萬磅。

③英軍俟賠款清繳，商埠實辦三年後，英軍撤退。

④西藏土地的租典交通建築等一切事宜，非先得英國許可，不得舉辦，外國亦不得干涉。

該條款將西藏土地全劃歸英國勢力範圍之內，清政府向英提出抗議，英政府置若罔聞。清政府恐失掉藏人信心，一再要求英政府重開談判，而英駐印總督於該約簽訂之日，聲明減少賠款二五〇萬盧布，並撤退英軍，以示恩惠，意在收拾西藏人心。

中英西藏續約 光緒三十二年(一九〇六)清政府派外務部侍郎唐紹儀與英全權公使薩道義締結西藏續約,其主要條款有三:①英國保證不佔領西藏,不干涉一切政治,中國亦承認不准外國干涉西藏的一切政治。②西藏的鐵路、道路、電線、鑛產之各項權利,除中國享有外,不許他國及他國人民享受。③中國允許英架設自印度聯絡商埠之電線。

英俄承認西藏為中國所有,當英軍入西藏之際,正帝俄敗於日本之時,無力干涉藏事,日俄議和之前,英日二次同盟成立,在英日盟約裏規定,英國對印度附近之處理,對中亞或西藏有便宜行事之權,日本承認之,帝俄以戰敗之後不能再與他國發生爭端,因此在中亞方面英俄積累之衝突,亦有循和平途徑解決之需要。遂於光緒三十三年(一九〇七)六月卅一日成立英俄協約,其中關於西藏部份者,摘要如左:

①英俄兩國尊重西藏之領土保全,各不干涉其一切內政。

②英俄兩國承認西藏為中國所有,依宗主權的原則,非經中國政府同意,不得與西藏有任何交涉。

③英俄兩國皆不派代表駐拉薩。

④英俄兩國無論為國家或為國民,相約不得要求獲取西藏之鐵道、道路、電信、鑛山、及其他權利。

依本條約之精神英俄兩國互相牽制,承認西藏為中國所有,從前兩國之爭先侵略,一變而為保全領土,不干涉內政,不派代表,不要求權利之約束,西藏地位安全,基礎始固。

西藏獨立 光緒卅年英軍入藏,達賴十三世奔俄、清廷始疑,達賴亦自知獲罪,當時達賴一面鑒於俄敗於日,俄不足恃,一面鑒於英軍入藏,感受威脅,身處流亡,內心不安,遂請入北京,籌善後之策,清政府勸其返藏,達賴抑鬱不快,滯留西寧之塔爾寺,旋訪庫倫。光緒卅三年英俄協約成立,彼此約定不侵略西藏時,達賴已返西寧,清廷許達賴入京,光緒卅四年四月,率衛兵五百,自塔爾寺首途,八月入朝,皇太后欲依舊禮相遇,廷臣諫止,以屬臣待之(行跪拜禮),當時在京各國公使皆視達賴為珍奇,款待優隆,英俄公使往來饋贈尤多，清政府稍監視之，達賴敢怒而不敢言。十月西太后光緒帝兩宮先後晏駕，宣統嗣立，達賴以帝年幼，竟懷輕侮。十一月二十八日達賴離京，翌年十月始抵拉薩，欲謀叛，遣使致書駐北京英公使，其內容乃告「中國駐藏軍隊之行動，不利於英，且鼓吹暴動」。駐藏大臣聯豫，以「默察達賴似有異心」爲辭，奏請派軍鎭壓，廷令趙爾豐率軍入藏，趙派部將川人鐘穎率兵千五百，機關砲四門，取道巴塘，沿途進剿，始達拉薩。達賴十三世聞訊震驚畏懼，在大軍未到達前，倉皇潛逃印度之大吉嶺，清廷詔廢達賴十三世，英人乘機予以金錢與槍彈之援助，鼓勵達賴返藏，達賴十三原本親俄仇英，經此番英印之優待，態度大變，轉而親英，辛亥革命爆發，駐藏清兵譁變，刼掠財物，藏人恨之，藏人迎達賴十三返藏，且在英慫恿之下，繼外蒙獨立之後，亦宣佈獨立。

第三節 準備立憲的延宕

維新的再起 清廷從事毫無效果的新政時，而帝國主義的侵略，仍在加緊進行。光緒三十年，日俄兩國在中國的國土上火併起來。結果專制的俄羅斯被立憲的日本戰敗了。日本維新後廿六年（一六六八—一八九四）戰敗了中國，一八八一年明治天皇下詔立憲，準備八年，一八八九年批准憲法，一八九〇年召集第一屆國會，行憲僅五年，又戰敗了俄國，足以證實立憲有强國的效力。俄國於旅順陷落之日，國內發生革命，人民要求立憲，沙皇也有立憲的表示。日俄兩國情況如此，予中國朝野以極深刻的影響。

立憲敷衍群情 在野名士張謇認爲立憲可以强國，特致書袁世凱，意在請袁氏出來倡議立憲，「成尊主庇民之大績」，對於利祿薰心的袁氏去講，他會動心的。因袁世凱爲當時政府的要員，如袁贊成立憲，慈禧就不會反對。此時駐法公使孫寶琦也電請立憲，維新派的梁啓超也著文鼓吹立憲，地方疆吏，中樞權貴，也不反對立憲，還有孫中山先生正組織同盟會，擴大革命運動，從事推翻滿清的奮鬭。這時掌握實權的慈禧認爲與其讓國民革命成功，將滿清驅逐，不如順應群情，敷衍立憲運動，尚可拖延滿清統治的壽命。因此對立憲運動也居然贊成，遂於卅一年七月命載澤，戴鴻慈、徐世昌、端方、紹英五大臣，出洋考察憲政。表示政府對立憲的誠意。但此種虛僞的立憲運動，爲革命黨人所反對。五大臣出洋在北京正陽門東站首途，就遇到了吳樾的炸彈。徐世昌，紹英未成行。八月又命尙其亨，李盛鐸出洋考察。

準備立憲諭旨　卅二年六月載澤，戴鴻慈等五大臣回國復命，奏陳六事：一曰擧國臣民，立於同等法制之下，以破除一切畛域。二曰國事決於公論。三曰集中外之所長，以謀國家與人民之安全發達。四曰明宮府之體制。五曰定中央與地方之權限。六曰公布國用及諸政務，並奏實行立憲，明定期限先籌預備，宜以官制入手。奏旨採納，立憲政體，確定不疑。七月降旨宣示預備立憲。

下詔釐定官制　詔下，各方面心理不同，慈禧欲藉立憲以緩和輿情，內心不肯放棄政權，無異一種愚民政策。滿清貴族見立憲潮流澎湃，督撫勢力强大，漢人的政治才能又高，忠於滿清的在當時鳳毛麟角，多數是想藉立憲的機會，解脫滿人的奴役，這兩種心理不同，想法不同，但慈禧與滿清貴族的心理，比較接近，所以繼宣示準備立憲後，又於九月廿日下詔釐定官制。

觀其諭旨，知道新官制，僅改換幾個名稱，裁汰幾個無勢力的大臣，就立憲而論，不免聲大而實小，一般熱望立憲的人，大大的失望了。

新瓶舊酒　再看依照新官制的人事調動，則知滿淸貴族的目的的所在。新官制的神經中樞，則爲軍機處，由奕劻，世續，瞿鴻璣三大臣負責。其次分十一部：

外務部大臣奕劻，尙書瞿鴻璣，度支部尙書溥頲，禮部尙書溥良，陸軍部尙書鐵良，法部尙書戴鴻慈，郵傳部尙書張百熙，理藩部尙書壽耆，民政部尙書徐世昌，農工商部尙書載振，學部尙書榮慶，吏部尙書鹿傳霖。

以滿制漢　舊官制的人事配備，滿漢對立原則，各部堂官，滿三漢三，新官制的人事，破壞了滿漢對立原則，代之以滿制漢的原則，軍機處與各部滿漢大臣尚書共十三人，滿七人，蒙古一人，漢軍旗一人，漢四人，十三人中，漢人佔四席，僅握不足三分之一的實權，滿人則握三分之二，新官制滿人可以控制漢人了。滿漢界限，不但沒有打破，反而鴻溝加深。

九年準備　宣佈準備立憲之日，詔改督辦政務處為會議政務處。此時奏請頒佈憲法者甚衆。光緒三十三年八月，命汪大燮，于式枚，達壽分赴英德日考察憲政；同時又準備設咨政院命溥倫，孫家鼐為正副總裁，詔各省成立咨議局。以期達到立憲國家議會制度的橋樑。卅四年八月奕劻奏呈憲法大綱。立憲的準備是夠了。但憲法大綱規定君權太重，民權太輕，並且預備年限太長，預備九年之內完成，可見清政府對於立憲毫無誠意，人民都大失所望了。

九年減至五年　光緒卅四年十月廿一日光緒帝晏駕，二十二日慈禧太后辭世。遺詔溥儀繼位，明年改元宣統，以醇親王載灃為攝政王。十一月以載濤，毓朗為訓練禁衛軍大臣，詔令軍機處大臣袁世凱回藉養疴，把軍政大權完全集中在皇族手裏。這時各省咨議局多已成立，宣統元年十二月，各省代表屢向政府請願，要求速開國會，載灃乃於二年十月詔準備立憲期間由九年減為五年，並下令驅逐各省諮議局代表，於是各省代表在北京大肆活躍，載灃恨之，通令各省督撫阻止代表活動，如有違抗，准予逮捕嚴辦。時溫世霖在京又組織請願團，載灃竟將其遠戍新疆，此後人心大憤。

皇族內閣　宣統三年四月，新內閣成立，以奕劻為總理大臣，那桐，徐世昌為內閣協理大臣，梁敦彥為外務大臣，善耆為民政大臣，載澤為度支大臣，唐景崇為度支大臣，蔭昌為陸軍大臣，載洵為海軍大臣，紹昌為法部大臣，溥倫為農工商部大臣，盛宣懷為郵傳部大臣，壽耆為理藩部大臣。新內閣閣員共十三人，滿人有八，漢人有四，蒙旗一人，滿人八人中，有五人是皇族，因此新內閣有皇族內閣之稱，此種措施，使立憲僞面具完全揭穿，中山先生領導的革命運動，越發贏得國民的信賴，朝着恢復中華，驅逐韃虜的目標前進了。

第四節　舊社會的新勢力

新社會勢力　中國近代社會在產業革命的萌芽時代，已有顯著的變化。中日戰後，康梁倡導變法維新，其維新雖歸失敗，而改革政治的潛伏勢力，依然健在。拳民之禍，日俄之戰，莫不予朝野以重大的刺激。時勢所歸，不得不變態度，下詔變法，準備立憲。政治上整頓官制，各省增設諮議局，軍事上訓練新軍，充實國防力量。交通上修築鐵路，財政上整頓稅收，教育上廢止科擧，興辦學堂，派留學生出國，實業上獎勵工商，挽回利權，法律則修訂法典。凡此諸多新政，莫不受西方文化之影響，惟因朝廷推行新政，缺乏誠意，收效極微。關於推行新政，朝廷誠意如何？成效如何？姑不具論，僅就新政推行之下，使近代社會產生三大新勢力。此三種新勢力，影響近五十年的歷史甚深。

革命勢力的復活　清廷以敷衍態度，宣佈立憲，以立憲之名，行排漢之實。使熱望立憲者，大失所望，使漢族有血有淚之輩，紛紛組織革命團體，致力革命，從事顚覆滿族政權的活動。玆擧彪炳史册者，分別述敍於左：

自立會　光緒六年湖南瀏陽志士唐才常，爲瞿鴻禨僚屬，與譚嗣同友善，深悉時弊，交結日本志士平山周，謀刺慈禧，會平山周病未果行，遂在滬組織自立會。北方拳變大作，唐氏以保國救時名義，號召名流百餘人，若容閎，嚴復，章炳麟，馬湘伯，文廷式等，集會張園，號曰國會，大會推容閎爲會長，嚴復爲副會長，唐才常爲總幹事，開會之際，章炳麟當衆竟將髮辮剪去，示其抗滿的決心，並聳動大家抗滿情緒，其實這種集會，意義甚善，影響甚微。

六月拳變益熾，冀晋糜亂，東南半壁，宣告獨立，才常欲乘機謀武漢。自立軍在漢失敗，才常慷慨就義。張之洞電兩江總督劉坤一搜捕張園集會名流，革命勢力，略受頓挫。

光復會 浙江山陰志士徐錫麟，少有大志，慕項羽勾踐之爲人，欲教練越子弟以覆清室。年卅，以事遊滬，接四方志士，組光復會，其同志有秋瑾，陳伯平，馬宗漢等。其宗旨爲光復漢族，剿滅滿虜，其口號爲：「黃河源溯浙江潮，衛我中華漢族豪，莫使滿胡留片甲，軒轅神冑是天驕」。光緒卅一年秋，創辦大通師範學堂，鑑湖女俠秋瑾任教職，羅致少年英俊，授軍國民教育，「丁寧訓誨，激以義理」。陳伯平、馬宗漢即爲其得意門生。

錫麟年三十三，東渡日本，欲入振武學堂不果。居日數月歸國。時章炳麟爲蘇報案被捕入獄。錫麟直詣獄訪問。自我介紹，得識炳麟，炳麟出獄，加入光復會，以文字煽動革命，此後光復會聲勢大振。

狙擊巡撫恩銘 錫麟年三十四，深知不入官府，難掌握實權，遂出錢買得道員，分發安徽試用，安徽巡撫恩銘，見其精明幹練，擅長兵事。命其會辦安慶巡警學校，錫麟得此職，如願以償。伯平，宗漢次第赴皖，協助錫麟，圖謀起義，光緒卅三年五月廿八日，舉行第一期學生畢業典禮，是日皖中大員將齊來參加盛典，錫麟決定是日爲起義之期，恩銘亦聞此風聲，乃於廿五日晚諭校中執事，改於廿六日晨舉行，錫麟大舉不成，決定翌晨恩銘蒞塲時，出槍狙擊恩銘，中要害，錫麟被擒，殺於安慶市，年卅五。

女俠就義 錫麟刺安徽巡撫恩銘案，株連鑑湖女俠秋瑾，女俠就義於山陰，其友徐自華，吳芝瑛收其骨，卜葬於西湖，旋爲清吏所毀，民國成立重葬。陳天華，徐自華等發起建築風雨亭，紀念秋瑾烈士，秋瑾女士堪稱我國婦女先進，亦爲婦女界革命犧牲之第一人。其一生事蹟，可歌可泣，彪炳史乘，炤耀千秋。

華興會 湖南善化志士黃興、號厪午、別號克强、組華興會、與少年英俊、體格魁偉、沈默寡言、殊智胆大。光緒廿四年與肄業於武昌書院，與畢永年相契。廿七年鄂督張之洞派興赴日考察學務，留心中外大勢，益悉清廷的腐敗，壓抑漢人，欲恢復漢人的自由，非推倒滿族政權不可。乃入弘文書院銳意深造，充實學力，兼習軍略，決心獻身革命。

光緒廿九年夏，由日返國，抵鄂即在兩湖書院任教，痛斥清廷腐敗，力主改革政體，維護國家。旋被逐返鄉，在明德和進修各學校擔任教職。課餘則與周震麟等討論革命方略，一面籌款購械，一面糾合同志，組織華興會。同年十一月，留日學生陳天華，章士釗，譚人鳳，劉道一，宋教仁，胡瑛等陸續回國，與乃邀楊守仁，劉揆一，陳其殷，柳繼忠爲發起人，要求留日學生均加入，擬聯合哥老會首領馬福益率會黨參加，創立華興會於長沙連陞街，同志五百餘人，興被推爲會長。

華興會同志，均爲知識份子，恐與會黨聯絡不便，乃別創同仇會，仿日本軍制，編組革命軍。黃興任大將，劉揆一任中將，馬福益任少將，定於湖南牛馬交易大會集市之日，舉行馬福益少將之授與式，由劉揆一盟誓。發長槍二十支，手槍四十隻，馬四十匹，儀式莊嚴，觀者無不動容，此後湘中志士相繼入哥老會者，近十萬之衆。

光緒卅年春，黃興準備發難，一切就緒，定於十月十日，慈禧六十生辰之期，乘全省官吏群集行禮之時，以彈藥集體炸斃，佔領長沙，以爲革命基地。長沙城內以武備學堂學生，新軍爲主，哥老會黨人爲副，瀏陽，衡陽，常德，岳陽，寶慶，各地分路策應，以會黨爲主，克强任元帥，劉揆一，馬福益爲正副總指揮。不料距舉義前十天，會黨何少卿等以事機不密，在湘潭被捕。九月十五日黃興，劉揆一聞訊，乃密電防備，清吏搜查益急，黃興乃於九月十八夜去滬，旋亡命日本，宋教仁原負責指揮常德一路，事洩去長沙，走上海，赴日入弘文學校，後入早稻田大學。

卅一年，宋氏創廿世紀之支那雜誌社，鼓吹革命。

留學生會館 清廷下令維新，爲培養新政人才，派留學生出國留學。光緒廿七年以後，留歐美學生數目不多，留日學生驟增。由政府派遣的約十分之二三，其餘多半自費留學，蓋因政府採高壓政策，有血氣的青年不堪壓迫，悲憤時事，多藉留學名義，紛紛出國，不論維新派，立憲派，革命派在國內都不能立足，於是均亡命日本，在日本漸漸形成了排滿的勢力。

光緒廿八年留日學生，在東京的駿河田組織留學生會舘，開幕之日，吳祿禎演說，慷慨激昂，把會舘比如費城的獨立廳。三月召開支那亡國二百四十二年紀念大會，發表宣言，與會者數百，駐日公使蔡鈞要求日政府鎭壓，赴會學生憤而解散。

廿九年元旦，留日學生在駿河田會舘舉行團拜，蔡鈞公使赴會，學生劉成禺講述滿人呑滅中國的故事，主張排滿復漢，掌聲如雷，滿人長福，起而辯護，會衆嗤聲盈庭，不能成辭。會後僅開除劉成禺學籍而已。

一九〇三年四月俄帝佔據東北，留日學生組織拒俄義勇隊，旋改成國民教育會，有數千人參加。每日操練，推藍天蔚爲隊長，被日政府解散。曾派代表鈕永建等回國，要求袁世凱出兵拒俄，留學生願作先鋒，袁拒不見，因此留學生對清廷大爲不滿。

留日學生吳祿禎，蔡松坡擬自費入成城軍校，蔡鈞公使不允，吳敬恒等廿餘人，請湖北留學監督吳世綸同往公使舘，至夜半不去。蔡公使陰告警察强制，復有大批學生前往要求，蔡公使以防害治安罪，把吳敬恒逮捕，押解返國，此後留學生痛恨清政府益甚。

愛國學社 光緒廿八年，章炳麟、蔡元培、黃宗仰、在滬組織中國教育會。時吳敬恒被逐歸國，即與章，蔡等組織愛國學社，社址設在張園。章士釗、何震、胡敦復、穆湘遙等被南京軍事學堂開除，也於此時加入愛國學社，在同盟會未成立之前，爲海內惟一的傳播革命思想的團體。四月愛國學社在張園，召開拒俄大會，蘇撫恩壽照會各國領事，要捕人，工部局不但反對，而且保護，至閏五月，恩壽稱奉諭旨，向工部局交涉，始派中西警察赴愛國學社拘捕章炳麟，吳敬恒，蔡元培等，適吳蔡外出，章炳麟補捕入獄。鄒容聞訊，自往捕房報到，愛國學社被解散，蘇報被封。由此可知，清政府在立憲的僞裝下，對革命壓迫的嚴厲了。

以上所述諸革命團體，除採取行動外，還有文字宣傳，海外有漢聲、浙江朝、新湖南、警世鐘、漢幟、廿世紀之支那等刋物數十種，在海內的則有宣傳革命的蘇報。

北洋軍閥的形成　甲午一役，李鴻章的淮軍被日軍打跨了，清廷爲充實國防力量，操西法練軍，詔命長蘆鹽運司胡燏芬開辦，招募定武軍十營，步兵三千，礮兵千人，騎兵二百五十，工兵五百，共四、七五〇人，以西法訓練。軍機大臣李鴻藻，榮祿一面奏請改軍制，一面令袁世凱草擬練兵辦法，並決定在津小站練新建陸軍。朝令胡燏芬督造津蘆鐵路，榮祿保奏袁世凱督練定武軍。以原有四、七五〇人擴充至七千。天津武備學堂畢業生姜桂題、吳長純、段祺瑞、王士珍、馮國璋、王占元、張懷之、陸建章、曹錕、段芝貴都是袁世凱的幹部。袁世凱有了部隊，有了幹部，自然就成了北洋軍閥的首領。

齊魯風澄　戊戌八月，袁世凱以洩漏譚袁密謀之功，赢得慈禧榮祿的信賴，拳民禍起，命其出任山東巡撫，實力得以保全，清剿拳民，且獲令譽。李鴻章譽其曰：「幽薊雲擾，齊魯風澄」。

當庚子聯軍進攻時，與袁世凱齊名的聶士成以身殉國，部屬歸袁，董福祥被黜，軍隊潰散，馬玉崑地位保全，惜無地盤，而袁氏之實力與地盤，兼而有之。

北京下詔對八國宣戰之後，東南李鴻章、張之洞、劉坤一等宣佈獨立，袁世凱則聲明盡力維持山東以南沿海治安，此舉使袁之聲譽可與東南諸督齊名，成爲中外人士所注目的人物了。

辛丑和約成立，李鴻章逝世，遺疏薦袁世凱爲直隸總督，與奕劻兼辦練兵，因所部已達六鎭之衆，滿人忌恨，罷黜回籍，而實權仍在其部屬之手。辛亥革命爆發，依勢操縱清室和民國之間，所以北洋軍閥的勢力，在清末以迄民國初，近三十年的時間，他們支配近代政治社會，勾結帝國主義，割據地盤，阻碍中國的進步，在滿清政權崩潰以後，便成國民革命的對象了。

袁世凱以及其部下段祺瑞、馮國璋、曹錕、吳佩孚等構成北洋軍閥的體系，其方式霸佔中央，以官僚政客為工具，其目的為擴充地盤，導演軍閥混戰，使中國禍亂不已，因此北洋軍閥勢力，與近代史的關係，就非常重要了。

買辦階級的勢力　通商口岸開放以後，凡與外國人交涉，談生意，因言語不通，頗感不便，事實上與外人往來，非有通事不可，這種通事是洋務時代的通事，流品不齊，素質卑下，不必贅言。不過這是「士農工商」之外，別成一業，寄生於中外關係之間，其勢力雖有，但影響不大。

中間人　馬關條約成立以還，列強的經濟，由商品輸入變為資本輸入，投資部門與數額，日趨擴大，列强的資本家，在中國要開辦大銀行，設立大工廠，創辦大商店，或向中國貸款，投資有利的事業，覓廠址，找工人，購原料。外國資本家辦理這些事業，因中外言語不通，風俗習慣不同，以及對中國的情形不熟悉，非利用中國人不可。這種中間人，就是由通事轉變而成的買辦，靠買辦謀生的人，通稱為買辦階級。

做買辦的人，與外國資本家，先訂立契約，在規定的報酬或佣金之下，替外國資本家奔走效勞，一切交易，一切經營，要站在資本家的立場，保證資本家交易與經營的安全。

從中漁利　買辦有銀行買辦、公司買辦、商店買辦等等，從外國資本家立場看，用買辦，頗不經濟，如外國銀行貸款與中國，一千兩銀利息三錢，一月計算，不過九兩。但經買辦之手，則索息不止三錢，除將規定利息交與外國資本家外，多索三錢之數，悉入私囊。再者，買辦又可從交易之中取巧，中外言語不通，不能直接交涉，全憑買辦撥弄，從中舞弊，中國人因受其害，外國人亦吃其虧。

危害國家份子　以中國人立場看買辦，其弊端不可勝計，要者有三：

㈠買辦可爲外交上的障碍。中國人抵制外貨，原爲弱國外交之惟一武器，可是因爲買辦都與在華的資本家，立有契約並繳了押金，對外國人負責，一切以外國人利益爲利益，所以他們都反對抵制外貨。

㈡買辦可做內亂的媒介，如各地軍閥所用軍械及其他作戰器材，統由買辦經手向外國人購買。

㈢買辦可斷送國權，如介紹外國銀行借款於中國政府，除利息外，常附帶喪失中國權利的條件。

凡此諸端，都是買辦階級，危害國家的事實。

腐蝕社會勢力　從外國資本家方面看，買辦階級是社會上漁利之徒，從民族資本家方面看，買辦階級是不愛國者。如從國民經濟方面看，買辦階級則爲不事生產的寄生階級，純爲社會的剝削份子，國家民族的罪人。買辦階級的勢力，隨列强在華經濟勢力的擴張而增强，成爲腐蝕社會的一種潛在勢力。

北洋軍閥的勢力，是滿清專制的餘孽，買辦階級的勢力，是資本主義的工具，這兩種勢力與革命勢力，同產生舊社會，清末並存，民初對立。

本章結論　晚清的維新無效，立憲無望，已證明清政府不可救藥，帝國命運日暮途窮。其時日俄火併，俄敗侵略外蒙，日勝進入東北，英乘機侵略西藏。滿清政權，搖搖欲墮，革命勢力復活，一意推翻滿清政府。北洋軍閥長成，已爲私人武力，買辦階級興起，成爲腐蝕社會的勢力，這三大勢力的搏鬬，就是近五十年的歷史。

感懷延平王　　張煌言

擬將威斗却居延。捧讀珠槃事渺然。龍門幾人開貝闕。鶴歸何處問芝田。
引弓候月爭相賀，挂劍寒雲祇自憐。想到赤符重燿日，九原還記聽鈞天。

第十九章　革命的救國方案—國民革命（同治五年—宣統三年 一八六六—一九一一）

第一節　中國革命的起源

時代背景　歷史上任何一樁大事，尤其是革命，其起源往往潛伏於若干年以前，而其影響或竟延續到千百年以後，中國歷史近五千年之悠久，何以到近代才由民族革命轉變而爲國民革命？爲解答此一問題，須先分析其時代背景與歷史背景。在世界史上，自十七世紀到二十世紀，約有三百年，我們稱爲人類歷史上的革命時代，在這三百年內曾發生三種性質不同的革命運動。

政治自由　一六四〇—一六四九年的英國革命，一六八八年的光榮革命奠定議會制度，將無限制的君主權力，轉變而爲有限制的君主權力。一七七六年北美十三州人民，擺脫英國統治完成獨立，獲得政治自由，創建自己的新國家，人民用投票的方式選舉總統，代替世襲君主，並於一七八七年制定一部成文憲法，這是美國革命的最大成就。一七八九年的法國革命，建立法蘭西第一共和國，在大革命的過程中，曾發生恐怖與悲劇，固足令人惋惜，但是給人民留下極有價值的成果：如封建特權的廢除，社會經濟的改革，人權宣言的公佈，自由平等思想的傳播，拿破崙法典的編纂與民族團結的號召，都是法國革命的偉大貢獻。英美法三國的政治革命，都由洛克 Locke 盧騷 Rousseau 孟德斯鳩 Mentesquieu，邊沁 Bentham 等自由平等學說的鼓吹，獲得的成就，即形成近代世界的民主政治潮流。

民族統一　一八一五—一八七〇年的五十五年間，意大利人民不斷的奮鬪，才驅逐奧國的統治，得以建設一個自由的統一的民族國家。自一八一五—一八七一年的五十六年間，德意志人民熱心於德意志民族的統一運動，經普奧，普法二次戰爭，才掙脫奧國的覊絆，實現了民族統一的德意志帝國。

德意兩國的民族統一運動，是在拿破崙軍隊傳播自由平等思想，與民族團結的影響下而促成的。

經濟平等　近代世界的社會革命，因英國的產業革命而起，約在十七世紀開始到十八世紀後半期，已有顯著的成就。十九世紀與二十世紀已由英國傳到歐陸，再由歐陸傳到全世界。就產業革命的內容來說，是屬於經濟的，但是牠的影響則屬於政治的與社會的，產業革命成熟的國家，遂發生下列五種現象：

㈠爭奪殖民地，取得原料。

㈡尋求市場，推銷商品。

㈢為達到前兩項經濟目的，遂以帝國主義姿態，向落後的國家進行掠奪。

㈣工業成熟的國家，形成貧富懸殊的現象：一為擁有百萬財富的資本家；一為成千成萬的赤貧者。社會財富不均，工人向資本家要求增加工資不遂，便以罷工，怠工的方法來反抗，這便是嚴重的勞資糾紛，近代各國政府的施政，多以全力解決此種糾紛，但結果糾紛尚在，僅能緩和而已。

㈤為了解決勞資衝突，要求經濟平等，遂產生各式各樣的社會主義，思想學說紛紜，莫衷一是，都未能澈底解決勞資衝突，這便是社會革命的由來。

以上三種不同的革命，便是中國革命的時代背景。

歷史背景　崇禎十七年（一六四四）滿族入主中國，並在漢奸的擁護下建立政權。清兵南下，在揚州慘殺十天，在嘉定屠城三次，是漢人難以忘記的殘暴行為，而滿族對漢族始終懷着歧視的態度，在制度上滿漢地位不平等，如漢人不得在本省內做官，通稱「迴避」，八旗兵，綠營兵待遇不平等，旗人在法律上，享受許多特權，在政策上，對國內各宗族存着界線，不能一視同仁，專施其挑撥離間政策，使之互相傾軋，坐收漁利。

滿族統治失策　乾隆晚年，和坤當國，貪婪成風，賄賂公行，社會黑暗，學風敗壞。道咸以降，政治解紐，國防廢弛，變亂四起，外交失敗，權貴當國，倒行逆施，仍蹈襲「寧贈朋友不與家奴」的政策，慈禧太后時代，滿族政權搖搖欲墜，國勢凌夷，衰微畢露，終於不能維持。

帝國主義的壓迫　清政府朝野因昧於大勢，不能與英人商討通商問題，而引起鴉片戰爭，招致失敗，簽訂喪權辱國的江寧條約。此後咸豐七年英法聯軍陷廣州，八年陷大沽，十年入北京，簽訂中英中法天津北京條約，帝俄趁火打刼，簽訂中俄瑷琿，天津，北京等條約，光緒五年中俄訂伊犂條約，七年議改收回伊犂條約。光緒十年中法戰起，失安南，十二年失緬甸，十九年英法共謀暹羅，廢止入貢（廿二年實現）。二十年中日戰起，二十一年議和，割臺灣，失朝鮮，訂馬關條約。這一連串不平等條約的簽訂，使中國領土割裂，主權破壞，利權外溢，滿族統治中國二百餘年，陷中國於次殖民地的地位。

民族革命傳統　滿族君臨中國，明末遺老鼓吹民族思想，起來反清，如王夫之，顧炎武，黃梨洲，唐甄，呂留良等都是倡導民族民本學說，雖然當時因情勢所迫，革命未能擴大，但是他們的學說確深入民間，持續二百餘年。清兵渡江，南明子弟，力謀恢復，初有福王朱由崧，建國於南京，繼有魯王朱以海建國於紹興，唐王朱聿鍵建國於福州，最後桂王朱由榔建國於肇慶，南明四王不能協力共抗清兵，遂招致失敗。鄭成功繼南明四王之後，從事反清復明，歷十七年之久，誓師海上，屢入長江，控制閩海，率師東征，驅逐荷人，收復臺灣，建立反清基地，壯志未酬，飲恨長眠。

康熙二十二年，臺灣納入中國版圖之後，反清運動，轉入地下，天地會，三合會，三點會，都是保持民族精神的團體，國父中山先生說：

明朝遺民，逐漸消滅，一派富於民族思想的人，覺得大事去矣，就想出方法來結合會黨，他們的眼光是很遠大的，思想是很透澈的，觀察社會情形，也是很清楚的，知道不能專靠文人去維持民族主義，便對於下流社會和無家可歸的人，收羅起來，結成團體，令人不大注意，實在有眞知灼見，好比強盜入室的時候，主人要把寶貝藏在令人不注意的地方，或投入極污穢之中，想保存中國的寶貝，便不得不把他藏在很鄙陋的下流社會。（見民族主義第三講）

道光三十年，廣西大饑，盜匪四起，上帝教主洪秀全，起事金田，發動反清復漢運動。嘉慶元年在永安州建立太平天國，引兵入湘，直入長江，定都金陵，其政權維持十五年之久。最後被湘軍消滅，但其革命意義，上承天地會之活動，下啓國民革命之先聲，具有民族革命轉變而爲國民革命的歷史價值。

總之，南明四王之民族抗戰，鄭成功之革命事業，天地會之反清復明運動，洪秀全的反清復漢運動，前後相承，持續二百餘年，而爲民族革命的歷史傳統。

民生主義的需要　曾國藩，李鴻章在太平軍瓦解後，提倡洋務，以改革武器爲主，繼而提倡紡織，開礦、築路、造船、與新學……於是中國產業革命萌芽了，中國的民族工業也興起了，俟中日戰後，帝國主義紛紛向中國投資，修築鐵路，開辦工廠，設立銀行，使中國經濟有傾向資本主義之趨勢。

十九世紀末期，西方資本主義國家，內部的勞資糾紛，層出不窮，罷工風潮，日有所聞，社會財富不均，富者擁資百萬而愈富，貧者勞苦終日而不得溫飽，造成社會上的經濟不平等，這是資本主義的流弊。中山先生爲避免此種流弊出現於中國，遂獨創節制資本的方法，防患於未然。

清代中葉以來，人口增多，土地墾殖者少，遂發生土地問題，先是洪秀全想解決土地問題，因其行之不久，方法不善，招致失敗。於是中山先生倡導平均地權的辦法，要徹底解決中國土地問題，實現耕者有其田的理想。

節制資本與平均地權二項即構成民生主義，則爲解決近代中國社會經濟問題所需要的。

政治革命的迫切　中國二千年君主政體，形成割據紛亂，統一專制的循環局面，這種政體至有清一代而臻其極，實在阻礙社會的進化，爲順應世界民主潮流，非剷除君主政體，代之以民主政體，否則政治社會無由進步。由君主專制進入民主共和，其間以「有限君主」爲過度，英國經過清教徒革命與光榮革命後，曾實現有限君主制，法國經過一七八九年的大革命，亦實現有限君主制，光緒年間，在野的士大夫康有爲，倡導維新運動，梁啓超倡導立憲運動，其目的在改造清政府，使中國「近代化」，富國强兵，禦侮圖存。而此種理想，又被舊勢力摧毀了，結果失敗。清政府改造無望，勢必以革命手段，推翻滿清政府，則中國民族無以圖存。

以上五種依據，便是中國革命的歷史背景。前二者是中國革命的起源，後三者是中國革命的道路。

第二節　中國革命導師—孫中山先生

中山先生順應世界潮流，適合中國國情，擷取中西文化之精華，發明三民主義，倡導國民革命，推翻滿清政權，解脫列强壓迫，其目的則求中國之自由平等。

中山先生於中法戰敗之年，始決意傾覆清廷，創建民國，於中日海戰失敗之時，乃糾合會黨華僑，組織與中會，日俄戰爭之後，遂號召海外智識青年，成立同盟會，前後十次起義，傾覆滿清政權，事雖不成，但前仆後繼的革命精神，誠動天地而泣鬼神，十次失敗，從不氣餒，武昌一擧，大功告成。

青年時代　國父孫中山是中華民國的開創者，名文，字逸仙，中山是他的別號（先生三十二歲時爲革命逃亡日本，用以避人耳目，自署中山樵）。清同治五年（一八六六）十月初六日（十一月十二日）生於廣東省，香山縣翠亨村，家世業農，父達成公。七歲（一八七二）時讀書村塾，天資聰穎。十三歲（一八七八）隨母楊太夫人往檀香山，入義奧蘭尼 Iolani College 英國教會學校，習英文三年，十七歲（一八八二）肄業於荷湖 Oahu College 美國教會學校，十八歲由檀返粤。十九歲（一八八四）肄業香港拔萃書院，廿歲（一八八五）轉入香港皇仁書院，廿一歲（一八八六）在廣州博濟醫院學醫，廿二歲（一八八七）轉學香港西醫書院，受教於康德黎博士，這一時期，可以說是他一生事業的轉捩點，據總理自傳說：

予在廣州學醫，甫一年，聞香港有英文醫校開設，予以其學課較優，而地較自由，可以鼓吹革命，故投香港學校肄業。數年之間，每於學課餘暇，皆致力於革命之鼓吹，常往來於香港澳門之間，大放厥辭，無所忌諱，時聞而附和者，在香港祇有陳少白，尤少紈，楊鶴齡三人而已。而上海歸客則陸皓東而已。若其他之交遊，聞吾言者，多以爲大逆不道而避之，則以中風病狂相視也。予與陳尤楊三人，常住香港，昕夕往還，所談者莫不爲革命之言論，所懷者莫不爲革命之思想，所研究者莫不爲革命之問題。四人相依甚密，非談革命則無以爲歡，數年如一日，故港澳間之親友交遊，皆呼予等爲「四大寇」。（見許師愼著國父革命緣起詳註四頁）

二十七歲（一八九二）畢業於香港西醫書院，在學六年，成績優異，畢業後在澳門行醫。二十八歲（一八九三）在廣州行醫，二十九歲（一八九四）與陸皓東北遊京師，窺清廷虛實，上書李鴻章，提出治國四大原則：其言曰：

歐洲富強之本，不盡在船堅砲利，壘固兵強，而在人能盡其才，地能盡其利，物能盡其用，貨能暢其流，此四事者，富強之大經，治國之大本也。（李鴻章書）

光緒二十年（一八九四）中山先生與陸皓東北上，因同鄉鄭官應而識王韜，由韜函介於李鴻章幕友羅豐祿，徐秋畦。五月總理抵天津，訪羅徐投書李鴻章，時李鴻章以北洋大臣出駐蘆臺，軍務倥傯謝不見客，羅徐乃力言，僅允給出洋考察農商護照，總理乘間遊北京，天津，旋折回滬，溯江而至武漢，隨處默察山川形勢，及民間狀況。（中央黨部史料編纂委員會 總理第一次起義史料 總理上書）

一八九四年時，李鴻章年七十有四，暮氣沉沉，並不望李能替滿清實行，他是借此試探北方的究竟，且偕同陸皓東同去，使他親見了北方的腐敗情形，絕他仰賴滿清的希望，所以陸於明年即能首先爲革命在廣

州盡義（吳敬恒　總理行誼）

光緒廿年六月廿三日（一八九四年七月廿五日），中日戰爭爆發，八月十五日，中國北洋艦隊，在黃海被日本海軍擊敗，勝負之局已定。中山先生於同年九月，再赴檀香山晤其兄德彰，以實行革命相告，德彰熱心支持，願助以資，遂開始革命活動。

革命思想的啓示　關於中山先生革命的動機，一般的說法，傳其少年時代，愛聽洪楊故事，不滿意滿清政府徵收「白契」賦稅，或看到故鄉盜匪橫行，悍吏的誣害良民，引起他的正義感，這似乎不够充份解釋他的革命動機，比較深刻的了解，則不能忽略其少年時代的教育環境。

中山先生七歲到十三歲時，在翠亨村讀書，十三歲至十八歲在檀香山讀書，十九歲至廿七歲在廣州，香港讀書，廿七歲以後，足跡遍歷澳門，廣州，上海，天津，北京及武漢等地，見聞豐富，認識深刻。其革命思想的源泉，則爲檀香山，香港，與香山三個地方所啓示，因爲這三個地方，中山先生居住的時間較長，與其影響也比較深刻。爲了解一個人的思想或言論，不能忽視其所接觸的環境。

當中山先生在檀島時，夏威夷島還是一個獨立的小國，沒有被美國吞併，夏威夷國王管理群島的行政事務，夏威夷島是群島的政治中心，也是皇城的所在地。所以中山先生說：「在美國三藩市僑居的中國人，一點政治思想都沒有，這是因爲華盛頓京城在東，三藩市商埠在西，對於政治方面很少接觸的緣故，而在檀香山的就不然。大埠就是京城，天天所見所聞，都是關於政治方面的事，所以中國僑民差不多個個有些政治思想」。在中山先生的腦海中，無異的就是構成革命思想的因素。但中山先生所謂天天所見所聞，都是關於政治方面的事，這些是怎樣的事呢？據我們所知當中山先生在檀島之際，爲一八七八年到一八八三年（十三歲到十八歲），彼時檀香山正在急劇轉變中，美國人發現這個島，就在檀香山開始宣傳美國式的民主政治，勸告夏威夷政府，要有公平的司法制度，鼓勵發展工業，舉辦新式教育，當時夏威夷還是一個君主政體的國家，國中有若干人接受美國的宣傳，主張推翻專制，實行民治。但也有許多人主張擁護專制政體，排斥民主政治，免遭外來的侵略。

所以夏威夷的政治問題有二：一爲夏威夷國王的專制，不適合人民的需要，應採行民主政治，以達人民願望；一爲夏威夷人民自身求生存，排除外來的侵略勢力，建立獨立自由國家。這兩個問題就是國父在檀香山所見所聞的實際問題，爲解決這個問題，祇有由夏威夷人民，用自己的力量，來建立民主政治國家，這個啓示，具有民族的與政治的雙層意義。

國父離開檀島十年後(一八八三年自檀返粵，一八八五年十一月重遊檀島，一八八六年三月自檀返國)，一八九二年夏威夷王國破滅，成立共和國，不久就被美國合併。此一史實，對於國父的啓示極大，使其從民族革命的目標，想到政治革命理想的建立，確定把政治問題與民族問題同時解決的革命方略。

夏威夷人民主張推翻專制，建立共和，但沒有注意到民族獨立問題，所以夏威夷終不免遭呑併之禍。這是國父在檀島得到思想上的啓示。

其次激發其革命思想，堅定其革命決心的地方，就是香港。茲擧，國父於民國十二年在香港大學講演的記錄爲例：

回憶三十年前，在香港讀書，功課完畢，每出遊行，見得本港之政治好，街道好，衛生與風俗無一不好。比諸我敝邑香山，大不相同。香港地方開埠不過七八十年，而內地已數千年，何以香港歸英國管，即佈置得如許妥當。又見香港之腐敗事尚少，而中國內地之腐敗，習以爲常，牢不可破。初以爲我敝邑香山縣始如是，及後再到省城，其腐敗更加一等。由此想到中國之官，勢位愈高，貪慾愈熾，所以北京各處，更有甚焉。此次返來香港，如返自己家鄉一樣。因爲從前在香港讀書，其教育本自香港得來。曾經有人問我，你在何處及如何得到革命思想？吾今直言答之，革命思想係從香港得來。

因爲看到香港的進步，和故鄉香山的腐敗，由香山一地的腐敗而聯想到中國內地普遍的腐敗，再想到中國之官，勢位愈高，貪慾愈熾，以北京爲極。以此推論，瞻望國家前途，關鍵祇在滿清政府之存廢了。據陳少白記載：

孫先生於傷心之餘，以爲國家爲什麼這樣衰，政府爲什麼這樣糟，推究其故，就是政府的權柄，握在異族人——滿洲人手裏。如果拿回來，自己去管理，一定可以辦好。同時孫先生感覺到，當時洪秀全的事業，可惜半途失敗，否則他能够成功，由中國人當權，就可不致再受人欺侮，所以心裏眞有以洪秀全第二自命的志向。這些恐怕就是孫先生革命的起點了。（見陳少白著興中會革命史要）

第三節　興中會的革命運動

康梁領導的有限君主運動，其目的在實行君主立憲，中山先生領導的革命運動，其目的在創造民主共和。立憲運動失敗之日，正是革命運動進入實踐之時，立憲運動主張，擁護滿淸政權，想在光緒皇帝統治之下，效法西洋零零碎碎的實施若干新政。革命運動則主張推翻滿淸統治，建立民主共和政府，以求中國之自由平等。立憲運動的領導者，只能提出若干「新政」，以備皇帝採擇施行。國民革命的導師孫中山先生則有適合中國國情之主義，以爲活動的張本。

組織興中會　中山先生在檀香山得其兄德彰與友人鄧蔭南等百餘人之贊助，於光緒廿年十月廿七日（一八九四年十一月廿四日）會議於何寬家，組織革命團體，定名爲興中會。據陳少白先生云：

總理由華到檀，在甲午年秋間，十月廿七日，即一八九四年十一月廿四日，第一次革命起義之前，在檀島同志約百十二人，在卑涉銀行經理何寬家，正式成立興中會。（陳少白著興中會革命史）

甲午戰時，上海同志宋耀如急函促中山先生回國，先生遂偕鄧蔭南自檀抵港，爲了時勢需要，於光緒廿一年正月廿七日（一八九五年二月廿一日）與鄭士良，陸皓東，黃詠襄，陳少白，尤烈，（少紈）楊鶴齡，楊衢雲等聯絡各省同志，擴展興中會，成立幹部，設總部於香港士丹頓街十三號，掛乾亨行的招牌，這是中國革命黨，在南方比較有組織的革命機關。當時入會的人，一律當衆宣誓，其詞曰：

驅逐韃虜，恢復中華，創立合衆政府，倘有貳心，神明鑒察。並發表宣言，節錄數語如下：

堂堂華國，不齒於列强，濟濟衣冠，被輕於異族，有心人不禁大聲疾呼，亟拯斯民於水火，切扶華夏之將傾，庶我子子孫孫，或免奴役於他族。這是民族思想的具體表現。

夫以四百兆人民之衆，數萬里土地之饒，本可發奮爲雄，無敵於天下，乃以政治不修，綱紀敗壞，朝廷則鬻爵賣官，公行賄賂，官府則剝民刮地，暴過虎狼。盜賊橫行，饑饉交集，哀鴻遍野，民不聊生。（見興中會宣言）這是對滿清政府黑暗政治的攻擊。

興中會總會的組織，公選總辦一人，幫辦一人，管庫一人，中英文文案各一人，董事十人，任期均爲一年。

第一次起義　光緒廿一年三月廿三日（四月十七日）中日訂立馬關條約—割臺灣予日。同年九月九日中山先生偕鄭士良，陸皓東佈置軍事，襲取廣州，因運械不愼，計劃洩露，皓東死難，時年廿九歲，被捕者七十餘人，茲錄皓東就義之供辭曰：

吾姓陸名中桂，號皓東，香山翠微鄉人，年廿九歲，向居外處，今始返粵。與同鄉孫文同憤異族政府之腐敗專制，官吏庸懦，外人之陰謀窺伺，憑弔中原，荆榛滿目，每一念及，眞不知涕淚之何從也！居滬多年，碌碌無所就，乃由滬返粵，恰逢孫君客寓過訪，遠別故人，風雨連牀，暢談竟夕。吾方以外患之日迫，欲治其標，孫則主滿仇之必報，思治其本，連日辯駁，宗旨遂定，此爲孫君與吾倡行排滿之始。蓋務求警醒黃魂，光復漢族，無奈貪官汚吏，劣紳腐儒，靦顏鮮恥，甘心事仇，不曰：「本朝深仁厚澤」，即曰：「我輩踐土食毛」。詎知滿清以建州賊種，入主中國，奪我土地，殺我祖宗，虜我子女玉帛，試思誰食誰之毛？誰踐誰之土？揚州十日，嘉定三屠，與夫兩王入粵，殘殺我漢人之歷史，猶多聞而知之，而謂此爲恩澤乎？要知今日非廢滅滿清決不足以光復漢族，非誅除漢奸，又不足以廢滅滿清，故吾等尤欲誅一二狗官，以爲我漢人當頭棒喝。今事雖不成，此心甚慰。但一我可殺，而繼我而起者，不可盡殺！吾言盡矣，請速行刑！

皓東當日之供辭，詞嚴義壯，激昂淋漓，雖千載後讀之，猶聞其聲，見其人也。

倫敦蒙難　第一次起義失敗後，中山先生脫難赴港，港政府允清廷之請，放逐先生五年，遂赴日，轉美。光緒廿二年（一八九六）由美去英。九月五日（十月十一日）清廷駐英公使龔照瑗密令粵人郭廷鑑誘禁先生於使館，蒙難十二日，先生感動工役厄爾 Ale，爲其送信與其師康德黎，旋被救出。先生脫險後，細心研究歐洲社會政治，經濟情況與各種學說，先生深覺歐洲的社會病態日深，民族革命與政治革命，在歐洲雖已獲相當成功，但又面臨社會革命之危機，遂創立民生主義，完成其民族，民權與民生三大革命於一役之思想體系。

光緒廿三年（一八九七）總理離英，經加拿大至日本橫濱，與日本民主黨領袖犬養毅，副島種臣等交往，並與在野義士宮崎寅藏，頭山滿，平山周等相契，彼等爲中國革命事業，盡力頗多。

光緒廿四年（一八九八）八月六日戊戌政變，維新派失敗。

第二次起義　光緒廿五年（一八九九）命陳少白回香港，創辦中國報，鼓吹革命。命史堅如入兩湖，聯絡會黨，命鄭士良在香港設立機構，招待會黨，於是興中會聲勢日大。

光緒廿六年（一九〇〇），義和團事起，八國聯軍入京，先生乘機命鄭士良赴惠州發難，命史堅如赴廣州響應。是年閏八月十三日，鄭士良在惠州三洲田起義，攻佔新安等地，九月六日史堅如炸兩廣總督德壽，不中被害。史堅如之死，總理認爲「元良喪沮，國士淪亡」。第二次惠州起義雖然失敗，但革命風潮日趨擴大了。

改造海外洪門 美洲各地華僑，多立有洪門會館，號致公堂，總部設於舊金山，其他紐約，芝加哥，波士頓，費城百數十城，皆設分堂。凡有華僑之地，莫不有之。皆隸屬於舊金山總部。華僑入會者，佔十之八九，勢力甚大。洪門會館，其歷史起於二百餘年前的天地會，由華僑帶到海外，與內地會黨是一個來源。中山先生於光緒廿二年（一八九六）第一次去美時，尚未加入洪門，康梁維新運動失敗後，維新派知洪門勢力大可利用，各方聯絡，華僑附和者漸多。光緒廿五年（一八九九）國內會黨大聯合，推中山先生爲盟主。光緒廿六年庚子起義失敗，中山先生二次去美，遂向致公堂方面活動，認爲致公堂是吾國民族的老革命黨。不過，因其過去墨守成規，無遠大思想而已，於是向致公堂方面建議，重新登記。此舉不但可以鞏固會基，且可募集鉅款。中山先生遂親歷各埠，勸告會衆，各地分堂會員皆贊成。光緒三十年（一九〇四）中山先生重訂致公堂章程爲：本堂以「驅逐韃虜，恢復中華，建立民國，平均地權」爲宗旨。過去洪門的宗旨，是反淸復明，乃單純的民族主義。此番改組之後，乃加入民權主義的創立民國，民生主義的平均地權，使洪門別開生面，爲新的革命目標而奮鬬了。聯絡國內會黨，改造海外洪門，對中國革命事業，大有裨益。

第四節　同盟會的革命運動

光緒廿六年（一九〇〇）九月六日惠州失敗後，中山先生去日，聯絡同志，以圖再舉。
光緒廿七年（一九〇一）七月廿五日辛丑和約簽字。
一九〇四年（光緒卅年）二月六日日俄絕交，二月十日日俄正式宣戰，中山先生於同年應法屬安南總督韜美之邀赴河內，結交華僑黃隆生，甄古亭，成立安南興中會，後由暹羅返日，由日去美，旨在聯絡海外智識份子，籌組革命團體。

留日學生劉成禺由日本來滬，遇赴法留學生賀之材，則謂中山先生將由美赴歐，劉成禺函介留比學生魏宸組，胡秉柯，史青，要他們去見先生。賀等到比後，將劉成禺的介紹信，郵寄倫敦英人摩根家轉寄中山先生，此時中山先生尚未離美，數月後，接到中山先生回信，說正想來此，苦無川資，賀等即約留歐學生湊集數千法郎滙美，可見當時留歐學生仰幕革命領袖之心理。此時中國留學生，以湖北人爲最多。在德有朱和中，王科發等，在法有唐豸，湯薌銘等，在比有賀，魏，胡，史諸人，中山先生得款，即赴比京布魯塞爾，與賀，魏，胡，史，朱等談論革命方法，賀等又介紹同學卅餘人與之相見，中山先生提議組織革命團體，衆皆贊同。便依次親書誓詞曰：

具願書人△△△，當天發誓，驅逐韃虜，恢復中華，創立民國，平均地權，矢信矢忠，有始有卒，倘有食言，任衆處罰。

天運　年　月　日△△△押　主盟孫文

誓畢，中山先生與到會之人依次握手，向他們道喜說：「各位已不是清朝人了」。同時中山先生也寫一張同樣的誓詞，交他們保存。

同盟會成立　旋於柏林巴黎分別成立革命組織（在歐洲成立之革命團體通稱革命黨）。光緒卅一年（一九〇五）六月二十四日，中山先生由歐洲抵橫濱，由程家檉函介中山先生於六月二十六日與宋教仁在二十世紀支那社會晤，談論組織革命黨問題。中山先生友人宮崎寅藏以其「志趣清潔，心地光明，現今東洋殆無其人」，向留日學生廣爲介紹。六月廿八日（七月三十日），在赤坂區檜町黑龍會召開第一次會議，到會者七十餘人，中山先生縱談世界大勢及革命方法。七月十三日（八月十三日）第二次會議，在富士見樓開會，宋教仁任主席，中山先生發表演説，到會者一千三百餘人，當時與會者絡繹不絕，內外擁擠不通。七月二十日（八月二十日），在赤坂區靈南坂本金彌邸開第三次會議，發佈會章，中國革命同盟會遂正式成立。

推選總理發表宣言　中國革命同盟會成立後，留日學生紛紛入盟會者，約有數百人，除甘肅省外，國內十七省都有代表參加。公推中山先生爲總理，黃興主持庶務，陳天華任書記，宋教仁，程家檉任交際，謝良木任會計，鄭家彥爲執法部長，汪精衛，馮自由等爲議員，曹亞伯，胡毅生爲各省主盟員，成立軍政府，以「驅逐韃虜，恢復中華，創立民國，平均地權」爲四綱，以軍政，訓政，憲政爲三程序，發表軍政府宣言，其文曰：

今者國民軍起，立軍政府，滌二百六十年之羶腥，復四千年之祖國，謀四萬萬人福祉，此不獨軍政府責無旁貸，凡我國民，皆當引爲已責也。維我中國，開國以來，以中國人治中國，雖間有異族簒據，我祖我宗，當能驅逐光復，以貽後人。今漢人倡率義師，殄除胡虜，此爲上繼先人遺烈，大義所在，凡我漢人，當無不曉然。……今日爲國民革命。所謂國民革命者，一國之人，皆有自由平等博愛之精神，即皆負革命之責任，軍政府特爲其樞機而已。……以今日革命之經綸，暨將來治國之大本，布告天下。

「中華民國」四字整個連繫起來說，在中國歷史上是劃時代的，具有兩方面的意義：在民族革命方面是驅逐二百餘年的韃虜政權，恢復五族平等的地位，在政治革命方面是結束二千年專制政體，建立民主共和國家。同盟會成立，創辦民報，十月廿一日（十一月十七日）在東京發刊，中山先生所撰之發刊詞乃三民主義初次的揭櫫。總理以中華民國軍政府名義發佈命令，製定由軍政而訓政而憲政之革命方略。自此之後，中國革命同盟會便成爲中國革命的中樞，黨員各自回省分組秘密機構。海外各地亦廣設支部，不出一年，加盟者已逾萬人。總理欲使各分會會員加强組織，特倣軍隊編制，成立小組，以八人爲一排，三排爲一列，四列爲一隊，四隊爲一營，共四百零五人。這是本黨以小組爲基本組織的起源。規定各地團體，每兩個月通信一次，保持聯絡。

再接再勵的起義　中山先生復命胡漢民，創辦民報，於民前七年（一九〇五）即光緒卅一年十月廿一日發刋，做同盟會的喉舌，宣傳主義，傳播思想，革命潮流，瀰漫全國。同盟會各地分會相繼成立，革命聲勢，使全國震動，先是光緒卅二年（一九〇七）有萍鄉，瀏陽，醴陵之役，由黃興回湘策動舉事，始勝終敗。同志禹之謨，劉道一等先後爲革命而犧牲。

第三次起義　光緒三十三年（一九〇七）四月十一日革命運動益烈，一年中凡五起，先是許雪秋，余既成起義於黃岡，潮州，饒平之間，未成，稱「丁未黃岡之役」。

第四次起義　同年鄧子瑜奉總理命於四月廿二日，在惠州七女湖起義，混戰十日，知黃岡失敗，遂退至梁化墟，埋藏器械，解散部屬，稱「惠州七女湖之役」。

第五次起義　同年七月廿七日黃興，胡毅生於欽廉兩州，說服清新軍趙聲，郭人漳等贊助革命，黃興等遂起義，乃因東京本部之黨員，忽起風潮，致彈械未及時運至，趙郭等更見革命勢力單薄，未敢倒戈。革命軍入十萬大山，稱「欽廉之役」。

第六次起義　同年十月廿六日，欽廉之役失敗，總理率黃興，胡漢民並法國軍官等百數十人，襲取鎭南關，佔三要塞，擬合十萬大山之衆，會攻龍州，淸廷遂商之法政府，逐革命黨離境，「稱鎭南關之役」。

第七次起義　光緒三十四年二月廿五日，總理離河內時，一面令黃明堂謀取河口；一面令黃興南入欽廉，以圖再起，黃率二百餘人出安南，橫行於欽廉上思一帶，轉戰數月，敵聞而生畏，黃興之威名大振，後因援絕彈盡，乃退出。稱「丁未上思之役」。

第八次起義　光緒三十四年三月廿九日黃明堂以百數人襲擊河口，誅邊防督辦，收降卒數千人，乃以指揮無人，失機進取，而清兵回襲，河口不守，明堂等率衆六百餘人，退入安南，「稱河口之役」。

第九次起義　宣統二年正月初三日黃興、胡漢民、趙聲、倪映典、朱執信，陳炯明等於廣州謀變新軍，倪映典率部進攻省城，至橫支崗遇清兵，倪中彈被擒死。軍中無主，所部潰散，而整個計劃爲之破壞。

暗殺風行　光緒三十三年至宣統三年間（一九〇七—一九一一）革命壯擧風起雲湧。光緒三十三年八月廿六日有劉思復之擊李準，五月廿六日徐錫麟之擊恩銘。宣統元年十二月廿日有熊成基之擊戴洵，宣統二年三月初七日汪兆銘黃復生謀炸清攝政王載灃。汪被捕入獄，自料必死，作絕句四首，其一曰：「慷慨歌燕市，從容作楚囚，引刀成一快，不負少年頭」。傳誦一時，後擬秋夜七律一首其詞曰：

落葉空庭夜籟微，故人夢裏兩依依，風蕭易水今猶在，魂度楓林是也非，入地相逢雖不愧，擘山無路欲何歸？記從共灑新亭淚，忍使啼痕又滿衣。此詩讀之，令人廻腸盪氣。

宣統三年三月初十日有溫生才行刺廣州將軍孚琦，閏六月十九日陳敬嶽，林冠慈擊傷廣東水師提督李準，九月初四日李沛基等炸斃廣州將軍鳳山。而黃花崗一役，對於革命前途的影響最大。

第十次起義　中山先生自起義一再失敗以後，乃漫遊美洲，專任籌款以接濟革命的進行，後來由美東行，至舊金山，得悉倪映典，趙聲等廣州失敗的消息，乃取道日本去檳榔嶼，約趙聲，黃興，胡漢民等來會，會商的結果，決定在廣州第十次起義。在港設統籌部，黃興爲部長，趙聲副之，乃命黃興趙聲返港主持一切，並運動新軍響應。原定辛亥三月十五日發難，嗣以槍械未到，而孚琦被刺，人心動搖，粵省城防範很嚴，進行困難，乃變更原定計劃，黃興廿五日赴省佈置就緒，決定於廿九日擧事。是日下午三時半，黃興親率百餘人，從小東營直攻督署，粵督張鳴歧已先逃，遂縱火焚督署，不料提督李準領大軍趕到，血戰終夜，革命軍因衆寡不敵，陷入重圍，黃興突圍脫險，黨人殉難的八十餘人。

忠魂叢葬黃花崗　事後叢葬於黃花崗的有七十二人，這次擧義，集合閩粵的精英，對清廷作最猛烈的一擊。事雖不成，而黃花崗七十二烈士壯烈犧牲的精神，已震動全國，中山先生追述此役說：是役也，碧血橫飛，浩氣四塞，草木爲之含悲，風雲因而變色，全國久蟄之人心，乃大興奮，怨憤所積，怒濤排壑，不可遏止，不半載，而武昌之大革命以成，即斯役之價值，直可驚天地，泣鬼神，與武昌革命之役並壽（見黃花崗烈士事略序）。的確爲時僅逾半載，就高揭武昌的義旗了。

清史彈詞載湉光緒帝

光緒帝初踐祚民康物阜　略新疆西南北諸路悉平　瑪加理被戕殘烟臺訂約　收伊犁曾紀澤奉使俄京
日本國滅琉球東鄰漸逼　平朝鮮吳長慶執大院君　越南地與法爭終歸割讓　西南藩嗟緬甸又滅於英
親政後舉臺澎盡歸烏有　為朝鮮開戰局割讓東鄰　劉公島我海軍全部被虜　李鴻章仍覥為議和大臣
因戰敗圖自强東施顰效　詔准行袁世凱小站練兵　德意志膠州灣先據後借　大連灣與旅順租約又成
九畝地已擴張香港界址　未週年威海衛又租於英　那拉氏戀蓮英方甘同夢　頤和園圖行樂逐色徵聲
景皇帝痛外交兼羞內穢　康有為倡變法實獲君心　除舊派洩機謀反遭幽禁　康與梁得幸免六人罹刑
自此後那拉后臨朝訓政　義和團主排外滅洋扶清　袁世凱蒙殊恩巡撫魯省　驅團匪使北上蔓延京津
攻使館焚教堂兵匪混一　問罪師如雲集各國聯軍　京津破傷國威兩宮西幸　李鴻章訂和約得旨允行
賠巨款懲罪魁兩宮還駕　袁巡撫特任為北洋大臣　清政府終此番流離喪敗　乃皮毛革舊制粉飾維新
停科舉設學堂預備立憲　開礦藏造鐵道權屬外人　日俄戰袖手觀局外中立　作戰場東三省殺氣騰雲
倡革命徐與秋先後遭戮　鎮南關又擊敗孫文黃興　萬壽節僅週旬帝后並逝　立溥儀承繼祧坐嗣龍庭

第二十章　劃時代的辛亥革命（宣統三年—民國元年 一九一一—一九一二）

中國革命起因於滿清政治之腐敗，世界列強之侵凌，國家地位之衰落，中山先生領導十次革命，均遭失敗。辛亥革命是過去革命的延續，而這次革命，且結了革命的碩果—中華民國誕生。

第一節　武漢的革命勢力

武漢革命團體　一九〇五年中國革命同盟會在日本東京成立後，總理計劃在漢口，重慶、上海、煙臺等處設立支部，其離日本去南洋籌款，船經吳淞，有一位法國武官布加卑稱其奉政府令來訪，表示法國政府襄助中國革命之誠意，總理乃指定同志喬宜生，同法國武官往天津、兩廣、川滇、南京和武漢等地籌劃，於是革命種子便廣泛的散播了。辛亥革命能很快的贏得全國響應，就是這時打下的根基。喬宜生及法國武官在漢口聖公會內組織日知會，向新軍與學界鼓吹革命思想，常假文華學院舉行講演大會，此種活動被新軍協統張彪探悉，日知會被封，法國武官離漢，劉家運被捕，武漢方面的初期革命活動，遭受頓挫。

在武漢活動的焦達峯，居正發起共進會，其宗旨爲：「驅逐韃虜，恢復中華，建立民國，平均地權」。劉公，劉英，孫武都是共進會的會員。此後兩湖方面的革命團體，都有共進會的會員參加。當時清廷在湖北訓練的新軍，計有六標（二十九、三十、三十一、三十二、四十一、四十二）。革命黨同志向這些新軍方面活動，組織群治學社由焦達峯蔣翊武主持，因事機不密，活動受阻。群治學社停頓，蔣翊武組織振武社，代替群治學社的活動，由查光佛主持，工作秘密進行，發展甚速。從二九標到四二標以及馬隊，砲隊，工程營、輜重營、憲兵營、陸軍中學，陸軍測量學校，每一部門都有革命同志，比較著名的有彭楚藩，蔡濟民、熊秉坤、丁人傑、吳醒漢、這一批同志各個都是青年英俊，武漢首義的幹部。他們的組織是排有排代表，三排代表，推一隊代表，四隊代表推一營代表，三營代表推一標代表，非標代表不能出席幹部會議，爲保持機密起見，各營之間的情況，彼此都不知，只有標代表對幹部負傳達命令的責任，不久機密洩露，查光佛去安徽，工作停頓。

新軍加入同盟會　辛亥年元旦，蔣翊武，孫昌復、詹大悲等假團拜爲名，在黃鶴樓成立學社，繼振武社活動，詹大悲在漢口辦大漢報。後來被封，香港統籌部派居正，譚人鳳送款接濟武漢同志。在辛亥年正月下旬，他們在漢口法祖界長清里設立了總機關，在武昌胭脂巷設立分機關，開始聯合新軍的工作，又在武昌山前的一條小街黃土坡，開了一家酒店，位置適在工程營與建武營之間，後來成了公開的秘密機關。估計當時新軍裡的同志約二千人左右，在武漢的革命勢力，於辛亥前夕已達成熟階段，只待機而動了。

第二節　革命的導火線——鐵路國有問題

利用外資開發實業　十九世紀末葉，中國開始產業革命，新興的民族資本家，已漸漸將積蓄的資本，投於國內企業上。鐵路商辦，便是當時企業資本開始活躍的一個起點。然而這脆弱的民族資本，却不能見容於帝國主義與滿清政府。此時清政府，爲粉飾新政，處處需錢，而財政又日趨枯竭，所以一般貪婪的新貴和銳意獵官的新人物便想出了「利用外資，開發實業」的政策，以迎合皇族心理。於是在辛亥年三四月間，向列强借外債約二萬萬元。二月二十四日成立日本鐵道公債一千萬元。三月十七日成立英美德法四國銀行團幣制借款一千萬鎊，即一萬萬元。四月二十二日成立英美德法四國銀行團川粵鐵道借款六百萬鎊，即六千萬元

路存與存路亡與亡　主持這些借款的重要人物，就是載澤和盛宣懷二人，載任度支大臣，盛任郵傳大臣他倆狼狽爲奸，一面想中飽私囊；一面想鞏固權位。乃決定鐵路國有政策，辛亥年四月十一日清廷下令宣

佈，直隸商人首先反對，川漢各省士紳商民，則以粵漢鐵路最初由美商合興公司承辦，後以該公司違約，人民乃力爭收回，光緒帝批准商辦。今政府忽又取消商辦，宣佈國有，是政府與民爭利，將人民的財產利益付諸外人。於是聯合抗爭，情勢緊張。清政府主張以武力壓服抗議者，但是群情激憤，勢同燎原之火，各省紛紛成立保路同志會，以各省諮議局爲活動的中心，川、湘、鄂、康等省商民堅持反對國有及收回股本之令，日本留學生援助商民，堅持「路存與存，路亡與亡」的主張，海外華僑亦通電抗命，措辭激烈，奏劾盛宣懷罪狀紛起。然盛依皇族勢力，毫不動搖，清政府亦堅持原議，責川督王人文，鎮壓不力，命鎮守使趙爾豐督川，趙爾豐與湘撫楊文鼎初亦同情商民，皆被申誡，端方奏劾趙爾豐無能，清乃命端方率兵入川，川人舉代表請願，欲阻端方入川，趙爾豐乃拘代表蒲殿俊（諮議局局長）等數人於署中，群衆擠入督署要求釋放，爲衛兵開槍擊死若干人。爾豐電奏川人以爭路爲名，希圖獨立，蓄意變亂等語。當時附近各縣民團與官軍混戰，清政府嚴令新舊各軍，相繼剿辦。這時川人爭路，清政府調兵入川鎮壓，武漢空虛，革命黨醞釀成熟，遂乘機起事。

第三節　武昌起義與各省響應

義旗高舉　國有鐵路風潮，使全國民衆，對清政府激憤情緒高漲之際，革命同盟會在長江一帶活動，勢力擴大，湖北新軍早已運動成熟，於宣統三年（一九一一）八月十九日（即陽曆十月十日），受革命黨策動的一部份新軍—工程營，首先發難，據詠簪署名，宋教仁作序的武昌兩日記所載：「營官阮洪發巡察營房，見士兵少數未睡，即曰：『你們要造反嗎？』時士兵同志金兆龍應聲答曰：『造反就造反』，同志熊秉坤於此時發槍，同志方興亦於此時投一炸彈」，全營驚醒，熊秉坤，向海潛，吳兆鱗，蔡濟民等攻楚望臺，佔領軍械局。輜重營響應，會攻督署，鄂督瑞澂，統制張彪等棄城而逃，起事軍隊，改稱民軍，派兵佔領各機關，武昌城完全爲革命軍所控制，旋又佔領漢陽，漢口，辛亥革命的序幕，至此正式揭幕，高舉十八省鐵血旗了（滇黔粵桂獨立襲用同盟會之青天白日旗，其他各省獨立，統用白旗）。

各省紛紛響應　革命軍掌握武昌後，同盟會會員蔡濟民，張振武等來迫新軍協統黎元洪擔任湖北都督，改諮議局爲都督府，九月十三日黃興由香港經滬化裝紅十字會會員到達漢口，就任革命軍總司令，遂組織武昌軍政府。

武昌起義，各省響應，宣佈獨立的日期，及都督的姓名，略述於後：

九月一日　長沙宣告獨立，以焦達峯爲都督（焦旋被害，譚延闓爲都督）。

九月一日　陝西宣告獨立，以張鳳翽爲都督。

九月二日　江西九江宣告獨立，以馬毓寶爲都督（南昌於九月十日獨立，以吳介璋爲都督）

九月八日　山西宣告獨立，以閻錫山爲都督。

九月十日　雲南宣告獨立，以蔡鍔爲都督。

九月十日　安徽江北各處，亦紛紛獨立。（安慶於十八日獨立，推巡撫朱家寶爲都督，朱旋被逐，孫毓筠柏文蔚相繼任都督）

九月十三日　上海宣告獨立，以陳其美爲都督。

九月十四日　貴州宣告獨立，以楊藎誠爲都督。

九月十五日　江蘇之蘇州宣告獨立，以巡撫程德全爲都督。

九月十五日　浙江宣告獨立，以湯壽潛爲都督。

九月十七日　廣西宣告獨立，以巡撫沈秉堃爲都督（旋改陸榮廷）

九月十八日　江蘇之鎮江宣告獨立，以林述慶爲都督。

九月十九日　福建宣告獨立，以孫道仁爲都督。
九月十九日　廣東宣告獨立，以胡漢民爲都督。
九月廿一日　海軍降服民軍。
九月廿三日　山東宣告獨立，以孫寶琦爲都督。
十月七日　四川宣告獨立，以蒲殿俊爲都督。

四川本爲爆發革命最早之省份，然爲趙爾豐之壓制，直至十月七日始宣告獨立，趙爾豐，端方均被殺。計自八月十九日武昌起義，至十月七日四川獨立，爲時僅月餘，革命勢力，已達十五省，三分天下，已有其二了。

此外，朱霽青，藍天蔚在煙臺組織民軍，出關成立民軍都督府，響應武昌起義。灤州張紹曾之民軍，荷戈西進，石家莊吳祿貞之民軍北上，均有窺伺北京之勢，此時北京一夕數驚，人心惶惶，清室新貴，束手無策，只有起用在歸德養疴之袁世凱來扭轉危局了。

第四節　中華民國之創立

代表雲集漢口　革命軍佔領武漢，清軍南下，旋失漢陽，漢口兩地，武昌勢孤，恰於此時陳英士佔領上海，繼下南京，大局轉危爲安。各省光復以後，對內對外沒有一個統一的機構，很感不便，九月十九日黎元洪通電各省請各省代表轉赴武昌集會，九月二十一日江蘇都督程德全，浙江都督湯壽潛乃通電各省，倡議公推代表集議於上海，籌組臨時政府，上海都督陳其美首先贊成，且各省代表都相繼抵滬了。

九月二十五日（十月十三日），各省代表在滬舉行首次會議，定名爲「各省都督代表聯合會」，代表會議的任務有二：一爲製定臨時政府之組織法；一爲依法組織政府。九月三十日議決承認武昌軍政府爲中華民國中央政府。十月四日接受黎元洪電請，又議決各省代表赴武昌籌組臨時政府，各省酌留一人以上，在上海爲通信機關，接洽機要，代表們抵武漢後，十月十二日以漢陽失守，武昌驚恐，於是改在漢口英租界順昌洋行擧行會議，議定緩擧大總統，並通過臨時政府組織大綱二十一條。十月十日光復南京，各代表又決議在南京組織臨時政府。規定各省代表，務於七日內齊到南京，如有十省以上的代表，即開臨時大總統選擧會，當時留在上海的代表，已於十月十四日選擧黃興爲大元帥，黎元洪爲副元帥，並即以大元帥主持組織中華民國臨時政府。而在武昌的各省代表，對於大元帥職權，表示異議，黃興因此未就職，十一月五日各省代表在南京重選黎元洪爲大元帥，黃興爲副元帥。是時黎不能到南京，黃亦力辭，黃黎二人都沒有就職，敬候中山先生歸國。

總理返國 武昌起義之際，中山先生在美西部哥羅拉多州 Colorodo 的敦瓦爾城接到黃興在香港的電報，寥寥數語：「居正從武昌到港，報告新軍必動，請速滙應急」。此電未待答覆，次日在報紙上已看到武昌被革命黨佔領的新聞，立回黃興一電，就動身到紐約，決定先去歐洲，從事外交活動。當時國際情勢，英國之態度，厥爲成敗之關鍵。先生抵倫敦後，向英外務部提出三項要求：㈠停付清廷一切借款；㈡制止日本援助清廷；㈢取消各處英屬政府對革命黨人的放逐令，以便取道回國。

英國外務大臣，知道中國革命成功在即，眼見革命黨掌握政權，對於革命黨領袖的意見，當然尊重，便向英政府建議，完全允諾這三項要求。此事與南北和議以及袁世凱贊成共和，大有關係，中山先生帶着這一個外交勝利的收穫，由英返國，道經巴黎，曾往見其朝野之士，皆極表同情於我，而尤以總理克里孟梭爲最誠懇。十月底由馬賽起程，道經香港，偕胡漢民於十一月六日（十二月二十五日）抵滬，由黃宗仰（烏目山僧）恭迎，寄寓靜安寺路的愛儷園，園主哈同竭誠招待，供應一切，優渥輩至。

就任大總統 十一月十日（十二月二十九日），成立臨時政府，中山先生以十六票當選爲臨時大總統，並決定改用陽曆，即以辛亥年十一月十三日爲民國紀元元年元旦，中山先生於這天就職，定國號爲中華民國，定國旗爲紅黃藍白黑五色旗（五色旗由宋教仁程德全製定經臨時參議院通過），並發表就職演說及宣告友邦書。一月二日修改臨時政府組織大綱，一月三日代表會選黎元洪爲臨時副總統，並通過臨時大總統所提國務院名單：陸軍總長黃興，海軍總長黃中英，外交總長王寵惠，司法總長伍廷芳，財政總長陳錦濤，內務總長程德全，教育總長蔡元培，實業總長張謇，交通總長湯壽潛。一月二十八日臨時參議院成立，林森當選爲議長。中山先生致力國民革命，三十年如一日，其恢復中華，建立民國之志，至是實現。

第五節　南北議和與清帝遜位

袁世凱出山　清廷得武昌警報後，一面遣蔭昌，薩鎮冰率陸海軍南下；一面起用袁世凱爲湖廣總督，袁不接受，薩鎮冰率艦反正（接受黎元洪勸其反正電），蔭昌被民軍打敗，清廷無奈於九月六日授袁世凱爲欽差全權大臣，統制舊部馮國璋，段琪瑞第一二兩軍。袁仍不肯出山，清廷不得已，乃於九月十一日下罪己詔，革盛宣懷職，開放黨禁，取消皇族內閣，頒佈立憲條款，並接受袁世凱的出山條件：㈠明年開國會。㈡組織責任內閣。㈢寬容起義的領導人。㈣解放黨禁。㈤水陸軍的統帥權。㈥充足的軍費。

慶親王奕劻內閣辭職，十二日任命袁世凱爲內閣總理大臣，九月十一日袁離歸德，南下督師。袁在孝感軍次，聞張紹貞吳祿貞率部由東南二路進攻北京，而袁處腹背受敵之境，此時袁不願清廷崩潰太速，亦不願革命勢力威脅北方，對當前局勢，決定對策有二：㈠暗殺吳祿貞安定北方㈡派密使南下表示和議，穩定南方。吳祿貞爲第六鎮統制，袁乃密令被其收買的第六鎮第十二協統周符麟，於九月十七日包圍正太車站，周率部數人謁吳於辦公室，話畢，吳送周出門時，伏兵盡起，這位同盟會黨員，北方革命軍的中流砥柱，遂死於袁的陰謀之中。吳烈士、字綬卿、湖北雲夢人，年僅三十二。袁在孝感聞吳被刺，暗暗自喜道：「從此莫余毒也夫」！

同時命黎元洪同鄉劉承恩致書黎元洪勸和，黎不覆，再命蔡廷幹偕劉承恩赴武昌請和。此時宋教仁，已抵武昌，黎宋同時接見，拒絕和議，並請袁倒戈，任革命軍汴冀都督，和議雖未成、但此為南北和議的開始。同時袁密命其子袁克定赴漢陽晤黃興，表示民軍予以適當條件，與民軍共同行動，黃興不納，袁乃於二十三日北上組閣，並令馮國璋部進攻漢陽，予民軍以打擊，再提和議，比較容易進行。

當各省代表在漢口開會之際，一般短視的黨人，已經漸漸的露出苟安的心理，以為祇要袁世凱贊成共和，一切不成問題，恰於此時北京派朱芾煌來漢口，携剛出獄的汪精衛的一封信，內云：「袁氏將率北軍反正，已飭前敵諸將停戰矣，即請南中舉袁為臨時大總統，作苟息戰爭計，以免兵連禍結」（查光佛：武漢陽秋）。這封信，影響了參加漢口會議的代表，此後種下一般黨人迷信袁世凱的錯誤心理。

上海和議　袁氏北上後，請英公使朱爾典電駐漢英領事，出面調停，十月十一日雙方無條件停戰，雙方派代表決定在漢和議，民軍代表伍廷芳，清廷代表唐紹儀。唐紹儀抵漢，伍廷芳因在滬辦外交，不能赴漢，乃改以上海為和談地點。民軍主張必須承認共和，方可開議，清廷代表則允召集國會，以解決國體問題，兩度商談，相持不下，和議遂停。

袁世凱在中山先生就任臨時大總統之日，他授意馮國璋，段琪瑞，段芝貴大小北洋將領四十七人，通電維持君憲，反對共和，此舉一面威脅臨時政府；一面堅定清廷之信任，袁乃乘機向隆裕太后敲詐黃金八萬錠，以充軍費。

中山先生乃於就職後，致袁世凱一電表示：「蓋以東南諸省，久缺統一之機關，行動非常困難，故以組織臨時政府爲生存之必要條件。文既審艱虞，義不容辭，衹得暫時擔任，公方以旋乾轉坤自任，即知億兆屬望，而目前之地位，尙不能不引咎自避。故文雖暫時承乏，而虛位以待之心，終可大白於將來。望早定大計，以慰四萬萬人之渴望。」中山先生之意，要袁安心，不必懷疑，等清帝退位，總統一職即讓與袁氏，袁世凱本意即在要做大總統，而又故意裝糊塗，乃於元年正月二日覆電云，「君主共和問題，現方付之國民公決，所決如何，無從預揣，臨時政府之說，未敢預聞。謬承獎誘，慙悚至不敢當」，中山先生知袁不放心，又回他一電：「袁慰亭君鑒：鹽電悉。文不忍南北戰爭，生靈塗炭，故於議和之舉，並不反對。雖民主君憲，不待再計，而君之苦心，自爲人諒之。倘由君之力不勞戰爭，達國民之志，願推功讓能，自是公論，文承各省推擧，誓詞具在，區區此心，天日鑒之。若以文有誘致不意，則誤會矣」。

密商優待條件　這封電報就是要袁相信，「只要由君之力，不勞戰爭，達國民之志」：中山先生可把總統讓給他的意思。袁即有此把握，遂令其親信楊度與臨時政府有關係的汪精衛，秘密協商優待清室條件。袁再利用奕劻爲傀儡，密以退位條件示之，並云，「革命黨不肯讓步，用兵又無把握，避位是替清室謀安全的最好辦法」。正月十二日，清室皇族開會，奕劻來提出退位優待條件，皇族中的載濤，良弼，鐵良等頗爲激憤，對袁不滿。十六日袁入朝謁太后，出時遇炸，十七日至十九日連開御前會議，一二兩次袁不出席，第三次袁命胡惟德，趙秉鈞，梁士詒代表出席，提出將北京君主政府與南京臨時政府，同時取消，擬於天津設立臨時統一共和政府。袁世凱對此方案，電達伍代表轉臨時政府，孫大總統知袁心理，恐清帝退位後，南京仍不以總統一席相屬，先在北方組織統一共和政府，免得落空。

孫大總統接此方案後，於一月二十二日提出五項要求，命伍代表轉電袁世凱，這五項要求是㈠清帝退位，由袁同時知照各國公使，轉達南京臨時政府。㈡同時袁須宣佈政見㈢文接到外交團通知清帝退位布告後，即行辭職。㈣由參議院擧袁爲臨時總統，誓守參議院所定之憲法，始得授受事權。

袁世凱逼宮　袁氏接此電後，深信只要逼着清帝退位，自己宣佈政見，總統職位，就可以到手。滿族親貴，正反對在天津組織統一政府，力謀對策。一月廿六日突然彭家珍炸良弼事件發生，良弼被炸彈炸去一條腿，此後清室親貴，人人自危，袁又唆使段琪瑞大小將校四十七人，於元月廿七日通電全國，擁護共和而奠大局。蒙古與東三省表示贊成。清廷知大勢已去，乃於中華民國元年二月十二日（宣統三年十二月二十五日）正式宣佈退位。

我國二千餘年之君主專制政體，至此告終。

三月五日臨時參議會正式通過優待滿清皇室項八條件，其要如次：

清帝遜位之後，其尊號仍存不廢，以待外國君主之禮相持。其歲用四百萬元，由中華民國給付。暫居宮禁，侍衛照常留用。其宗廟陵寢，永遠奉祀。清德宗崇陵，如制妥修，均由民國支出。宮內執事人員，得照常留用，其原有私產，由國特民別保護。原有禁衛軍，歸由民國陸軍編制，其數額俸餉，仍如其舊。

第六節　總統就職與約法公佈

袁氏就職　袁世凱於清帝退位發佈之日，即電臨時政府宣佈政見，其文曰：

共和爲最良國策，世界之公認，大清皇帝，既明詔辭位，業經世凱署名，則宣佈之日，爲帝政之終局，即民國之始基，從此努力進行，務令達到圓滿地位，求不使君主政體再行於中國。

這便是袁世凱宣佈贊成共和的具體表示，二月十三日中山先生接此電後，即向臨時參議院辭職，「薦袁自代」，二月十四日，臨時參議院選舉袁世凱爲臨時大總統，黎元洪爲副總統。十五日孫總統率文武祭明孝陵曰：「武昌首義，虜廷震懼，奉茲大柄，還我國人」。臨時參議院通過南京爲中華民國首都，並派蔡元培，魏宸祖、汪兆銘、宋教仁、鈕永建爲專使迎袁南下就職，廿五日專使抵京。袁予以盛大歡迎，暗中唆使第三鎭統制曹錕所部叛變，是夕崇文門火焰高熾，擧城槍聲四起，專使避居飯店；次日擴大津保一帶，袁以北部動蕩爲辭，不肯南下。於是蔡元培向參議院建議，允袁於北京就職。參議院通過其建議案，袁乃於三月八日在北京宣誓就職。其誓詞曰：

民國建設造端，百凡待治，世凱深願竭其能力，發揚共和之精神，滌蕩專制之瑕穢，謹守憲法，依國民之願望，建國家於安全鞏固之域，俾五大民族同臻樂利，凡玆志願，率履弗渝。俟召開會，議定第一期大總統，世凱即行解職，謹掬誠悃，誓告同胞。中華民國元年三月初八日袁世凱。

約法公佈　三月十一日在南京北京兩地，公佈臨時參議院所製定的臨時約法，約法凡五十六條，共分七章，此爲中國有根本大法之始。其第一條：中華民國由中華人民組成。第二條：中華民國之主權屬於國民全體。第六條：人民得享有左例各項之自由：①人民之身體非依法律不得逮捕，拘禁，審問，處罰。②人民之家宅，非依法律，不能侵入或搜索。③人民有保有財產營業之自由。④人民有言論著作刊行及集會結社之自由。⑤人民有書信秘密之自由。⑥人民有居住遷移之自由。⑦人民有信教之自由。

第四十二條：臨時副總統於臨時大總統，因故去職，或不能視事時，得繼任其職。

第四十五條：國務員於臨時大總統提出法律案，公佈法律及發佈命令須副署之。

臨時政府以此召集參衆兩院，組織國會，四月一日孫臨時大總統正式解職，四月五日參議院決議臨時政府，遷於北京。民國二年四月八日，國會在北京開幕，美國首先承認中華民國，巴西，秘魯，奧地利，葡萄牙等國相繼承認。英、美、俄、日亦作有條件的承認，民國之基，始臻鞏固。

第七節　辛亥革命的意義及其得失

兩大意義　辛亥革命是國史上一樁劃時代的大事，與法蘭西人民衝入巴士底獄之壯擧，等量齊觀，其歷史意義約有兩點：

㈠漢族以「五族一家」之義，推倒滿族一族把持的政權完成的民族革命。滿族乘闖王攻陷北京的機會，推翻明室，建立滿族政權。自順治元年至宣統三年，歷十主，計二百六十八年。滿族長期奴役國內各宗族的結果，逼出辛亥革命，送終了滿族的政權，而將統治中國的政權，轉入五族之手。

㈡國父孫中山先生以民主政治相號召，推翻滿清君主專制之政治革命。中國自嬴秦氏於紀元前二百二十一年統一中國，建立專制政體，至一九一二年中華民國成立，歷二千一百三十二年，中國在歷史的專制時代，較世界上任何一個國家的專制時代爲悠久，然而辛亥革命，結束了二千餘年的專制政體，把歷史向前推進一步，轉入民主政體時代。

檢討得失 就辛亥革命的時間而論，自一九一一年十月十日至一九一二年元旦，爲時不過八十三天，其成功之速，爲世界革命史上之奇蹟，此舉改變了外國人對中國人的觀念，過去他們看中國人爲一盤散沙，沒有團結的力量，辛亥革命見到中國人的精神，竟能創造新的民主國家屹立於世界之上。

以發難的武力來看，從各營向楚望臺集中的人數，不過數百人，據革命元動劉德貴的紀錄，當時新軍中的同志不過二千人左右。國父在黃埔軍校開學時的訓詞說：「當時武昌，漢口的革命黨，總共還不足三百人，眞正的革命黨不過幾十人。所有的槍，都沒有子彈，臨時到處搜索，才得兩盤子彈，一共不過五十粒。革命黨得到五十粒子彈，便在城內的工程營發難，城外的砲兵營，立即響應。……革命黨祇有幾十個，去打兩萬多人，可說是用一個人去打五百個人」。

這樣微弱的革命力量，毅然決然高擧義旗，反抗清廷，這是革命精神的最高表現。

坐鎭武漢的瑞澂與張彪，見革命的烈火燃起，就逃之夭夭，武漢失去統馭力量，此予革命軍以順利從容佔領武漢的機會。

滿清政府對於革命黨人的活動，除了鎮壓外，想不出其他的應付辦法。武昌警報傳來，手足無措，無奈起用袁世凱來保全清室，殊不知袁世凱不肯犧牲自己的勢力，爲保衛清室而戰，他還假其私人武力，操縱戰和之權，左右南北之局，收漁人之利。袁世凱不肯使用武力對抗革命軍，此點有利於辛亥革命的成功。

辛亥之際，同盟會沒有自己訓練的革命武力，故無力抵抗，不得不與北洋軍閥妥協，這就伏下了民國以來軍閥混戰的根源。

爲了清帝早日退位，民國臨時參議院，通過優待清室條件，此一措施，是革命不澈底的最好證明。世界革命史上向無此例，日後的張勳復辟，即種因於此。

爲了爭取列強的中立，不干涉中國革命，民國成立，即聲明接受清朝所訂之不平等條約，似乎當日之革命，不夠澈底。此一聲明，可視之爲臨時政府，一時權宜之計，否則列強支持反革命勢力，新生的民國，將遭受不可想像的危險。此一制斷，由民初列強對民國之壓迫，可以說明之。

辛亥以前，同盟會黨員約八萬人，辛亥以後，投機分子紛紛加入，舊日官僚政客，搖身一變而爲革命黨員。於是同盟會黨員驟增至三十萬，份子複雜，良莠不齊，使革命的同盟會變質。各省代表在漢口集會之時，心理上的表現，已注定南北和議的成功，且準備把大總統的地位，酬勞袁世凱，都認袁世凱做總統之日，就可實現共和憲政，而南北議和進行之日，滿清皇帝的命運，操在袁世凱的手裏。民國的命運，也操在袁世凱的掌中。

同盟會的老同志，大多數祇知排滿，以爲推翻滿清政府，革命就算成功。對於革命主義，認識不清，且不努力實現，將革命的責任，輕輕放棄，革命黨人於推翻滿清之後，不能建設民國，正如 總裁所說：

同盟會一般同志，就以爲革命已經成功，於是做官的做官，發財的發財，只圖個人的安富尊榮，而不顧本黨革命的成敗。不肯執行本黨的決議，不遵守黨的紀律，更不知道擁護領袖，服從命令，完全忘記了革命的主義，形成自私自利的各種小集團，幾乎使黨的組織爲之毀滅。（見總裁訓詞：本黨革命之經過與成敗之因果關係）。

當時革命黨人也沒有遵守同盟會成立時所定的革命方略，先去組織强有力的軍政府，祇注意到憲法上的總統制或內閣制的問題。除了中山先生之外，其他革命同志，都把革命方略拋到九霄雲外去了。中山先生說：民國建元之初，予極力主張施行革命方略，以達革命建設之目的……而吾黨之士多期期以爲不可。經予曉喩再四，卒無成效，莫不以余之理想太高。……嗚呼，是豈余之理想太高哉，毋乃當時人知道太低耶？余於是不禁爲心灰意冷矣！此余之所以萌退志，而於南京政府成立之後，仍繼續停戰，重開和議也（見孫文學說）。這段議論，可以知道一般人的見解，和中山先生的見解相去太遠，所以便把總統的位置讓給袁世凱，以待將來，繼續奮鬪。總之，由專制到共和，其間須經過一段艱苦的歷程，惜當時一般人還沒有了解的智慧。

清史彈詞溥儀宣統帝

宣統帝方冲齡載澧攝政　初登臺詔立憲預備實行　諮議局各省區紛紛開幕　又頒行各州縣自治章程
資政院宣訓詞實由民意　揚國威整武備籌辦海軍　論政治也曾勞一番振作　惜早被革命派激動人心
汪精衛試雄圖謀刺永禁　黃花岡遭失敗叢塚壘盈　收藏路拂輿情川民反抗　黎元洪起湖北石破天驚
袁世凱已三年罷官回里　仍出山督軍務漢陽鏖兵　旋北上蓄宏謀組約內閣　攝政王退邸第匿跡銷聲
湘陝晉川滇黔以及魯奉　與東南各行省相繼迭興　南京破張勳逃民國成立　舉孫文為總統萬姓同欽
段祺瑞統北軍領銜請願　伍庭芳為代表和議訂成　清政府留虛名下詔退位　大中華合五族共和告成
願此後化大同民國萬歲　為全球第一國坐享昇平

康熙六十年四月十九日，朱一貴自稱中興王，建元永和。布告中外曰：

在昔胡元猾夏，竊號神州，穢德彰聞，毒痛四海。我太祖高皇帝提劍而起，羣士影從，以恢復區宇，日月重光，傳之萬世。闖賊不道，弄兵潢池，震動京師，帝后殉國，地拆天崩，椎心泣血。東南忠義，再造邦基，秣馬厲兵，方謀討賊。何圖建虜乘隙而入，藉言仗義，肆其窮凶，竊據我都邑，奴僇我人民，顚覆我邦家，殄滅我制度，長蛇封豕，搏噬無遺，遂使神明冑子，降爲輿台，錦繡河山，淪於左衽。烏乎痛哉！延平郡王精忠大義，應運而生，開府思明，經略閩粵，旌旗所指，喋血關河。使彼建虜，疲於奔命。則有熊羆之士，不二心之臣，戮力同仇，效命宗國。南京之役，大勳未集，移師東下，用啓台灣，率我先民，以造新邑。遙奉正朔，永載本朝，蓄銳養精，俟時而動。雖張堅之王扶餘，田橫之居海島，史册所載，猶未若斯之烈也。天未厭禍，大星遽殞，興王之氣，猝爾鎖沉。然東都片壤，猶足以抗衡海上焉。嗣王沖幼，輔政非人，大廈將傾，一木難柱，以故權奸竊柄，偸事宴安，叛將稱戈，甘爲罪首，滄海橫流，載胥及溺，茫茫九州，無復我子孫託足之所矣！哀哉！夫盛衰者時也，强弱者勢也，成敗者人也，興亡者天也。古人有言，炎炎之火，而焚崑岡，是以夏后一成，能復故國，楚人三戶，足以亡秦；況以中國之大，人民之衆，忠臣義士之眷懷本朝，而謂不足以誅建虜者乎？不佞世受國恩，痛心異族，竄逃荒谷，莫敢自遑，佇苦停辛垂四十載。今天啓其衷，人思其舊，揆時度勢，否極泰來，爰擧義旗，爲天下倡。羣賢霞蔚，多士雲興，一鼓功成，保有全土，此則列聖在天之靈，寔式以憑，而中興之運，可操左券也。夫台灣雖小，固延平郡王肇造之土也。絕長補短，猶方千里，重以山河之固，風濤之險，物產之饒，甲兵之足，進則可以克敵，退則可以自存，博我皇道，宏我漢京，此其時矣。唯是新邦初建，庶事待興，引企英豪，同襄治理。然後獎帥三軍，橫度大海，會師北伐，飲馬長城，擣彼虜廷，殲其醜類，使胡元之轍，復見於今，斯爲快爾！所望江東耆艾，河朔建兒，頷表孤忠，中原舊曲，各整義師，以匡諸夏，則齊桓攘夷之業，晉文勤王之勞，赫赫宗盟，於今爲烈。其或甘心事敵，以抗顏行，斧鉞之誅，罪在不赦。夫非常之原，黎民所懼，救國之志，人有同心，敢佈區區，咸知大義，二三君子，尚克圖之。

三民叢書(二)

書名	著作人
中國外交史	劉彥著
人事行政學	張金鑑著
企業管理學	解宏賓著
現行考銓法規彙編	陳鑑波著
清末留學教育	瞿立鶴著
教育卽奉獻	劉真著
行政法一百題	范壽臧著
執行人員的管理技術	王龍輿譯
兵役理論與實務	顧傳型著
現行考銓制度	陳鑑波著
人口論	馬爾薩斯著
會計學四百題	李兆萱著
會計學四百題選答	陳建昭編
會計學概要習題	李兆萱著
成本會計習題	盛禮約著
中級會計學題解	洪國賜著
成本會計題解	洪國賜著
成本會計一百題	童綷著
近代經濟學說	溫格爾著
現代經濟學	湯俊湘譯
經濟學二百題	洪吉雄著
經濟思想史	史考特著
運銷合作	湯俊湘著
會計制度設計之方法	趙仁達著
銀行會計實務	趙仁達著
銀行會計	文大熙著
公司理財	文大熙著
財務報表分析題解	盧聯生・洪國賜著
商業銀行之經營及實務	文大熙著
信用狀統一慣例	台北市銀行公會譯註
商業簿記	盛禮約著
商業銀行之經營及實務	文大熙著
銀行健全融資的基本原則	黃森榮譯
貨幣銀行學二百題	賀廣玉著
統計製圖學	宋汝濬著
審計學	立信叢書
統計學一百題	柯阿銀譯

教學應考自修良書